外国人の子ども白書

権利・貧困・教育・文化・国籍と共生の視点から

第2版

明石書店

［編者］
荒牧重人
榎井 縁
江原裕美
小島祥美
志水宏吉
南野奈津子
宮島 喬
山野良一

外国人の子どもたちの現在
──なぜ「外国人の子ども白書」なのか

　子どもが、親の愛情に包まれ健やかに育ち、適切な教育を受け、社会化され、成人していくこと、これは誰しもが願い、日本人、外国人の区別などないはずである。子どもの権利条約は、締約国に対し「その管轄下にある子ども」にいかなる差別もなく同条約のうたう権利を確保しなければならないとする。国籍による差別はあってはならないのだ。

　だが、かつて児童手当支給に国籍要件があった時期があるし、今なお初等教育の就学義務は外国人にはないという違いがあり、すべての外国人に適用される出入国管理及び難民認定法（入管法）により、親とともに子どもの滞在が制約されることがある。

差別の過去と現在

　少し過去に遡ると、国籍・民族により差別される子どもの先行例がある。1952年以来「外国人」とされたコリアンたちは国籍要件の壁の前に立たされ、日本の義務教育学校に学ぶにも無償ではないと言われ、親たちは校則等を守る旨「誓約書」を書かされている。言語の面でも、日本で生きていくため日本語習得は必須で、親たちは母語・母文化の教育の場も求めたが、文部省は「日本人子弟と同様に扱うものとし」と通達、ごく例外はあれ、これを日本の学校に許さなかった。であればこそ、彼らは民族学校を設けねばならなかった。その民族学校の一部に近年、他と差別する扱いがなされているのは問題である（5章09）。日本の学校に学ぶ場合はどうか。コリアン児童生徒は日本人と区別できないほど日本語を使え、逆説的だがパッシングが可能で、本名の使用を控える場合が多い（巻末資料Ⅱ-21、22）。それは差別の恐れを予感するからであろう。

　それでも、日本人－外国人の権利の法的差別は1980年代以降ずいぶん除かれてきた。国際人権規約、難民条約、子どもの権利条約などの批准、政府、地方自治体の努力もあり、手当にせよ、教育機関にせよ、医療や福祉施設の利用にせよ、

国籍により不可とするものはほとんどない。だが、問題はそこから先にもさまざまにある。

　以上のことを踏まえ、『外国人の子ども白書』の編集作業を行うこととした。なお、「外国人の」子どもと本書で言うとき、国籍を強調的に捉えているわけではない。場合によって日本国籍者も含む「外国につながる」子、「外国にルーツをもつ」子と言い換えてよいと考えており、そのことを断っておきたい。

文化の違いがもたらすもの

　文化の違いが、彼らを日本人の子どもと異なる経験をさせている。自分の意思でではなく親とともに移動、来日したニューカマーの子どもたちは、未知の地日本で生きることを受け容れられない場合がある。「日本の学校に行きたくない」という反応もその1つで、母語の違い、未知の漢字文化の前で日本語の習得に苦闘し、学校がつらい場所になっている子どもは多い。文科省による「日本語の指導が必要な児童生徒」の調査では、それが小学校段階で44％、中学校で44％前後となっている。また日本語世界のなかに生き、母語は教えられず、使う機会も限られ、満足に使えなくなる者もいる。日本語習得が不十分なまま、母語の使用能力も限られている、いわゆる「ダブルリミテッド」の存在は大きな問題である。

　ただし一律には言えず、文化の違いをプラスに生きる子どももいて、日本語を習得しながら母語の力も保持し、「バイリンガル的可能性」を保つ者もいる。それを伸ばし活かす場と機会が与えられれば幸いであり、そうした努力と「成功」の体験も本書中の「コラム」では語られている。

　子どもたちにとり文化の違いの問題はさまざまな面にわたり、日本の学校文化、集団規律、儀礼は彼らを戸惑わせる。たとえば、授業は一斉授業の形式でどんどん進み、個別指導が少ないため、取り残され、孤立無援を感じる外国人の子を生み出している。と思うと、「忘れ物が多い」と教員から頭にゴツンとこぶしをあてられ、生徒はショックを受け、保護者が体罰だと抗議してきた例がある。少なくとも体罰ととられることはやめようという反省が起こり、学校が変わったという例も伝え聞くのであり、よい変化といえよう。

外国人の子どもの貧困

　「子どもの貧困」について過去10年来、多くの議論と問題指摘が行われてきた。外国人の場合、高率の非正規雇用、少なくないひとり親世帯などを背景に、貧しい世帯の割合はより高いと推測される。全国的調査がないのは残念だが、ニューカマーで親が専門的・技術的分野で働く2割程度を除くと、所得は日本人世帯平均の2分の1から3分の2と思われる。小中学校で就学援助を受ける者は多い。高校無償化措置のニュースが報じられるや、東海地方T市で真っ先に「私たちにも適用されるのか」と問い合わせてきたのは、市在住外国人家庭だったという。

　「親が貧しければ、子も貧しくて当然か」という問いは、そのまま外国人にあてはまる。ブラジル人家庭で親の1人が失業し、ブラジル学校の授業料が払えず、子どもは退学、家で昼間1人ぽつねんと過ごしている例がある。生活保護は、外国人には「準用」であるが（定住的な在留資格に限られる）、それでも被保護世帯の割合は高く、受給世帯人員の内19歳以下は1万3000人弱だから（4章03）、この年齢の外国人の4％を占める。決して小さい数ではない。そうした子どもたちの就学、進学、将来はどうなるのか。

　貧困は、時間の貧困や家族関係の貧しさへと置換されうる。親が非正規で時間給で働いていると、労働時間の外延を広げてある程度の収入を確保できても、家族のつながりが貧困化していくという指摘がある（3章03）。じっさい、長時間労働のため子どもと触れ合う時間が少なく、子の教育に心を配る余裕もない、という親の訴えは多い。

教育の現状と支援

　教育の現状はどうか。義務教育レベルで日本の学校に在籍する外国人の率は高くない。外国人学校などに適切な学びの場を見出していればよいが、そうでなく不就学状態の子どもが1割以上はいるというのが、最近の有力な推計である。また、非正規滞在で摘発されたある夫婦では、日本生まれの14歳になる子どもが一度も学校に行ったことがなく、支援者も驚いたという例があった（8章05）。親が非正規でも、子どもの就学が妨げられないことを知らせ、かつ支援しなければならない。子ども就学の調査、見守り、支援が必要である。

　言語、文化、学校文化の違いの問題にはすでにふれたが、学校はどう対応して

きたか。教員のなかには子どもに寄り添おうと努めている人もいる。しかし、日本の学校には日本語教育、多文化教育の経験の蓄積は不十分である上、「特別扱いはしない」という一見フェアにみえる平等主義があり、子どもが日本語会話に不自由しないとみると、日本人と同等に扱えばよいとされがちだった。これが文化資本における彼らの不利（それは学習言語の理解に現れる）を看過することになり、中途離学の要因となっている。最近では、この日本的平等主義へも反省があり、国際教室のほかに「プレスクール」（就学前指導）や高校の特別入試制度が導入されていることは注目したい。

　定住志向の強い外国人が増加し、子どもにも義務教育を超えて高校進学を望む者が増えてきている。望ましい変化であるが、客観的数字に表れる該当年齢者中の高校在籍率では40％にとどまっている。それゆえ、外国人の子どもたちの生き方、学び方をみるにつけ「支援」という社会の側の関わり方が重要になる。

国籍問題と子どもの最善の利益

　国籍をとわず平等に扱うことは大事だが、彼らの努力では容易に乗り越えられない不利、過酷な条件、障害などがあるとき、それを克服させる特別な支援は欠かせない。本書ではこれを重視し、「支援の現場から」（9章）というパートを設けている。教育、福祉、更生などの観点、あるいはそれらを総合し、いじめ対応、児童福祉施設の問題、多文化ソーシャルワークの必要、DV被害対応、医療互助システムなどの現状と課題を述べている。なかで印象的なのは、非行を犯し少年院に送られる外国人の子どもは日本語未修得で、それが非行と結びつくことが多く、院内での教官との徹底した一対一の日本語学習が成果を上げ、更生にも資している、という現場からの報告である。

　生活上の権利で内国人 - 外国人の差別はだいぶ取り除かれたと先に述べたが、後者が入管法の下に置かれ、さらに日本の国籍法や本国法の影響も受けるという事実は、しばしば厳しい問題を生む。無国籍の子ども、親の入管法違反で収容され学校から姿を消す子ども、在留資格の制約から就職のむずかしい18歳など、全体からみると少数ではあれ、子どもの権利条約にも反する過酷な扱いを受けるケースがある。これらを本書で数多く紹介したのも、子どもの人権、その最善の利益に法制度とその運用が適切に応えているかを検証したかったからである。

総じて言えることは、子の無国籍や非正規滞在化の回避、親子不分離、子の不送還のためには、親のそれに従属しない子どもの在留資格の付与・運用、出生地主義を加味した国籍法への転換が必要ではないか。議論が起こらねばならない。

自らの意思をもちえない幼児の国際移動、すなわち「静かなる移民」（ウェイル）、国際養子や、選択の余地なく国際移動させられる若年者の現状にも目を向けた。人身取引に近い移動だったり、親の一方的な都合による連れ去りになったり、と問題が伴いがちで、「子どもの最善の利益」の観点こそが重要となる。

『外国人の子ども白書』の困難と意義

「白書」と銘打つ以上、外国人の子どもの現状について資料やデータを的確に示すのは当然である。だが、外国人ならばともかく、その子どもに関してとなると、統計や調査のデータは限られている。可能なかぎり本文及び巻末資料で収集したデータを示すように試みたが、不十分であることは否めない。日本国籍の「外国につながる子ども」についてのデータとなると、その数の推定すら困難で、それ以上のデータの獲得はさらに困難だった。これは今後に残された課題である。

「子ども」とはどの年齢幅の者を指すのかと問う向きもあろう。子どもの権利条約では「18歳未満」という定義を与えているが、本書では、年齢は定めず未成年者という緩やかな共通理解に立ってきている。

改版にあたって

本書の公刊から4年半の時が流れ、本書中で使われている統計データのアップデート化が必要になり、索引を設けてほしいなど読者からの要望もあり、第2版をつくることとしたが、もう一つ、改版の理由がある。過去2年間に世界的規模で人びとを生命（いのち）の不安と生活困難に追いやったコロナウイルス感染拡大が、外国人の子どもたちに及ぼした影響も無視できない。このテーマを本書中に少しでも取り込みたいと考えたのである。親から引き離されてしまった子ども、親が職を失い、共に生活窮乏を経験した子どもがいるかと思うと、不時の学校休業、慣れぬオンライン授業、学習困難等に翻弄される子どももいる。コロナ禍の下、外国人の子どもの位置、権利の危うさが改めて知られたのではないか。

編者を代表して　宮島喬

第5章
教育と学校

第6章
人権保障と子ども

第7章
子どもと国籍

第10章
幼児の国際移動と
子どもの権利

資　料　261

第1章

外国人と
外国につながる
子どもたちのいま

約30万人の外国籍の子ど
もたち、数ではそれを超え
る外国につながる（日本国
籍の）子どもたち。彼らは
今、どのように生きている
か。生まれ育つ環境はさま
ざまだが、共通の文化経験、
問題との出会いがあるよう
だ。中国、在日コリアン、
ブラジル、フィリピン、イ
ンドシナ難民、等の子ども
たちのそれぞれの生き方も
概観する。

01 外国人の子どもとは

子どもとは、これから成長し人格の発達、能力の実現をはかり次代の市民になっていく、しかしまた家族や社会の保護、援助を必要とする存在である。子どもには本来日本人、外国人の区別などない。だが、外国人であることが、異なった環境、条件の下に彼らを生きさせるのも事実である。

■さまざまな経験を生きる子どもたち

それはしばしば日本人の子どもよりも厳しい、困難の多い生き方となる。

中東のある国出身のY少年は、来日し古紙問屋で働いていて機械に巻き込まれて死亡、調べてみて、なんと12歳だったことが判明した。中国人のJは幼時に来日、自営業の両親は一日中仕事に忙しく子どもの面倒が見られず、故国の祖父母の許に預け、2年後に呼び戻したが、日本語は忘れてしまい、日本の学校を続けさせるかどうか悩んでいる。南米出身のMは中1の年齢だが、「日本の学校には行きたくない」と就学を拒否、幼い妹の世話や家事手伝いをし、ほとんどの時間を家のなかで過ごしている。

外国人の子どもを、在留統計上の年齢区分（0〜19歳）で取り出すと、2020年現在約34万人となる（巻末資料I-2-1）。「子ども」を年齢上20歳未満とする場合であるが、「子どもの権利条約」では「18歳未満のすべての者」としており、本書は特に厳密な年齢規定を設けていない。

■定住と家族移民化が進んで

外国人の子どもの数にもどると、10年前に比べ、減少を示す国籍もあるなか、全体で40％増加している。外国人の定住と家族移民化が子どもの増加の主な背景であることは疑いなく、今や滞日外国人の約5割が永住者資格を得ていることはその証左といえる。国籍別の子どもの数は次頁図の通りであり、外国人登録者数にある程度比例するが、そうでないケースもある。子どもの割合が比較的高い

図　国籍別 19 歳以下人口（2020 年）

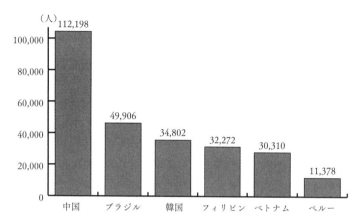

のはブラジル、ペルーであり、滞在が保障され、定住化しているからとみられ、低いのは韓国で、韓国の場合、特別永住者を高い割合で含み、人口構造は日本人のそれと類似し、少子化の傾向が見られる。

　来日経緯等からみた子どものタイプには、先に来日した外国人の親から呼び寄せられた者、そうした親または国際結婚の両親から生まれた者、後者から呼び寄せられた連れ子、二世以下で、日本で生まれ育った者、などが区別される。

■外国につながる子どもたち

　ただ、子どもたちの生きる条件が国籍によって分かれるわけでもなく、国籍は日本であっても、外国にルーツをもち、外国人の子どもとあまり変わらない状況で生きる子どももいる。すなわち帰化した者、国際結婚から生まれた子どもなどがそれで、バイカルチュラルな可能性をもつ者もいる。父母が離婚し、外国人のひとり親に育てられ、日本語の習得もむずかしい環境にある子どもなどもいる。沖縄県等に多いアメラジアンは、母が日本人で日本国籍がほとんどである（1章10参照）。

　学校では、日本語指導が必要な児童生徒として、特別な指導を受けている場合もあれば、日本人であるためその機会を逸している場合もある。また、容貌、名前等が外国人風だとして、からかいやいじめに遭い、悩むケースがあり、ケアが

必要である。

　統計がないのでその数はつかめないが、1980年代からの国際結婚の増加から
みて、総数は、先ほど挙げた34万人余をだいぶ上回ると思われる（1章02も見ら
れたい）。

■子どもの育つ環境、条件──貧困など

　日本国憲法のうたう基本的人権、生存権、教育を受ける権利、そして児童福祉
法第1条の理念の下、子どもはあまねく健やかに文化的に育まれ、成長すること
が望まれる。だが、子どもがどう育つかは、どんな家庭のなかで養われ、どんな
社会に生き、教育の機会が与えられるかということと切り離して論じられず、そ
れら諸条件に外国人であることも関わってくる。

　近年「子どもの貧困」が問題とされるようになり、家庭が貧しいと、子どもの
成長や教育に負の影響がおよび、貧困の世代間連鎖を生むと指摘されるが、総じ
ていうと外国人は非正規雇用、派遣労働の比率が高い。静岡県のブラジル人世帯
調査（『静岡県外国人労働実態調査報告書』2008年）では、正規の直接雇用が13%
程度、7割近くが非正規の間接雇用（派遣、請負など）であり、世帯収入（税込）
の最頻値も250〜350万円程度だった。両親とも長時間労働に従事する場合、子
どもは親と十分な接触の時間がなく、親も、子どもの言語習得や教育に配慮をす
る余裕がない。高校進学をせず、働き始める子が相当数いて、非正規の雇用を
転々とする生活になりやすい。また、夫と離別した外国人母子世帯もみられ、生
活保護を受けながら子どもを育てている例があり、中学まではなんとか通わせて
も、そこで終わるケースは少なくない。

　「第一世代の貧困が進学格差という形をとって若年層ないし第二世代で再生産
されつつある」（樋口直人「『移住者と貧困』をめぐる日本的構図」移住連貧困プロジ
ェクト編『日本で暮らす移住者の貧困』現代人文社、2011年、13頁）という分析は、
不幸にして的中する恐れがある。事実、高校在学年齢（15〜17歳）にある外国
人の実際の在籍率は、50%台という推定が多い。

■不就学、通名で通う子どもなど

　日本では外国人には就学義務（憲法26条2）が適用されない。このことは、自

由な学びを可能にしているともみられるが、種々の問題ももたらしている。「日本の学校で学びたい」と申し出ない外国人は、教育委員会・学校から働きかけがなく、そのまま放置されてしまうことが多い。日本語が不自由なわが子を日本の学校が受け入れてくれるかどうか分からない親は、逡巡する。相談したり助言してくれる人もいなければどうするか。それならと外国人学校に通わせることにすると、授業料が高額で払えず、就学が中断することも起こる。学齢にありながらどんな学校にも通っていないという不就学が生じる。

その実態や数について信頼できる調査データがないが、共同通信社の調査と取材では、自治体の就学未調査のため確認できていない子どもが全国計で1万人はいると推定された（静岡新聞、2016年2月21日）。くわしくは5章で触れるが、義務教育年齢外国人の1割以上が不就学で、その多くが将来の市民となっていくとすれば由々しいことである。国際人権規約でも、子どもの権利条約でも、教育を受ける権利の保障のため、「初等教育の義務化」がうたわれている。締約国日本はその義務を果たしているだろうか。

一方、オールドカマー、すなわち在日コリアンの子どもは、親の多くが永住者で、たいてい日本の学校教育の経験者で、日本語力も日本人と変わりない。では、自分の地を出してのびのびと学校で振る舞っているかというと、そうとはいえない。本名の代わりに通名（日本名）を使う子どもが、大阪市、神戸市調査ではまだマジョリティである（巻末資料II-21、22）。周囲の差異化のまなざしや差別を避けるため通名で生き、学ばねばならないという状況がある。

■子どもたちの将来、進路

非行あるいは犯罪にはしる外国人少年もいる。もっとも、その数は減っているという統計もあり、2019年の家裁送致の件数643の内訳をみても、特に凶悪というわけでもない（巻末資料I-17-1、17-2）。調査によれば、少年院にある者は中卒以下が6割、退学が4割強であるから、中途で離学し、日本語能力も十分ではなく、思うように仕事に就けないという状況にあったのではないかと想像される。早期離学を防ぐ教育サポートの必要をあらためて感じるが、同時に、教育未達成のまま社会に出ている子どもには、日本語教育、社会的訓練を含む職業訓練の機会が提供されるべきだろう。

　彼らが12～13歳になって将来どのように生きるか考え始めるとき、希望がもてるだろうか。それは厳しいものがあり、自分で将来の学び方、働き方、生き方を見出していくのは容易ではない。その出発点に、高校進学を実現するのは大事で、5章でそのことを取り上げている。

　職業的将来については、ニューカマーの場合、身近なモデルがまだ少ない。社会的経験の狭さや、社会関係資本の不十分さが、彼らの期待や抱負を狭めている。その面での指導や支援は大事である。外国人生徒の高校進学率は徐々にでもアップし、一部の公立や国立の大学に進む者も散見されるような段階となったが、彼らが心底で不安に思っているのは、外国人であることを理由とする直接、間接の差別が進路の壁になりはしないかということである。あるインドシナ系の中学生は「将来学校教師になり、外国人の子どもたちを助けたい」と語り、同時に「でも、なれるかどうかわからない」と公立校教員への道が厳しいことをうすうす知っていた。子どもたちが努力しても越えられない制度非制度の壁があるとき、それを崩すのは社会の力、政治の力でなければならない。

（宮島喬）

外国人と外国につながる子どものいま
──そのさまざまな姿

■子どもの割合が高い国の傾向

　2020年12月末法務省の統計によると、19歳以下の外国籍者数は33万7786人で、総数288万7116人の11.7%となっている。19歳以下子どもの人数上位10か国は、中国11万1841人、ブラジル4万5865人、フィリピン3万4472人、ベトナム3万2157人、韓国3万100人、ネパール1万1312人、ペルー1万591人、インド6695人、インドネシア5403人、米国5059人であり、総数の順位とは違った様相を示している。19歳以下の上位50か国を取り上げ、その国の総数に占める割合が2割以上のものを高い順番に並べてみたものが下表である。

　子どもの数および割合の高い特徴の一つは、90年代から激増した日系南米人である。全在日南米人のうち19歳以下の総数は5万9332人で21.79%を占めており、ボリビア、ブラジル、ペルー以外の国も子どもの割合は高いことがわかる。リーマンショック以降に再来日も含め日本にいる人びとであるが、定住から永住へと安定した在留資格を取得していると思われる一方、帰国することが経済的に困難であり、子どもと一緒に日本での生活を続けているケースが考えられる。後

表　19歳以下の子どもが総数に2割以上占める国籍

子どもの数の順位（総数順位）	国籍	人数	子どもが全体に占める率（%）
41（64）	無国籍	254	40.51
20（32）	アフガニスタン	1,331	37.93
29（44）	エジプト	616	30.39
40（54）	シリア	273	28.14
19（27）	ボリビア	1,653	27.01
11（16）	パキスタン	4,929	25.80
2（5）	ブラジル	45,865	21.99
7（11）	ペルー	10,591	21.95
13（17）	バングラデシュ	3,535	20.24

者の場合は、日本の子どもの貧困問題と相関性が高く、4章でも論じられているように就学にも支障がある場合もある。

　もう一つの特徴は、西アジアや中東などからの子どもである。在留資格から察すると親世代が留学、その後「技術・人文知識・国際業務」などの仕事についたり、「技能」などの専門職を経て、子どもを生み／呼び寄せ、そのまま日本に永住していく。かれらは、日本での子どもの教育を選択しているわけであるが、本国での不安定な情勢の影響も考えられるかもしれない。東南アジアだけでなく西アジアや中東、アフリカ諸国も含めイスラム教圏の国から来日する子どもは増加傾向にあるといえる。

　また、無国籍者の4割以上は19歳以下で、うち76％にあたる193人が0歳〜3歳であることも特徴的である。入管庁によれば、出産後国籍を立証する資料が不足していたケースも少なくないという。無国籍の子どもについては、7章でも論じられているが在留資格との関係も含めて考えていく必要があるだろう。

■子どもの在留資格についての特徴

　次に在留資格別の数を見てみよう。全体の67％は、「永住者」「定住者」「特別永住者」「永住者の配偶者等」「日本人の配偶者等」が占めており、身分による安定した在留資格にある。2.53％が就労に関わる「宗教」「経営／管理」「技術／人文知識／国際業務」「企業内転勤」「興行」「技能実習」「技能」、8.03％が「留学」「研修」「文化活動」ならびにワーキングホリデーなどの「特定活動」である。そして残りの27.07％が「家族滞在」である。これは8章でとりあげられるが、就労している外国人が日本に家族として配偶者や子どもを呼び寄せるための在留資格であり、その子どもの数は9万1453人、「家族滞在」で在留する者総数である19万6622人の46.51％にあたっている。「家族滞在」の子どもの場合、高校卒業以降の在留資格の変更が認められるようになったが、編入時が小学校以前か中学校か高校かにより条件が変わっている。また、収入を得る活動には制約があったり奨学金を得ることができない等の課題も残っている。

■日本国籍の子ども

　カウントされにくい、外国につながる子どもたちについては、その数の多さは、

私たちの意識から乖離しているといえよう。親のどちらかが日本人である場合と、帰化をする場合が考えられる。厚生労働省「人口動態統計」によると2001〜2019年の19年間に日本人・外国人の親から生まれた子どもは、39万7715人、また法務省によるとその間の帰化者数は23万4482人、うち推測される現時点で19歳以下の子どもの数は2万7434人である。さらにこの間の成人帰化者の出産を考慮すれば、19歳以下の日本国籍で外国につながる子どもの数は、外国籍の子どもの数の1.6倍以上となる42万5149人以上いると推測される。

　国際結婚は全体数からみると圧倒的に中国、韓国、フィリピンなどの東・東南アジア出身の母と日本人父のケースが多いが、歴史的経緯により米軍基地が集中している沖縄では、米軍従事者男性と日本人女性の間に生まれるアメラジアンの子どもがいる。また日本の統計上には反映されないがフィリピンには日本国籍が取得可能な10万人ともいわれるJFC（ジャパニーズ・フィリピノ・チルドレン）がいる。

　こうした日本籍を持つこどもたちは、親との社会的力関係もあり自らのエスニシティを表出しづらい。また、日本社会では継承文化や継承言語も含め、エスニシティを確認し権利としてカウントされることはない。学校現場でも「個人情報」扱いで触れないという話もよく聞く。権利として承認されていないだけに、エスニックアイデンティティはプラスに働きにくい。

　しかし、そうした子どもたち当事者が増えたことにより、ここ数年来、「ハーフ」「ダブル」「ミックス」などという言葉を通して自らの存在を表象する傾向も出てきている（岩淵功一『〈ハーフ〉とは誰か』青弓社、2014年）。ただし、自分たちをどのように認識するかは、その呼称も含め様々である。特に3世代目（クォーター）に当たる子どもにいたっては、"見た目"に日本人であれば、そのことを意識することは少ないといえよう。逆に"見た目"のエスニシティが日本ではないと意識される場合、特にアングロサクソン系やアフリカ系につながる子どもは、メディアなどの影響もあり、ステレオタイプ化されて取り上げられがちである。

■非正規滞在の子ども
　さらに、数にあがらない外国人の子どもの存在にも注意を払う必要があるだろ

う。1つは、親の在留資格とともに子どもの在留資格も切れたまま滞在している、退去強制の対象となる"非正規滞在者"の子どもである。2000年前後より、その摘発や一斉出頭などにより知られるようになったが、日本の学校に就学している子どももおり、在留特別許可をめぐっての申し立てや裁判は現在も各地で取り組まれている。子どもは日本語しか解さないなど、日本で育った環境も含め、子どもの権利条約にもとづき在留を望む家族は多いが、子どもの年齢が低い場合は家族とともに退去強制になり、子どもがある年齢に達している場合は子ども以外の家族が退去強制になるという傾向が見られ、子どもの最善の利益の考慮が国によってないがしろにされてきた（8章）。

　加えて、非正規滞在者の親が日本で出産した子どもの届け出をどこにもしない、というケースもある。特に入管法が改定され、非正規の外国人に厳しくなり、役所の窓口で顔を合わせる関係性もなくなったため、その数は増加していると考えられる。その場合、書類上どこにも存在しない無届け状態の「無登録児」となる。誰もが享受できるはずの基本的人権である、教育や福祉などを受けることが困難となる可能性もある。

　外国人・外国につながる子どもたちの姿は、社会的にも文化的にも多様である。その多様性を承認するとともに、その違いから生まれる不平等について、私たちはもっと高くアンテナを張らないといけないのではないか。

（榎井縁）

03 日本で生まれ育つ外国人の子どもたち

■増加する日本で生まれ、日本で育つ子どもたち

　1990年の出入国管理及び難民認定法の施行によって、家族とともに来日する外国生まれの外国人の子どもが増加した。そのため、日本の公立学校に通う外国人の子どもが急増し、学校現場では日本語がまったくわからない外国人児童生徒への対応方法が大きな問題となった。

　それから30年が経過し、今日では日本で生まれ育つ外国人の子どもが増加している。例えば、外国人が多く暮らす愛知県豊田市の公立小中学校に通う外国人児童生徒の状況をみると、日本生まれの外国人児童生徒数（外国人児童生徒総数に占める割合）は、2008年度では338人（45.6％）であったが、2015年度では550人（63.9％）、2019年度では625人（55.1％）までに増えている（豊田市「専門委員会活動報告集」各年度）。

　日本で生まれ育つ外国人の子どもの増加の理由には、外国人住民の定住化、国際結婚の増加などがあげられる。厚生労働省の人口動態統計によると、父母の両方もしくは父母の一方が外国人の子どもの割合は、日本における出生総数にたいして高くなっている（巻末資料I-7）。このことからも、日本で生まれ育つ外国につながる子どもが増加していることは、明らかである。

■もがき苦しむ外国人の子どもたち

　日本で生まれ育つ外国人の子どもの増加に伴い、公教育での日本語指導が必要な児童生徒の状況も変化してきた。文部科学省の調査によると、日本語指導が必要な日本国籍の児童生徒数は、2003年度では2886人であったが、2018年度では10371人となり、この15年間で3.6倍までに増えた。

　外国人の子どもであっても日本で生まれ育っているのならば、外国生まれの外国人の子どもが抱えるような問題は少ないと判断されてしまう。だが実際は、こうした子どもの多くは、家庭では日本語以外の言語で生活している場合も多いた

めに日本語力が育つ環境が少なく、日常会話には問題がなくとも、学習に関わる日本語がわからないという子どもも多い。なぜならば、日常生活に必要な基礎的な対話力と教科学習をするときに必要な言語能力（教科学習言語能力）は、異なるからだ（文部科学省「外国人児童生徒のためのJSL対話型アセスメントDLA」2014年）。

　さらにこうした子どもは、親よりも日本社会の慣習や規範に適応していることが多いため、親に尊敬の念をもてなかったり、親の話す言語がわからずに会話ができなかったりなど、子ども個人で抱えている困難もある。このような場合、学校などでは「日本人」扱いされているために保護者への連絡伝達については支援を受けられず、保護者に子どもの学校に関わる情報が伝わっていないこともしばしばある。加えて、現状では国籍が出生地や育った地を示さなくなったにもかかわらず、「外国籍」というだけで、学校などで、行ったこともない国籍の国の文化を強要されたり、就職などでは外国籍であることを理由に希望する職種につけなかったりなど、苦しむ子どももいる。このように日常生活では見えないさまざまな場面で、日本で生まれ育つ外国人の子どもたちはもがき苦しんでいるのである。

■国籍や文化背景の多様な親から生まれる子どもたち

　1990年以降に日本語指導が必要な児童生徒が増加したことから、各自治体では外国人児童生徒の母語がわかる人を雇用し、公立学校での子どもの日本語指導や生活指導の充実化を図ってきた。それから30年が経過して、子どもの状況も変化し、日本で生まれ育つ外国人の子どもが増えている。親の出身国や文化が多様化している今日において、学校現場では子どもの日本語指導だけでなく生育歴や家庭状況を丁寧に把握したうえでの各種サポートや配慮が必須になってきている。

　これは、1990年以降に増加した南米出身の子どもに始まった新しい現象ではない。在日コリアンの子どもが学校で「通名」を使用する場合、外国人とは見なされていない状況があり、彼（女）自身、アイデンティティが揺れはじめ、国籍をめぐる葛藤や社会的差別の現実を感じている。中国帰国者やインドシナ難民の子どもたちも同様であり、言語や文化的背景が多様な親をもつ外国人の子どもは、もがき苦しみながら日本で生きることを強いられてきた。こうした歴史から学ぶこともなく、日本ではいまだ外国籍者の人権を侵害する、社会的差別が許されてしまっていることは、根本的な問題である。　　　　　　　　　　（小島祥美）

04 在日コリアンの子どもたち

■多様化するコリアンの子どもたち

　在日コリアンとは「韓国籍」「朝鮮籍」をもつ人びとをさす言葉として使われることが多い。しかし、在日コリアンと日本人との婚姻が多数となった今日、「日本国籍」のみをもつ人、「韓国籍」または「朝鮮籍」と「日本国籍」の両方をもつケースも含め、日本における「コリアン」のカテゴリーを広く捉える傾向も徐々に広がっている。

　1910年から1945年まで続いた日本の朝鮮半島植民地支配に起因する旧植民地出身者とその子孫である「オールドカマー」と、それ以外の渡日背景をもつ在留外国人である「ニューカマー」とを、区分する方法もある。その場合「オールドカマー」は在留資格で「特別永住」を、「ニューカマー」はそれ以外をもつことから区分できる。また戦前の日本のアジア侵略の過程で日本に居住するにいたった人びとと、それ以外の人びとを歴史的な区分により説明する方法もある。

　2020年12月の「韓国・朝鮮籍」者数は45万4122人（韓国籍42万6908人、朝鮮籍2万7214人）で在留外国人のなかでは中国籍者に続き多い。在日コリアンの人口構成上、子ども年齢に該当する人口（0歳から18歳）は2万9246人（韓国籍2万7198人、朝鮮籍1998人）でうち2万7135人が特別永住資格をもっている。さらに就学年齢に該当する人口（7歳から15歳）は1万8904人（韓国籍1万7259人、朝鮮籍1645人）で、うち1万3580人が特別永住資格をもっていることがわかる。

　一方、上記の統計以外のコリアンの子どもの実態は明らかになっていない。すでに国籍の複合化が進んで久しく、日本国籍のみをもつ者のほか、日韓の国籍法は父母の国籍がちがう場合一定年齢までは父母両方の国籍を継承する（二重国籍）ことが認められているため、日本の関係省庁が行う在留外国人統計に拾われない「コリアルーツの子ども」が多数いることがわかっている。

■コリアルーツの子どもたちを埋没させないために

　日本による植民地支配が終焉してから71年の歳月が過ぎた。そのことから両親、祖父母、曽祖父母にさかのぼって朝鮮半島とかかわりのある人を「コリアン」のカテゴリーに求める当事者団体もある。在日コリアンが歴史的に多数在住する大阪の教育現場などでは、国籍のいかんによらず、直系家族のなかに「韓国籍」「朝鮮籍」をもつ者、あるいはかつてもっていた者がいる子どもたちのことを「コリアルーツの子ども」という新しい概念で捉えることが試みられている。

　大阪市の教員らでつくられる外国人教育研究団体では、市立小中学校への外国人児童生徒の在籍状況把握のためのアンケート調査において、「外国籍」児童生徒の在籍状況のほか、日本国籍をもつが「外国ルーツの子ども」の在籍状況についても設問に加えている。こうした「外国ルーツの子ども」の把握を推奨する背景には、「コリアルーツの子ども」たちに民族的背景に立脚した教育支援をするほうが、自尊感情の獲得により効果的だという成果の認識がある。さらにマイノリティの存在に目を向けさせるという教員への啓発的意味あいもある。ちなみに、日本国籍をもつ外国ルーツの子どもたちの在籍状況を公簿類（学校の公的文書）から把握することはほぼ不可能だ。日本国籍で外国ルーツをもち、とりわけ日本語指導が必要でない子どもたちの存在は、教育現場ではますます見えにくい存在となりつつある。そうした存在に目を向けて埋没させない多文化共生教育の必要性がより高まっている。

　在日コリアンの教育政策は、1965年日韓条約締結時に規定された。文部省（当時）は通達において、朝鮮人子弟は義務教育の対象ではないが、希望すれば公立学校に通学が可能だとし、その場合でも「わが国の公立学校において特別な教育を行うことを認める趣旨でない」と釘を刺した。いわば在日コリアンの公立学校通学は「恩恵」にほかならず、民族的固有性は考慮せずあくまでも日本人と同様に扱う「同化」が前提であるとされた。この政策の基調は、その後のその他の在日外国人の扱いにそのまま適用され、継承されている。

（金光敏）

05　中国人の子どもたち

■急増する人口

　2020年末現在、台湾を含む中国籍の0〜14歳人口は8万5404人で、2010年末当時の1.87倍、全外国籍の35.1%を占める（「在留外国人統計」）。

　一方、2000〜2019年に中国籍父母の間に生まれた子は7万7113人、日本籍父と中国籍母の間に生まれた子は7万0024人、中国籍父と日本籍母の間に生まれた子は2万2459人だが、このうち近年激増しているのは中国籍父母の間に生まれた子で、1994〜2005年に年間約2000人だったのが、2014〜2019年の平均は年間5967人となっている。逆に減少しているのは日本籍父と中国籍母の間に生まれた子で、最大値は2007年の4271人、最新の値は2748人（2019年）となっている（「人口動態統計」）。

　また「出入国管理統計」で0〜14歳の出入国収支（その年の入国者数から出国者数を差し引いた数）をみると、2015〜2018年の中国籍は毎年4000人以上の入国超過だった（『出入国管理統計年報』で確認可能な1961年以降、これらを上回る来日ラッシュは1991年と1997年のブラジル籍［6641人と5644人］のみ）。

■多様性に富む家庭背景と高い進学率

　中国人の子らのなかにはダブルもいれば「連れ子」もいる。中国帰国者もいれば老華僑もいる。関東大震災や日中戦争のときに中国人夫や中国人養父と福建省に渡った日本人の子孫もいるし、仕事や留学で来日した親が呼び寄せたり日本でもうけた子もいる。こうした多様なルーツが中国人の子らのエスニック・バックグラウンドや日本での生活年数や社会経済的地位を多様化させている。

　筆者が国勢調査の調査票情報を利用して中国籍の親と同居する高校年齢層について調査したところ、2015年における親子の国籍組み合わせ別人口は、両親も子どもも中国籍が4300人、両親が日・中で子どもが中国籍（「連れ子」が主と思われる）が1147人、両親が日・中で子どもが日本籍（ダブルが主と思われる）が

5431人、一人親世帯が1079人だった。

　また、2010年における中国籍の子ども（5565人）の場合、父母の教育年数の平均値はそれぞれ13.0年と12.6年であり、本人の高校在学率は89.9%だった（韓国・朝鮮籍とフィリピン籍とブラジル籍は、それぞれ96.8%と77.2%と77.4%）。

　さらに、2015年における中国籍の子ども（6479人）の場合、親の仕事は、管理・専門の職業に就く被雇用者が13.9%、事務・販売の職業に就く被雇用者が11.0%、自営業（全職業）が6.3%、その他の職業に就く被雇用者が44.1%、無職が5.6%、労働力状態不明が19.1%だった（共働きの場合は、雇用形態がより安定していて、職業が階層的により上位である方で代表させてある）。

　上記について、より詳しくは旧中国帰国者定着促進センターのホームページ「同声同気」で公開した「外国籍の親と暮らす高校年齢層の高校在学率と家庭背景等に関する記述統計資料」（https://www.kikokusha-center.or.jp/resource/ronbun/kakuron/46/46.pdf）を参照してほしい。

■ 中国の発展がもたらしたもの

　中国は2000年代に世界の工場となり、2010年代に世界の市場となった。2005年に日本の2分の1だったGDPも2020年には日本の約3倍となっている。日中間の経済格差は縮まり、航空券は安くなり、（コロナ禍さえなければ）中国人の親は昔よりも気軽かつ頻繁に子を連れて中国に里帰りできるようになった。また、中国語が活かせる就職口は爆発的に増えており、両国の架け橋として活躍する若者も増えている。衛星放送やインターネットの発達は中国社会に接したり中国人どうしがつながることも容易にした。こうしたなか、子どもらが中国人としての自分を肯定的に受け入れ、中国語を積極的に学ぼうとする雰囲気が整いつつあることは喜ばしい。

　今後は中国籍の両親の下で日本で生まれ育った子らが増えていくと思われるが、彼（女）らが中国語を保持・伸長・継承していくことは、日本社会にとっても大きな財産となるに違いない。

（鍛治致）

06 ブラジル人の子どもたち

　法務省の在留外国人統計でブラジル籍者数の推移を見ると、最多は2007年の31万6967人で、「リーマンショック」が起きた2008年以降は、減少し続けている。1990年の改定入管法施行後、国・出身地域別人数では長年3位を維持してきたブラジル籍者であったが、2012年にフィリピン籍者に次いで4位と変わった。最新の2020年末時では、第5位（20万8538人）になる。

　文部科学省の日本語指導が必要な外国籍児童生徒数のうち（2018年5月）、母語がポルトガル語の者の割合をみると、小学生が27.6％、中学生が25.3％、高校生が11.3％であった（次頁表参照）。これを同時期の在留外国人統計（2018年6月）と照らし合わせると、日本語指導が必要とされるブラジル籍者は、小学生年齢では59.8％、中学生年齢では42.6％、高校生年齢では6.2％となる。雑多な比較であるが、高校生年齢の日本語指導が必要なポルトガル語を母語とする者が極端に少なく、高校進学が大きな壁になっていることが推察される。また、特別支援学校に通う日本語指導が必要な外国籍児童生徒の約5割（48％）が、ポルトガル語を母語とする者であることも注視したい。

　表に示した在留外国人の統計は、0-17歳のブラジル籍者の総数で、全体の5人に1人に相当し、中国籍に次いで2番目に多い。年齢別にブラジル籍者数をみると、0〜5歳は12％、6〜11歳は17％、12〜14歳は19％、15〜17歳は17％であった。日本生まれの在日ブラジル人2世の子どもが、確実に増加しているとみられる。

　このようななかで、他国のブラジル人コミュニティには全く見られない全教科をポルトガル語中心で教えるブラジル学校は日本独特の現象である。ブラジル学校は2008年以前には100校以上あったがその後減少が続き、2021年現在、9県に36校ほどで、うち15校は各種学校認可校である。ブラジル学校が誕生した背景には、日本政府が外国籍者を義務教育の対象外としていることから生じる公立学校の受入れ体勢の不十分さが大きく影響している。だが、一部のインターナショナルスクールとは異なり、ブラジル学校は「特定公益増進法人」の指定を受け

表　年齢別ブラジル人の子どもと日本語指導が必要なポルトガル語を母語とする者

ブラジル国籍者数 法務省統計（2018年6月）				日本語指導が必要な児童生徒のうちポルトガル語を母語とする者（2018年5月）文科省統計 単位：人（カッコ内は同年齢層に占めるポルトガル語を母語とする比率）	
年齢	男性 （人）	女性 （人）	合計 （人）		
0~5歳	6,311	5,970	12,281	―	
6~11歳	7,113	6,696	13,809	7,257 （27.6%）	小学校
12~14歳	3,482	3,168	6,650	2,594 （25.3%）	中学校
15~17歳	3,570	3,250	6,820	415 （11.3%）	高等学校
18~19歳	2,693	2,432	5,125	―	
法務省（在留外国人統計）と文部科学省のデータをもとに筆者作成				3 （1.6%）	義務教育学校
				2 （4.9%）	中等教育学校
				133 （48.0%）	特別支援学校

ていないため、財政面に課題をもつ。そのため、多くの学校の経営が不安定であり、教育内容の保障は必ずしも万全とはいえない。また、ブラジル学校に通う子どもは日本語を習得する機会に乏しいことから、ブラジルに「帰国」しない場合の進路が限定的になってしまうという問題もある。

　1990年の入管法改正から30年が経過し、在日ブラジル人の子どもを取り巻く環境が変化している。日本で育った若い親たちが増加しているが、この間に日本で十分に教育を受けられなかった者がこのなかに相当数含まれることを認識する必要がある。他方、日本の学校で成長する在日ブラジル人2世の子どもには日本語しか話せなくなる傾向があるが、その親世代の多くは日本語が十分に話せないため、家庭内で親子間対話のできる共通言語がもてないなど、アイデンティティ形成で困難を抱える子どももいる。進路については、高校進学率がいまだ低く、進学できても定時制高校に集中する傾向があり、大学等の高等教育へ進むにも選択の幅が非常に狭くなる。しかし、人数はともかく、日本の学校から大学等へ進んだサバイバーも散見されるようになり、なかには母語（継承語）を維持し、バイリンガルの力を身につけて活躍する若者も確実に増加していることも強調したい。

　外国につながる子どもたちの教育を受ける権利を保障し、母語（継承語）を学ぶ場を増やし、子どもたちの努力を支える輪を広げていけば、これまでになかった視点から日本社会を支える若者たちが増えていくにちがいない。外国につながる子どもたちの存在は、日本社会にとって教育「課題」や「問題」にとどまらず、「希望」であり、進むべき方向性を示してくれる「灯台」でもある。

（幡野リリアン光美）

フィリピン人の子どもたち

■日本社会と在日フィリピン人のさまざまなつながり

　現在、在留外国人のうち第4位を占めるフィリピン人は（巻末資料I-1）、中国人と並んで国際結婚数が多く、またフィリピン人シングルマザーに養育されている日本国籍の子どもや、新旧の日系フィリピン人（戦前にフィリピンに移民した日本人の子孫にあたる旧日系人と、1980年代以降に在留資格「興行」で来日したフィリピン人女性と日本人男性との子どもで、その後日本国籍や定住者ビザを得たいわゆる「新日系人」）など、日本社会と家族的つながりをもつ形で日本に暮らしている人たちがきわめて多い。最近のスポーツ界や芸能界でも、母親がフィリピン人である若者の活躍が目立つのも、このあらわれだろう。

■「フィリピンにつながる子ども」という視点──国籍と言語の観点から

　しかし、そもそも「外国人の子ども」と言ったとき、その「外国人」であること、の意味は何を指すのだろうか。国籍なのか、エスニシティや母語なのか、あるいはその両方なのか。フィリピンにつながる子どもたちについて考えるとき、その問いは重要かつ複雑だ。

　まず、「外国人の子ども」としての「フィリピン人の子ども」として、「フィリピン国籍」保持者の子どもたちがいる。2020年末現在の法務省在留外国人統計によれば、0〜19歳までのフィリピン国籍の子どもの数は3万2272人で（巻末資料I-2）、そのうち7〜18歳までの数は2万1250人だ。しかし、フィリピンにつながる子どもたちについて考える際、「国籍がフィリピンであること」だけを見ても、その実態は把握しえない。

　両親のいずれかがフィリピン人であり、かつ日本生まれである場合には、人口動態統計の出生数からその数を類推することができる。人口動態統計によれば、2019年にはフィリピン人を母親とする3561人の新生児が数えられる。これには、父親が日本人（1566人）だけでなく、父親がフィリピン人やその他の外国人の場

合も含まれる。また、フィリピン人の母親から生まれる子どもには「嫡出でない子」の数も少なくない。

　加えて、現在の国籍上は「日本人」でも、フィリピン生まれフィリピン育ちであり、就学年齢の途中で来日した子どもたちなどは、学校や社会では、「外国人の子ども」として扱われているのが現実であろう。こうした子どもたちの数は、文科省の「日本語指導が必要な児童生徒の受入状況等に関する調査」のデータから、その母語を手掛かりに推測することができる。「日本語指導が必要な日本国籍児童・生徒」の「使用言語」についての2018年度のデータによれば（巻末資料I-12）、公立学校に在籍する当該カテゴリーの児童・生徒1万371人のうち、使用言語が「フィリピノ語」である者の数は最多の3384人となっている。これは全体の32.6％にあたり、「日本語」（11.6％）、「中国語」（20.7％）を大きく上回っている。ちなみに、「日本語指導が必要な外国人児童・生徒」のなかで「フィリピノ語」を母語とする者の数は7919人で全体の19.4％を占める（巻末資料I-11）。これは、ポルトガル語（25.5％）、中国語（23.8％）に次ぐ第3位であるが、過去10年間でその数は倍増している。これに、日本語指導を「必要としない」児童・生徒でフィリピノ語を母語とする者を合わせると、その数はさらに増えることは言うまでもない。

■国籍、言語を超えた家族的背景への考慮を

　国籍や言語の面だけでなく、家族関係の面でもフィリピンにつながる子どもたちは多様性をもち、またそれに基づく困難を抱えている場合も多い。母親の再婚等の理由によって就学年齢の途中でフィリピンから呼び寄せられる子どもたちは、日本の学校での多くの困難だけでなく、新しく日本で形成された家族（母親の新しい日本人パートナーや、長く離れて暮らしてきた母親との関係構築など）において、向き合わなければならない課題が山積している（シングルマザー世帯の抱える困難については4章06を参照のこと）。新日系人の若者たちとその母親が置かれている状況も厳しい。

　国籍や言語、といった「見えやすい」差異だけでなく、在日フィリピン人に特有の家族的背景や事情にも配慮したうえで、彼ら・彼女らがより生きやすい環境の実現を目指すことが、学校・地域、そして日本社会において求められている。

（小ヶ谷千穂）

インドシナ難民の子どもの過去・現在

■「インドシナ難民」とは誰か

　1975年の「ベトナム戦争」終結後、急速な社会主義化や紛争から逃れるために多くの人びとがインドシナ半島のベトナム、ラオス、カンボジアから脱出した。それらの人びとを国際社会は「インドシナ難民」と総称し、支援を行った。日本政府も1979年に難民受入れを決定し、「難民条約」に加入した1981年から本格的にインドシナ難民の受入れと定住支援を実施した。2005年で受入れが終了するまで、日本におけるインドシナ難民定住許可総数は1万1319人（出身国別ではベトナム：8656人、カンボジア：1357人、ラオス：1306人）であった（アジア福祉教育財団資料）。

　この数字に子どもも含まれているが、その詳細は公開されていない。

■子どもたちの抱えさせられている課題

　1980年代に来日したインドシナ難民の子どもたちの多くは祖国で生まれ、日本語もわからないまま日本での生活を始めた。子どもは、当時開設された、神奈川県や兵庫県等の定住促進センター（現在は閉鎖）でひらがなやカタカナ、簡単な挨拶を覚えてから、地域の学校へ入ったが、まだ日本語能力が低く、学習に参加することは困難であった。学校では日本語教育・適応教育と呼ばれる指導を行ったり、担任の先生が放課後に個別指導を行うケースもあった。その頃から、地域のボランティアによる学習支援も始まった。

　1990年代に入ると、定住難民家族から日本生まれの子どもたちが多数学校に入学するようになった。保育園や幼稚園で日本語を習得し、小学校に入学したときには日本人の子どもと変わらないほど日本語が上達していた。しかし、学年が進むにしたがって、語彙不足や文章読解力の弱さなど、日本語の読み書き能力の課題が明らかになり、学習についていけない子どもが多数いることも指摘された。

■祖国を知らない子どもたち

　日本生まれの子どもは、親の祖国を知らない。親の言語を使用する家庭では、子どもは親の言語を多少理解しても日本語で答えることが日常的だ。親の言語を十分に使用できない子どもは親の言うことや考え方を理解できず、反発する場合もある。日本生まれの子どもが親の祖国を訪問しても、現地の言語がわからず居場所がないと感じ、むしろ日本で生きることを選択せざるを得ないと感じる。

　このように「日本人化」する子どもたちに、神奈川県や兵庫県では親が中心となって親の言語を教えたり、親の祖国の宗教儀礼に子どもを参加させたりしている。祖国の言語や文化を継承させたいという親の願いが背景にある。

■日本社会と向き合ってどう生きるのか

　1980年代以降に来日したインドシナ難民の子どもたちも大人になり、子や孫の世代も生まれている。しかし、その日本生まれの子どもたちにも課題がある。学力不足や閉塞感、将来への不安を感じることから学校の教師や親に反発した若者たちが集団化し反社会的な行動を起こす事件があり、難民の子どもたちを支える実践も長期にわたり試みられた。一方、そのような難民の集住地域やコミュニティを嫌い、同国人から離れて暮らす家族もいる。なかには、子どもたちがしっかり成長し大学等へ進学する場合もある。いずれの場合も、子どもたちは、親の祖国のルーツをもちながらも、日本社会とどう向き合い、日本で生きていくかという課題に直面している。

　インドシナ難民のうち、これまで1400名ほどが帰化し、日本人となっている（アジア福祉教育財団難民事業本部調べ）。数はわからないが、そのなかに子どもも含まれている。また、難民が祖国から離脱しているため難民の子どもは親の国の国籍をとれず「無国籍」になる場合も多数ある。このような帰化者、無国籍者を含む、多様な子どもたちを、私たちはいつまで「インドシナ難民の子ども」とくくり、まなざすのか、という課題もある（川上郁雄「ベトナム系日本人」駒井洋監修・佐々木てる編『マルチ・エスニック・ジャパニーズ』明石書店、2016年）。

（川上郁雄）

難民の子どもへの支援

　難民の子どもたちを取り巻く課題は、保育・教育、母子、保護者の課題などさまざまであり、多くのNPO・NGO、住民、学校、行政などが関わっている。ここでは難民の子どもたちの全体像ではなく、あくまで難民支援協会（以下、JAR）の支援現場で出会う子どもたちの事例ということで紹介していきたい。

■多くのハードルを越えて

　そもそも難民は、自分が生まれ育った故郷を望んで離れてきているのではなく、迫害や身の危険など故郷にいられなくなる事情があり、安全安心を求めて他国にたどり着く。しかし、難民の子どもたちの場合には、親や保護者に自分たちの意思ではないにもかかわらず、遠い国で本人たちが予想していないたくさんのハードルを越えていかなくてはならない過酷な環境にある。

　難民の子どもたちのぶつかる課題は、来日のタイミング、背景の文化、ライフストーリーなどにより異なるが、そのなかでも来日のタイミングにより大きく左右される。乳幼児や未就学年齢での来日、あるいは日本で生まれる子どもたちに関しては、初期はどちらかというと保護者や母親が小さな子どもをもちながらどのように乗りきるかというチャレンジの部分が大きい。もちろん、家族全員で逃れることができたパターン、あるいは家族の男性メンバーが先に単身で逃れてきて、あとから妻や子どもなど家族を呼び寄せたというパターンも多いが、単身で逃れてくる難民女性に支援の現場で出会うこともある。年齢はさまざまだが、難民の女性が一人、右も左も分からない異国の地でサバイバル生活を送ると、深刻な状況に陥ってしまうことも少なくない。特に深刻であるのは、サバイバルの過程で、予期せぬ妊娠をしてしまった場合だ。妊娠が発覚したのち、断腸の思いで中絶をする人もいるが、宗教の教えや文化的な背景、医療アクセスの遅れなどの理由により、予期せぬ妊娠をしても出産を選択せざるを得ない女性もいる。中絶を選択したとしても体や精神状態に負担がかかり、出産を選ぶと現状の辛さに加

え、シングルマザーとしての大変さが加わったサバイバルを始めることとなる。公的な支援がない・不十分ななか、オムツや粉ミルクを買うことができない、日本の子育てに関する仕組みがわからない、子育ての仕方が分からず不安、などと小さい子どもを背負って幾度となくJARの事務所へ相談に来る難民女性もいる。初めての子育てを難民として、異国の地で、そして一人で迎える。その心細さは想像を絶する。

■教育へのアクセスの壁

　未就学児の場合、子どもを保育園や幼稚園に預けられる機会と経済力とがあれば、子どもは日本の社会と接することができ、小学校進学前に文化や日本語、同年齢の子どもに慣れ親しむことができる。同時に、母も友人をつくるなどのネットワーキングや社会との接点を増やして精神状態を立て直したり、日本語を習得したり、就労トレーニングプログラムに参加したり、就職活動をしたり、仕事を見つけ、自立の手段を得たりすることもできる。就労先を見つけ、児童福祉・教育施設を幸運にも利用できている者もいるが、難民以外でも保育園や子どもを預ける場所の確保が難しいなか、就労先がない状態で保育園に入ることは容易ではない。保育園や幼稚園に子どもを預けられず、子育てをしながら、語学の習得を含めて自立を目指さなくてはならない難民女性たちの状況は厳しい。

　保護者や母親側は大変であるものの、幼少期や小学校低学年までに来日すると、あるいは日本で生まれると、子どもは文化の理解や言語の習得をある程度早い段階で達成し、最低限の部分で言語や文化がその後大きなネックになりにくい。一方で、小学校高学年や中学校の年齢で来日した、などというケースでは乗り越えるハードルがとても高くなる。例えば小学校6年生で来日した場合、小学校最後の1年に編入し、言語を習得しながら6年生までの学習に取り組み、できあがっている友人関係のなかでクラスになじむ努力をし、文化にも適応し、中学校の準備までしなくてはならない。さらに中学校から来日した場合では、語学力がなく、子どもによっては日本の小学校レベルの学習が終了していないなかで、授業に入らなくてはならない。このような問題は、外国人の子どもたちの問題に共通するところがあるが、難民であるからこその要素もある。留学や保護者の仕事が理由の移住であれば、ある程度文化を理解してから、また現地の言語を学んでから渡

航したりすることも多いだろう。しかし、難民の場合は迫害や身に危険を感じてから渡航まで時間が限られていたり、やむなくブローカーに手配を依頼した場合には行き先が選べなかったりと、語学や文化の土台が全くないなかで生活をスタートさせるからこそその課題がある。

■文化と文化の橋渡し

　教育支援現場では文化の通訳を行う機会も多い。ある難民の子どもは、手づかみでご飯を食べる機会も多い地域の文化で育ち、来日して小学校に入った後、給食でフォークやスプーンを使わずに、手で食べてしまっていた。そのことから「汚い」などとクラスメイトから頻繁に言われるようになり、授業を休んでしまうという出来事があり、学校側から相談を受けた。当初担任は「スプーンやフォークが使えず、手づかみで食べるなどマナーが悪い」という理解で話されており、一方母親は「しっかりと育ててきたので、娘のマナーが悪いということはない」と涙ぐんで訴えていた。はたから見ても礼儀正しく、普段から厳しく育てられていることがわかる子どもであった。その家庭教育のなかで大切にしている礼儀という部分に対し、担任がそのような指摘をしたため、母親も自尊心が傷けられショックだったと思う。担任に対しては、難民の子どもの行動は文化に起因するものであって礼儀やマナーの問題ではないことを解説し、また母親に対しては、子どもはとても礼儀正しいことに共感したうえで、スプーンやフォークの文化にも慣れ親しんでみようと話し、橋渡しをした。このような出来事が起きたとき、次の給食を皆で手を使って食べてみる文化体験教育が実践されるような多文化共生の地域社会を実現できたらと感じる。

　難民の子どもたちにとっては日本が故郷でもある。平和になったとしても、親と違い、日本以外に帰ることができる故郷が必ずしもあるわけではない。日本社会をこれから担っていく難民の子どもたちに対し、私たちにできることを一つひとつ考えていきたい。

（鶴木由美子）

10 アメラジアンの現在

■アメラジアンとは

　アメラジアン（Amerasian）とは、アメリカ人とアジア人の両親をもつ人であり、とくにアメリカ軍の駐留や派兵を背景として生まれた人を含意することが多い。この用語は、ベトナム戦争後、アメリカ兵と現地女性の間に生まれた子どもたちが直面した差別などの厳しい状況がアメリカ合衆国で問題視されるなかで用いられてきた。ただし、アメラジアンは戦時だけでなく、平時における米軍の駐留によっても生まれている。日本では、在日米軍基地の70％が集中する沖縄で、アメリカ人の父、日本人の母をもつ子どもが毎年およそ250人、出生している。その多くは、現役や退役の米軍人・軍属などを父親にもつアメラジアンであると考えられる。

■「ダブルの教育」──アメラジアンスクール・イン・オキナワを中心に

　アメラジアンスクール・イン・オキナワ（以下、アメラジアンスクールと表記）は、1998年に、セイヤーみどりを中心とするアメラジアンの母親ら5人が、民間の教育施設として設立した。現在はNPO法人である。

　設立のきっかけは、アメラジアンの子どもたちの受け皿になっていたあるインターナショナルスクールで、子どもの健康にかかわる環境問題が発生したことであった。子どもを自主退学させた母親たちは、沖縄県教育庁に、公立学校における国際学級の設置を求めたが、「公教育は外国人のための教育を提供することはできない」との回答であった。アメラジアンを、外国人として教育権から排除するか／日本国民として包摂するかという二者択一ではなく、日米につながる「ダブル」としていかに位置づけ、育てていくのかという課題が見えてきた（照本祥敬他『アメラジアンスクール』ふきのとう書房、2001年）。

　「アメラジアン」という呼称は、「ダブル」の可能性を肯定的にとらえるために、母親たちによって用いられ始めた。2011年に制作されたDVD「We are all

STARS!!」には、生徒によるアメラジアンの子どもの権利宣言ともいうべき言葉が見いだせる。

　　「アメラジアンの子どもたちは、2つの言語と文化を学ぶ権利があります。なので、アメラジアンスクールでは、英語と日本語で学ぶ『ダブルの教育』を提供しています。」

　ダブルの教育は、「日米の教育」ではない。生徒たちは部活動で、地域の学生とエイサー（沖縄で旧盆に踊られる祖先供養の舞踊）を楽しむ。沖縄戦の平和学習では、学童疎開船の対馬丸について、亡くなった児童のエピソードと対馬丸を撃沈した米艦隊の乗組員の手記を学ぶ。アメラジアンの子どもたちは、沖縄について学び、地域で育つ、沖縄の子どもたちでもある。

■アメラジアンの今とこれから

　アメラジアンスクールでは、幼稚園から中学生までの約50名が全日制で学んでいる（2021年6月末現在）。学齢期の児童・生徒は公立学校に籍を置き、アメラジアンスクールで学びながら出席扱いを受けている。2021年までの卒業生83名のうち76名は沖縄県立高校を受験し、進学した。他の7名はインターナショナルスクールとアメリカの高校に進学している。エスニック・スクールのなかでもユニークな公立学校との連携による進路保障は、社会的な評価を受けつつある。県立高校を卒業後、渡米して大学進学や就職をする若者もいる。現時点でアメリカ在住の卒業生は、8名である。県内で大学を卒業し、国際会計士を目指したり、基地内で通訳業に就く者もいる。

　今後の課題は、財政的に厳しい自主運営を続けるアメラジアンスクールに対する行政支援、とくに運動場などの施設整備と保護者の負担軽減である。アメラジアンスクールの校舎は宜野湾市人材育成交流センターめぶきの1階部分を無償貸与されているもので、運動場、体育館、音楽室、図書室などの施設整備に課題が残されている。アメラジアンスクールの外に広がる課題としては、就学先不明の外国籍児童・生徒の実態把握とその支援が挙げられる。　　　　　　（野入直美）

特別
寄稿 # 日本における外国人──戦後史と現在

田中宏

連合国の占領下で

　1945年の「ポツダム宣言」受諾の前と後に分けて考える必要があろう。ポツダム宣言は「カイロ宣言」と一体となって、日本の台湾・朝鮮の領有にまで遡ってその清算を求め、それを受諾して「大日本帝国」は「日本国」へと収縮した。

　日本は、第一次大戦では戦勝国となり、パリ講和会議の席上、新発足する国際連盟の規約に「人種差別撤廃」を盛り込むことを主張した。貧しい日本は、多くの移民を米大陸に送り出し、そこで受ける差別・冷遇から彼らを救うため、人種差別撤廃を訴えたのだ。しかし残念ながら、それは受け入れられなかった。

　戦後日本は、約7年間、連合国（実質は米国）の占領下におかれた。「朝鮮人は、ほとんど例外なく社会的地位の低い少数者集団である。彼らは、日本人に見下され、少なくとも一度、国家的災害［関東大震災］が日本を襲った時には、スケープゴートとなった（傍点は田中、以下同じ）」とは、占領に先立つ米の調査報告『在日外国人』の一節である。なお、1945年の時点で約200万人だった朝鮮人の多くは戦後帰国し、約60万人が在日朝鮮人として日本の領域主権に服し、在日外国人の主要部分となる。

未完の占領改革？──国籍差別禁止をめぐって

　占領当局の発した国籍差別禁止指令により、例えば「国籍に基づく被保険者資格の差別の撤廃、すなわち外国人も厚生年金保険の被保険者となり得ることとされた」のである（『厚生年金保険十五年史』1958年）。労働基準法、職業安定法は、国籍による差別を明文で禁止した日本では珍しい法律であるが、同じ指令を受けたものであろう。

　最大の占領改革は帝国憲法の改正である。日本政府の改正作業がはかどらないなか、1946年2月13日、マッカーサー憲法草案が日本政府に示された。その第13条に「すべての自然人は、法の前に平等である」と、第16条には「外国人は、

法の平等な保護を受ける」とあった。その後、13条のなかに16条を含ませ、新13条「すべての自然人は、その日本国民たると否とを問わず法律の下に平等にして、人種、信条、性別、社会上の身分若しくは門閥又は国籍により政治上、経済上又は社会上の関係に於いて差別せらるることなし」とされたが、結局は、憲法14条「すべて国民は、法の下に平等であって…」となった。なお、憲法10条（国民の要件）の「日本国民」はJapanese nationalだが、他の条文の「国民」は、すべてpeopleである（日本政府の公定訳）。

　ところで、あまり注目されないが、故・中曽根康弘元首相主宰の世界平和研究所が、2005年1月に発表した「憲法改正試案」では、現行憲法の「国民」は、いずれも「すべて人は」「何人も」に改められており、とても興味深いが、なぜか今日の改憲論議で言及されることはない。

朝鮮戦争下の対日講和、在日朝鮮人の地位・処遇は

　日本の戦後処理の基本は、1951年9月のサンフランシスコ講和会議に委ねられたが、肝心の中国、朝鮮は会議に招請されなかった。いずれも分断国家であり、しかも講和会議は朝鮮戦争（1950～53年）の真只中であった。占領下における朝鮮学校の閉鎖令、在日本朝鮮人連盟の解散令などには、米ソ対立がその影を落としていた。

　1952年4月28日は対日平和条約の発効日である。日本政府は、この日をもって在日朝鮮人など旧植民地出身者は「日本国籍」を喪失し「外国人」となった、と「通達」した。中国、朝鮮のいかなる政府も、同条約の当事国ではないにもかかわらず、また日本国憲法第10条が「日本国民たる要件は、法律でこれを定める」とあるにもかかわらず、「通達」によって行ったのである。

　日本のかつての同盟国ドイツも、隣国オーストリアを併合し、ドイツ敗戦によりオーストリアは分離独立した。西独（旧）は、1956年5月、国籍問題規制法を制定し、在独オーストリア人（在日朝鮮人に相当）には、国籍選択権を保障した。日本では、以降、在日朝鮮人が日本国籍を取得するには「帰化」によるほかなく、その決定権は法務大臣の自由裁量に委ねられた。「帰化」の決定権が日本政府の手中にあるのに対し、西独ではオーストリア人がその決定権を有しており、日独の違いは「天と地の開き」と言えよう。

「国籍条項」の復活、内なる差別撤廃闘争、ベトナム難民の衝撃

　主権回復直後の戦傷病者戦没者遺族等援護法（1952年）に早速「国籍条項」が登場し、戦争に駆り出された在日コリアンの戦傷病者・戦没者遺族は、日本の戦後補償からまったく除外された。その後も、福祉国家を目指して、国民年金法、児童手当3法などが制定されるが、ことごとく「国籍条項」が登場し、国籍による差別が一般化した。

　日立就職差別裁判（1970～74年）は新しい契機となった。「日本名」で出願し入社試験に合格した在日コリアン青年を、会社は「詐称」をもち出して解雇した。就職差別が争われる初の裁判になり、横浜地裁で勝訴判決を得、入社が実現した。“泣き寝入りする”のではなく、納得いかなければ異を唱えることが重要だとの認識が生まれた。内なる民族差別撤廃の戦いのスタートである。弁護士、弁理士への道も開かれ、公立学校の教員、奨学金の受給資格の開放、そして1980年代には「差別の象徴」「屈辱の烙印」とされた外国人登録の指紋押捺制度の撤廃に挑戦し、2000年にはその全廃にこぎつけた。

　1975年には「ベトナム難民の発生」と「主要国首脳会議（サミット）の発足」があり、重要な年となる。サミットの一員である日本は、難民の受け入れを契機に、国際人権諸条約の批准を余儀なくされた。1979年の国際人権規約の批准では、公営住宅などの公共住宅関連を外国人に開放し、1981年の難民条約批准では、前述の国民年金法・児童手当3法の「国籍条項」削除の法改正がなされた。

　1965年の日韓条約締結によっては微動だにしなかった“自国民中心主義”が、国際人権基準の受容によって大きく修正されたのである。以降、日本は多くの人権条約に加入し、国連への定期報告、その審査後の「総括所見」による“勧告”の洗礼を受けることになる。

ゆがむ労働力補充策、進まない外国人の社会統合

　少子高齢化の進行による労働力補充策は、いびつな形で進められた。1989年の入管法改定で、日系人には日本での就労を自由化するとの政策を打ち出し、ブラジル、ペルーの日系人を大量に受け入れた（ピークの2007年末のブラジル人は31万余）。日系人の多くは自動車関連企業が吸収した（トヨタの愛知、ホンダ・ヤ

マハの静岡など）。しかしリーマンショックのなか、日系人は真っ先にリストラに遭い、一時金による帰国奨励を促される。

　日本の学校での「いじめ」や母語維持のために多くのブラジル学校が誕生したが、日本側からの支援はなく、苦しい経営を強いられた。2008年に、「外国人教育を支援する議員の会」が生まれ、「ブラジル学校から朝鮮学校まで」を念頭に「外国人学校支援法案」の制定を目指し、2012年6月には、公明党が参議院に法案を出したが、審議未了廃案のまま今日に至っている。

　日系人の次に登場したのが、国際貢献を掲げる「研修生」制度の"活用"で、法改正もせず「技能実習制度」を創設、さらには期間を伸長するとの手法が取られた。結局は労働力補充策であるのに、決して「労働者」としてその基本権を保障する手立ては講じられず、おびただしい人権侵害が起きている。

　外国人に地方参政権を認めることは社会統合の1つであるが、日本では1998年に国会に初めて法案が提出されたが、今日に至るも成立を見ていない。韓国では、2005年に法改正が実現、永住外国人に地方選挙権が開放された。

ヘイトスピーチと朝鮮学校差別

　「在日特権を許さない市民の会」なる集団が、2009年12月には京都朝鮮学校を襲撃し、その後も各地で「朝鮮人はゴキブリ、死ね、殺せ」などと街頭宣伝を繰り広げた。2013年にはヘイトスピーチが流行語大賞に挙げられた。日本は、人種差別撤廃条約を1995年に批准したが、それを実効あらしめる国内法制定を長い間放置してきた。2010年4月、高校無償化法が施行され、正規校のほか専修学校、外国人学校も対象とする画期的なものだった。しかし、当時の民主党政権は朝鮮高校のみはその適用を先送りし、2012年12月発足の第2次安倍晋三内閣は、直ちに朝鮮高校不指定を断行した。また、石原慎太郎東京都知事（当時）、橋下徹大阪府知事（当時）などが、外国人学校補助金を朝鮮学校のみ不交付とする措置を取り、それが引き継がれている。

　日本の朝鮮学校差別は国連人権機関でもたびたび取り上げられ、2014年の人種差別撤廃委員会の日本審査後の総括所見でも、高校無償化を適用すべきであり、補助金の復活・維持を勧告した。しかし、日本政府はまったく無視している。北朝鮮がらみなら何をしても許される、との日本の風潮は異常というほかない。

多文化社会の
小さな種

陳天璽
（早稲田大学国際教養学部教授）

　私の名前のゆえか、「ナニジン？」とか「どちらの方？」と聞かれることがよくある。すっきりと答えられず、どうすればありのままの自分を理解してもらえるのか悩むことが多い。私は横浜中華街で生まれ育った。両親は大陸出身の中国人で、第二次世界大戦後、台湾に移り住んだ。1960年代に家族全員で日本に移住し私が生まれた。私が中国人であることは確かだ。しかし「中国」だけで片付く生い立ちではない。

　日本のなかでも異国情緒豊かな街に生まれ育ったので、「在日外国人」である私にとってこれほど恵まれた環境はないと思う。中華街に住み、幼稚園は近くのインターナショナルスクールや日本の幼稚園に通った。「中国人なら母語である中国語を修得すべき」という親の教育方針から、小・中学校は横浜中華学院に通った。算数や理科などすべて中国語で学び、日本語と英語も学んだ。家や学校では中国語、街やテレビで日本語を身につけていたので、幼いころから日常的に日中両言語を「チャンポン」で話し、英語にも頻繁に触れるという多文化な環境で育った。

　自分の子ども時代を振り返ると、大きく分けて3つの状況で違う扱い方をされていたように思う。まずは①名前などを言わない状況や関係性、次に②名前を提示する場合、最後に③身分証明書などを提示する状況の3種である。私は同じ「私」でも、状況の違いによって相手と私の距離は変わり、「外国人」もしくは「よそ者」として扱われた。

　見た目はさほど目立つわけではない。日本語も不自由ではないため、買い物をしたり、他人と話す①の状況では日本の子どもと同じように扱われた。「ナニジン？」と聞かれることもなかった。私もありのままの自分でいられた。しかし、馴染みの生活圏から出て、病院に行ったり、習い事に行くなど名前を提示する②の場面になると状況は変わった。「日本語できる？」と聞かれ、外国の子と扱われる度合いが一気に高まった。病院など公衆の場で名前を読み上げられ、周りの目が「ジロッ」と釘刺さされるたびに緊張感が高まった。さらに身分証明書を提示する必要がある③の状況では、言い知れぬ厚い壁が相手との間に立ちはだかる。私の身分証の国籍欄にある「無国籍」という三文字を見て、扱いに困ったのであろう（詳しくは拙著『無国籍』新潮文庫、2011年）。アパートの賃貸や奨学金の申請、就職などで多くの壁にぶち当たった。

　いま振り返ると、日本に生まれ育ち、上記のような経験をしたからこそ、自己と他者、外国人問題、多文化共生、人権などについて考え、今自分がしている仕事や活動につながったのだと思う。日本で就職し、日本国籍を取得したが、あえて名前を変えなかった。日本は、実は多民族・多文化社会であることを、自分の実践を通して気付いてもらいたいからだ。蒔いた種は小さいが、いつか社会を変える芽となればと思っている。

＊

第2章

子どもにとっての
移動の経験

多くの場合、子どもたちは
自分の意志によらない移動
により来日し、「外国人」
になる。突然入れられた未
知の異文化のなかで、どの
ような経験をしているのだ
ろうか。また、複数国の間
で移動を繰り返す子どもも
増えている。こうした背景
をもつ子どもたちが不利益
を被らないために、日本の
学校・社会はどうあるべき
かについても提言する。

未知の地への突然の移動

■未知の日本への移動、期待と葛藤

　子どもたちにとって国境を越える移動は「理由のない移動」である場合が少なくない。まず、ブラジルから日本にやってきた、カロの事例を紹介したい（来日時10歳、東海地方、両親は発動機メーカーで働く）。

　両親から「来月日本に行く」と伝えられたカロの心は弾んだ。かれにとって、日本は「ポケモンの国」だからである。ブラジルの片田舎では購入できないソフトやグッズを買うことができると喜んだ。ところが、日本での生活は不安、苦労に満ちたものだった。日本語をほとんど話すことができず、学校の授業が理解できなかった。同級生からは容姿や名前を揶揄され、「外国人の臭いがする」とからかわれることもあった。唯一の救いは、週に数回訪れるポルトガル語通訳の教育サポーターだったが、それも規定の回数だけで打ち切られてしまった。帰宅しても、夜勤を中心に働く親はたいてい不在である。扉を開けうす暗い部屋に入り、鍵を閉めるときのガチャンという冷たい音が嫌いだった。「なぜ日本に来てしまったのか」「明日が来なければいいのに」と寝る前になんども呟いた。

　それでも1年、2年と生活するにつれ、日本語を理解できるようになり友達もできた。日本の生活に慣れてくると、今度は親とのコミュニケーションに悩んだ。カロは学校で手渡される連絡プリントや生活ノートを隠した。音楽会に父親はカナリアイエローのジャージで参加した。周囲の親がフォーマルスーツだったこともあり、父親の姿は演台からも目立った。日本語で歌うカロのことを、父親は「よく勉強した」と褒めた。カロは両親を「二度と行事には呼ばない」と決めた。

　中学校3年生になり、高校の進学希望先について両親は「好きにしなさい」といった。カロは「どうせ、どういう学校かわからないくせに」と思った、という。しかし高校の入学式を終える頃、両親は長年勤めた発動機メーカーを解雇された。両親はカロに「貯金もある程度できた。ブラジルに戻って高校に行こう」と説得にかかった。こうしてカロは日本を離れることになる。否応なく日本にやってき

たが、またもや納得することもなくブラジルへと戻ることになった。

■ブラジルへの再度突然の移動

　2009年3月、筆者はブラジルの農村で、ブラジル日本移民の資料収集に従事していた。これまでも、日本に行き、日本から帰ってくる家族はみられたが、リーマンショックで職を失い、帰国する者が急増した。日本から移動してきた子どもたちは「卒業式に出席できなかった」「望んでブラジルに来たわけではない」「日本に帰りたい」などと窮状を訴えた。親にとっては懐かしの母国であっても、日本での生活経験しかもたない子どもたちにとっては未知の地である。日本での将来を展望していた子どもたちにとり、ブラジルへの移動は唐突なものだった。

　日本の公立学校出身者の多くが、ポルトガル語での学習の難しさを語った。学習言語としてのポルトガル語を身につけたとしても、ブラジルの地理や歴史に加えて、計算方法に違いがある数学など、学校カリキュラムの違いに困惑することになった。その他、日本のアイドルグループ、マンガやアニメを愛好する子どもたちと、ブラジル育ちの子どもたちとの間には埋めようのない文化的差異が存在する。ブラジルで孤立した子どもたちのなかには、日本の友だちとインターネットを通じて連絡をとりあうため、時差の関係から深夜の生活に切り換え、引きこもりがちになってしまったケースもあった。

　ブラジルでの生活が暗礁に乗り上げたようにみえる子どもたちがいる一方で、「いつか帰国すると思っていた」「帰国に向けて準備をしてきた」など、万全とは言わないまでも、帰国を念頭に生活した家族も散見された。とりわけ、日本でブラジルの教育を行うブラジル人学校に通っていた子どもたちは、スムーズにブラジル社会へと接続されていった。従来、長期日本で生活しているにもかかわらずブラジル人学校に通学することは、子どもたちの日本社会への適応を遅らせるとして課題視されてきた。しかし、ブラジルでの生活により早く馴染むことができたのは、ブラジル人学校の出身者であった。

■移動の経験を問い直す子どもたち

　では、ブラジルに移動した子どもたちはどのように成長していったか。2008年以降、筆者が従事してきた現地調査の範囲でいえば、子どもたちは時間ととも

に、過去の「否応のない移動」を捉え直し、自身にとっての「移動の意味」を再考する姿が見られるようになった。例えばブラジルの好景気に後押しされて進出した日系企業での通訳・案内業で日本育ちの子どもたちが活躍している。子どもたちにとって無駄と思えた日本での経験が、自身のキャリア形成の一助となったのである。また、ブラジルの比較的柔軟な教育制度を利用し、日本では通えなかった高校に進学するケースも少なくない。先ほどのカロも、ブラジルで高校を卒業し大学へと進学した。2015年のインタビューでは「ブラジルに戻っての生活は嫌だったけど、日本では大学に行けなかっただろうからうれしい」と語っている。このように結果的に、ブラジルへの移動が子どもたちの「再チャレンジ」を支えることとなり、「移動したことが無駄ではない」と語るケースがみられた。

　これらの事例に対して、ブラジルの生活に馴染んだ子どもであっても、日本への再移動を目指すケースもある。再移動の目的は「大学進学」か「就職」である。ブラジルでは大学進学や就職は必ずしも容易なものではないため、同じ苦労をするならば「日本で苦労する方がよい」というのが、子どもたちの基本的な理屈である。もちろん、日本とのつながりを維持し続ける子どもたちは、インターネットを通じて日本社会の情報を常に収集し、見通しを立てて日本に渡航する。いずれも、ブラジルに戻った経験を問い直すなかで、日本への再渡航という選択肢が確固なものとなっていったのである。

■移動を念頭に置いた教育の必要性

　子どもたちの移動の経験から浮かび上がるのは、両国間を往還しながら生活するチャンスを得ているという事実である。ところが、子どもたちのライフチャンスを拡大化するには「どちらかの国の教育を集中的に受ける」のがよいと考えられがちである。もしくは、両国で生活できるだけの能力を、家族や子ども自身の多大な努力で獲得しなければならない、と。移動する子どもの特別なニーズに即した教育は両国において想定されていない。どちらの国にも根付けない生活状況に課題はあろう。しかし、上のような子どもたちの移動経験から学ぶべきなのは、子どもたちが有する可能性をいかにして最大化できるのかという点ではないか。両国を行き来することが「根無し草」を生んでしまうのも、彼らが運ぶ種子を社会が、そして教育が受け止めきれていないからである。　　　　　（山本晃輔）

02 日本語が全く分からない子どもがどう迎えられたか

2018年度の文部科学省「日本語指導が必要な児童生徒の受入れ状況等に関する調査」によれば、日本語指導が必要な外国籍児童生徒は、全国2万8638校中8377校に在籍しているが、そのうち「5人以上」の在籍がある学校は8%にすぎない（巻末資料I–10）。集住地域の一部の学校を除けば、全国的には日本語が分からない児童生徒の受け入れ経験が少ない学校が圧倒的に多く、未だに支援や指導のノウハウの蓄積が難しい状況である。

■学校での編入手続き

編入児童生徒や保護者は、日本の学校で学ぶ期待感もあるが、日本語が分からない等、大きな不安も抱えている。特に学校での編入手続きは、学校と保護者や児童生徒の双方が初めて異文化に接触する場となり、お互いに戸惑うことが多い。

例えば、学校側は日本語が分からないことに加えて、「名前の正式な表記と読み方や、正式名が長い場合の名札や名簿に於ける表記」や「母国で在籍していた学年と日本での編入学年の違い」「宗教上の理由による食の禁忌」「祈りの時間と場所の保障」等々、それまで想像もしていなかった異文化に突然接し、その一つひとつに学校としての対応を迫られることになる。

外国人家庭にとっても、大きなプレッシャーとなる。「細かな指示がある服装の規則」や「学校生活に関する禁止事項」「安息日にも参加を促される学校行事」等々、仮に理解できる言葉で説明を受けたとしても、簡単にその内容と意図が理解できるわけではない。

さらに、日本の学校は書類文化であり、編入直後には「家庭調査票」や「保健調査書」等々、多くの書類の提出が求められる。学校側は児童生徒に関するさまざまな情報が、その後の指導上必要不可欠と考える。しかし保護者は、学校独自の語彙が含まれた日本語の文書を読んで、回答することが難しい。学校関係の翻訳文書は、学校への理解を促す啓発型の「就学ガイド」や、情報伝達型の「行事

等の案内文」、情報収集型の「保健関係等のアンケート」等、多岐にわたり、学校や担任個人の努力で解決できる段階を超えている。

　書類が提出されないことに対する学校側のフラストレーションは大きく、こうした状況に対して、文部科学省は各地の教育委員会等に資料や情報の提供を求め、「帰国・外国人児童生徒教育のための情報検索サイト・かすたねっと（www.casta-net.jp）」に集約を行っている（2021年7月現在、フィリピン語、ポルトガル語等、27言語で約6800文書が公開されている）。

■編入初期段階の受け入れ

　日本語が全く分からない児童生徒を受け入れた学校では、初期段階では日本の学校生活にソフトランディングできるように、「生活適応」と「日本語指導」を合わせたガイダンス的な指導を行うことが多い（具体的には、文部科学省初等中等教育局「外国人児童生徒受入れの手引（改訂版）」2019年3月を参照）。しかし、こうした指導を、誰が、どこで、どのようなカリキュラムで、週当たり何時間程度、いつまで行うかは、編入した地域や学校の事情で大きく異なっている。初期段階で集中的に指導を行う「プレクラス」を設置している地域がある一方で、きわめて少ない時間数で指導を終了してしまう地域もある。

　またガイダンス的な指導は、ともすれば「郷に入れば郷に従え」的に、無意識・無自覚に日本的な考えや価値観を押しつけてしまうきらいもある。学校が、多文化・多言語の価値を理解する「双方向の適応」が重要と考えるが、現実には、外国人児童生徒に変容を求めることの方が多い。

　生活習慣も違い、言葉も分からないなかでの学校生活は、大人が想像する以上に大変で、「ブラックボックスに閉じ込められた気がする」と訴えた生徒がいる。中には息苦しさを感じて不適応に陥り、精神的に不安定になる児童生徒もいる。悩みやストレスが、欠席や遅刻、体調不良、クラスメイトとのトラブル等に現れることもある。そうした信号を見逃さず、定期的に面談を行うなど、児童生徒の話をじっくり聞いて対応することが必要である。そのために母語が分かる支援者の役割は重要であり、市町村独自で予算を確保している地域も多い。

（築樋博子）

異文化接触と自尊感情
——少年期の危機をどう乗り越えるか

■自尊感情と文化適応

　自分の存在を自らが価値あるものとする感情を「自尊感情（self-esteem）」と呼ぶが、これは他者からの評価や他者との比較によって形成される「所属の感覚」ときわめて深く関係している。なぜなら、社会的な生き物として進化してきたヒトにとって最大の関心事は、所属集団のなかで自己のポジションを安全で確かなものにすることだからである。それは、他者や集団から受け入れられ、集団にとって「よい一員」であり続けたいと願う欲求として表れる。自尊感情を安定的に維持するためには、所属集団に自分がいかに適応しており、期待される役割を果たす人間であるかを証明しなくてはならない。したがって自尊感情は、他者や集団からの評価をモニターし、その集団における「適切さ」を自分が身につけているかを判断するバロメーターとなるのであり、文化習得のプロセスにも深く関わっている。

■学校とマイノリティの子どもの自尊感情

　人は幼児期の社会化を通じて、養育者（が所属する集団）の文化をまず習得する。この段階では、マイノリティの子どもも主流文化のなかで社会化する子どももそれほど状況に違いはないが、学校に通いはじめる少年期以降は両者の状況は大きく異なってくる。

　幼児期に主流文化のなかで社会化された子どもの場合、家庭やコミュニティで学んだことをある程度そのまま学校文化でも経験するため、そこで自文化を意識することはほとんどない。しかしマイノリティの子どもは学校に入学すると、自文化であたりまえとされてきたことを見つめ直し疑問をもつことを余儀なくされる（ジェームズ・A・バンクス著、平沢安政訳『多文化教育　新しい時代の学校づくり』サイマル出版会、1996年）。それは、彼らがすでに適応してきた自文化と、学校に反映されている主流文化との間の差異に直面するためである。しかもその差

異は、容易に「正／誤」「優／劣」「美／醜」といった評価に結びつき、主流でない彼らの文化には常にネガティブなほうの、あるいは「周縁」としての評価が下されることになる。

■自文化の否定を伴う日本の学校文化への適応

　日本に暮らす外国につながる子どもも、おおむね同じ事情の下で自尊感情の危機に直面する。海外から日本に移動することになった子どもはもちろんのこと、日本生まれの子どもであっても、自分や養育者が所属する文化と学校で主流となっている文化との間に何らかのギャップが認められる場合においては同様である。

　特に少年期の子どもは自己意識を急速に発達させるとともに、自己を評価する〈他者のまなざし〉が、それまでの養育者を中心とするものから学校の教師や仲間のまなざしも加わりはじめる時期である。そのようななか、「日本人の子ども」でさえ息苦しさを覚えるモノカルチュラルで同調圧力の強い日本の学校文化で、外国につながる子どもたちが「主流集団に適した人間」であることを証明し、自尊感情を維持しようとすることに困難が伴うことは想像にかたくない。

　しかも、そのようなモノカルチュラルな主流文化に彼らが同化しようと努力すればするほど、それと引き換えに、自文化あるいは親の文化に対してはしばしば否定的評価を下すことを彼らに強いてしまう。ある程度日本の学校に適応しはじめた外国につながる子どもが、自分よりも日本語が十分に話せない親を恥じたり、人前で親と家庭言語である母語で話すことを拒んだり、他のクラスメートとは異なる自分の名前を嫌がり「日本人風の名前がほしい」と言ったりすることも、それが表出した典型例と言えよう。

■つくられる「自尊感情の低さ」とその影響

　上記のことからわかるのは、子どもの自尊感情のありようは明らかにその子どもを取りまく学校や社会における文化をめぐる権力関係の影響を受け、ある特定のコンテクストを通じて形成されていることである。

　しかし、そういう事情とは無関係に、子どもの「自尊感情の低さ」は、彼らの認知の仕方、達成行動、将来の予測、身体的・精神的健康、そして「学力」に対しても、否定的な影響を与えていることが指摘されている。このように、あるコ

ンテクストで「低い自尊感情」を請け負うことになった子どもは、さらにその先においても多くのハンディを負うことになるのである。

　もちろんこの時期の子どもが、これら環境の影響をただ一方的に受ける存在というわけではなく、実際には葛藤のなかで抗いながらそれぞれの解釈と選択を行っている。また、学校以外にも地域の学習支援教室や、同胞コミュニティなど独自のネットワークを通じて、さまざまな他者と出会いながら困難を乗り越えるケースもあり、結果として生じる状況は決して一様ではない。

　それでもなお、その時々において影響力のある〈他者のまなざし〉を「唯一の正しい自己評価の基準」として受け止めがちな少年期の子どもに、何の働きかけもなしに、自分に影響を与えている社会環境を客観的に分析し理解することを期待することはやはり難しい。

■「あれもこれも」の多文化を許容できる日本へ

　外国につながる子どもの抱える困難を自尊感情の観点から眺めることの意義は、「日本への適応」が「自文化の否定」を意味するような、「あれかこれか」の適応を子どもに求めること自体が、長期的に見れば彼らの成長にも社会にとっても有害でしかないことを浮き彫りにする点である。

　異文化間の人の移動がますます増える今後、少なくとも外国につながる子どもが親の文化や自文化を肯定的に捉えることのできるつながりを維持しながら、日本社会で生きていく術を身につける適応の道筋が必要である。いわば、「あれもこれも」の多文化な自分を肯定できるようにすることである。そうすることで、外国につながる子どもたちは世界のなかの自分の居場所についてより深く理解することができ、文化および社会の担い手の一人として力強く歩み始めることができる。

　つまるところ、日本のあり方自体が問われているということである。近年、諸外国の子どもと比べて日本の子どもの自尊感情が著しく低いことが指摘されている。もしかすると、多文化・多様性を許容できる日本を求めているのは、決して「外国につながる子ども」だけではないのかもしれない。

（野崎志帆）

頻繁な移動が生む学習の不連続、
アイデンティティの不安

■頻繁な移動の背景

　日系ブラジル人の子どもたちの経験に焦点をあてる。その来日の急増の背景には、ブラジル側の斡旋会社と日本の派遣会社が提携して航空券・職（工場労働）・住居（派遣会社の借り上げアパート）をセットで斡旋するという仕組みがあった（梶田孝道ほか『顔の見えない定住化』名古屋大学出版会、2005年）。斡旋費用は前借でき、日本語がわからなくとも容易に来日し就労できる反面、有期の非正規雇用で、住居は失業と同時になくなり、頻繁な転職・転居が多い不安定な生活を余儀なくされる（経済危機を経てブラジル人が減ると同時に定住化が進むなかで、現在は日系フィリピン人が同様の状況にあると見られる）。両国の景気変動により、仕事を求めて日本と母国を行き来する場合もある。そのため集住地域の学校においては子どもが常に出入りする。生活のゆとりに応じてブラジル人学校と公立学校を行き来する学校間移動も見られる。

■移動はどのような場合に障壁となるのか

　国民国家が提供する学校教育は、定住性を基盤として国民を育成することを目的とし、移動する人びとや国民ではない人びとは元来想定されていなかった。教授言語だけではなくカリキュラムの差異もあり、国際移動により学習の連続性は途切れる。日本の学校教育は一定の年齢で一定の内容を学び、全員が同じペースで進むのを前提とするため、そこに途中から入りうまく乗っていくことが難しい。「15歳の春に高校進学」などの定型的なライフコースを外れることへの周囲の視線も冷たい。

　一方、ブラジルでは、学校教育が何歳でも受けられることや、成人教育が盛んであることにより「人びとに多様な学びの機会を提供しているばかりか、結果的には人生のさまざまなライフコースを容認している」（山ノ内裕子「ブラジルでの難関大学合格を目指して」志水宏吉ほか編『日本の外国人学校』明石書店、2014年）。

学校内外の学びの場のありようによって、移動に起因する学習の不連続が人生に及ぼす影響を緩和できる。

また、2国以上にまたがる生活をする場合、どの国でも「外国人」として疎外感を感じる子どもがいる。学校が1つの支配的な文化に基づき営まれ、文化的背景の異なる子どものアイデンティティ形成のリソースが少ないほど、疎外感は強まる。しかしアイデンティティは周囲の人びととの関係性のなかで育まれるものであり、移動による新しい環境のなかで揺らぐことがあっても、自らを受容される経験のなかで形成・刷新されていく。

実際に、経済危機後に望まない帰国をした子どもたちを追跡した結果、ブラジルにおいて教育達成のうえでも当事者の主観としても順調に生きている場合もあり、移動が常に障壁であるとは限らない（ハヤシザキカズヒコほか「トランスマイグラントとしての日系ブラジル人」志水宏吉ほか編『「往還する人々」の教育戦略』明石書店、2013年）。むしろ移動が子どもたちの学習やアイデンティティ形成の障壁となる場合、どのようなリソースの不足がその状況をもたらしているのかを検証し、その分配の公正さに目を向ける必要がある。

■移動する子どもたちを支えるということ

定住を前提視する社会においては、移動する生き方は逸脱と見なされる（伊豫谷登士翁編『移動から場所を問う』有信堂高文社、2007年）。しかしその生き方への否定的なまなざしは子どものアイデンティティ形成には良い影響を与えない。移動する当事者を否定するよりも、不本意な移動を生まない社会のあり方の構想が必要であろう。大局的に考えるならば、グローバルな格差構造が、国内移動については雇用や住宅保障のあり方が問われる。

日々の実践に目を移せば、学校教育の内外で、来日した子どものみならず、国内移動する子どもをめぐり、地域を超えた支援者間での情報共有や連携が盛んに見られる。学習支援はもとより、移動に伴う子どもたちの心の揺れを受け止めつつ、子どもたちが移動という経験を自分自身の人生のなかに位置づけ、人生の糧としていくための支援が求められる。

（山野上麻衣）

生きるということ

ラボルテ雅樹
（ユニオンぼちぼち、とよなか国際交流協会）

「僕はどうして生まれてきたのか。生まれてこなければ、母は苦しまずに済むのに」
と自分を責めた。散らかった部屋の片隅に身を寄せ、壁の向こうから聞こえる暴言と涙
声、灰色のような日常。——深夜、一人ぼっちが嫌で母の携帯電話に何度もかけたがつ
ながらず、自動音声相手に「お母さんと話したい」と泣きじゃくった4歳の記憶。「死ん
でやる」と自室から飛び降りようとする母に、「なんでおかんが死ななあかんねん」と
必死に引き留めた14歳の記憶。「お前なんか産まなきゃよかった」と言われ、沈黙した
17歳の記憶。頑張り続け、疲弊していった母親を責められず、自分の存在を呪った。

　1991年、僕は大阪で生まれた。母はバブル経済期の日本に、フィリピンからエンター
テイナーとして出稼ぎにきていた。店で出会った父はギャンブラーだった。生後間もな
く母と「父」は別れ、僕は3歳までフィリピン・セブ市内の祖母のもとで育てられた。妹
と弟がいるが、異父兄弟。弟はフィリピンで生まれ育ち、「日本で一緒に暮らす」までに
6年かかった。「父」の変遷で生活環境は激変した。中学生時代の一時期、僕は半ば一人
暮らしで、洗濯機の裏に落ちている小銭を見つけて、スナック菓子を食べて空腹を凌い
だ。自責し、自分のなかの何かが壊れながら、当たり前の日常として受け止めていた。

　2009年、授業中は居眠り、夜はバイトに明け暮れた高校3年生の僕は、進路指導の
ある教員に出会った。彼はこう言い放った。「僕は学校が嫌いで、不登校だった。進路
指導なんかしない」。彼が語りかけたことは、「人と社会の関わり」だった。「君はどう
思う？」と問いを与えられた。テーマは、ひきこもり、非正規労働、定住外国人地方参
政権、米軍基地問題、リーマンショック……。さまざまだった。「左翼教師」とみた僕
は、「模範解答」にあえて反発した。「なぜ外国人に参政権を与えないといけないのですか？
帰化すればいいじゃないですか」「日本に米軍基地は必要です。日本の平和は基地のお
かげでしょう」下校後の帰り道まで、議論になることもあった。次第に、彼が僕という
ちっぽけな人間に向き合っていることが嬉しくなった。また、彼の問いから発見したこ
ともあった。それは「自分が抱えている問題は、自分だけの問題じゃない。他の人も苦
しんでいる」ことだ。僕も母も誰かも、社会の問題から苦しんでいること。僕も誰かを
傷つけている存在だから、社会の矛盾に向き合わなきゃいけないこと。自由に生きるこ
ととは、誰かを犠牲にして生きることではなく、誰かとともに生きていくということ。

　日本はバブル経済崩壊以降、失われた20年だと言われ、30年を迎えようとしている。
社会は不安や閉塞感、同化圧力、人間不信で覆い尽くされ、人びとは誰かに傷つき、誰か
を傷つけている。処方箋は「一億総活躍社会」なのか。この「先進国」で失い続けている
ものは「経済」なのか。僕は自分自身や誰かを大事にすることが、できるのだろうか。

*

第3章

家族生活のなかの子ども

子どもが産まれ、その後心身の成長・発達を遂げていく過程において、子ども・親それぞれが、外国人であるがゆえの困難や葛藤を経験する。本章では、出産で外国人母親がおかれる状況を概観し、子の乳幼児期から就学期にかけて生じる親子関係の悩みに光を当てた。言葉や教育、発達をめぐる課題を明らかにし、支援のあり方を提言する。

出産、育児とその支援
——乳児期の課題

■リプロダクティブ・ヘルス／ライツはすべての母と子へ

　リプロダクティブ・ヘルス／ライツ（性と生殖に関する健康／権利）は、世界の普遍的理念である。すべての女性はリプロダクティブ・ヘルス／ライツの理念のもと、安全に妊娠・出産することができ、健康に子どもを育てられるよう適切なヘルスケア・サービスを受ける権利を有している。2015年の第70回国連総会で採択された『我々の世界を変革する：持続可能な開発のための2030アジェンダ』「持続可能な開発目標（SDGs）」のターゲットにも「性と生殖に関する健康および権利への普遍的アクセスを確保する」と記されている。しかし、今、なお、在日外国人へのリプロダクティブ・ヘルス／ライツを保障する広域的・包括的な健康施策は実施されておらず、母子の健康を保障する体制はまだ確立されていない。

■「ことばの壁」

　日本語が不自由な外国人妊産婦は、「ことばの壁」によって制度や社会資源に関する情報から取り残される。妊娠・出産・子育てにあたって必要とされる支援に充分アクセスできていない（公益財団法人かながわ国際交流財団『外国人住民への子育て支援に関わる調査報告書』2016年）。

　子育て中の母親は、心身の疲労の蓄積、育児不安、社会からの孤立といった状況に陥りやすい。それらは、育児ノイローゼや、子どもの虐待等を誘引してしまう。これらのことから、2009年、乳幼児家庭全戸訪問事業（こんにちは赤ちゃん事業）が施行された。本事業は、児童福祉法に位置づけられ区市町村に実施の努力義務が課せられており、生後4か月までの乳児のいるすべての家庭を専門家が訪問し、さまざまな不安や悩みを聞き、問題に対応する。当然、外国人家庭もその対象となっている。しかし、訪問スタッフと対象者とのコミュニケーションがとれなければ、この事業は成立しない。「ことばのサポート」が絶対的に必要となる。

■最もハイリスク状態にある母子

　現在、最も危惧されるのは、オーバーステイ（非正規滞在）の母子である。母親は、在留資格がないことから強制送還を恐れ、人との接触を極力避けている。妊娠しても妊娠の届け出をせず母子健康手帳を得ることがなく、妊婦健診を一度も受けず、極めてハイリスクな状態で分娩に臨んでいる。生まれた子どもは、出生届も出されず無国籍状態になり、予防接種も受けられず、病気や怪我をしても病院に行くこともできない。成長するにつれ、その内容は深刻化し、成育・教育環境が触まれて次世代連鎖を起こす。

　このような、無国籍状態の子どもの成育環境は、「母子保健法」（1965年8月）および「児童福祉法」（1947年12月）の基本精神に著しく反している。また、「子どもの権利条約」の「親の不利益を子どもがこうむることはない」という理念にも反している。児童福祉法、母子保健法には国籍条項はなく、適用にあたって在留資格は問われない。まず、必要な措置を行うのが原則である。「在留資格がない」から「人権がない」のではない。すべての子どもが生まれながらに有している人権と人間としての尊厳をどのように守れるのか、いま、我々に問われている。

　外国人住民基本台帳への登録の有無にかかわらず、本人からの届出や申請等により、必要に応じ、母子保健法等に基づく母子保健サービスが適用される（日本弁護士連合会『非正規滞在外国人に対する行政サービス』2016年）。しかし、自治体や保健医療担当者の、「制度は適用されるはずがない」という無知や思い込みから、オーバーステイ（非正規滞在）の母子に母子保健制度の利用を認めない自治体もある（外国人人権法連絡会『日本における外国人・民族的マイノリティ人権白書』2016年）。また、移住労働者へのマタニティー・ハラスメントも横行している（外国人人権法連絡会『日本における外国人・民族的マイノリティ人権白書』2021年）。

■母子保健に関わる外国人人口とニーズ

　2020年の在留外国人数は、約300万人、女性は約150万人となっている。近年急増している移住女性の人口構成をみると、出産年齢層が最も多く、20〜30代の女性が大半を占めている（法務省「在留外国人統計」）。人口増加のスピード、年齢分布をみても、いかに在日外国人女性に対する母子保健、リプロダクティブ・ヘルスのニーズが高く、早急な対策が必要であるか明らかである。

第3章　家族生活のなかの子ども

　厚生労働省の人口動態統計をみると、「日本人」の出生数が減少するなか、親の少なくとも一方が外国人である子ども（親が外国人の子ども）が増加し、「日本の子ども」のルーツが多様化していることが証明できる。

　2020年、親が外国人（父／母ともに外国人、父・日本人／母・外国人、母・日本人／父・外国人の総数）の子どもの総数は3万5604人で、日本の総出生数の4.1%、24人に1人である。父母の国籍別出生数の動向をみると、2010年以降、父・日本人／母・外国人の子どもの数は減少傾向にあるが、父／母ともに外国人の子どもの数は急増し、過去最高となっている。

　日本で出産する外国人の母親（父母ともに外国人、母外国人／父日本人の合計）は2万6517人である。母親の国籍（出身地）別出生数では、「その他の外国」が最も多く9983人で、次に「中国」7839人である。1992年以降、急増していた「フィリピン」「ブラジル」国籍者は、2000年代より減少傾向にあり、「韓国・朝鮮」は減少の一途をたどっている。

　母親の国籍（出身地）別出生動向は、時代背景によって大きく変動するが、来日3年以内で日本語が不自由なすべての外国人には、特に支援が必要である。母子保健事業は自治体・市町村が中心となるが、外国人住民が暮らす地域特性（女性人口割合、国籍別出生動向、文化的背景、在留資格、在住年数等）を熟知し、そのニーズに対応した支援体制の構築が望まれる。近年、特に、父母とも外国人の出生数が急増していることから、「ことばの壁」による「制度の壁」が大きく、母性保健サービスが行き届かず、支援から取り残され、孤立している家族が多くなっている可能性が高い。

　乳児死亡数に着目すると、2010〜2020年の日本における外国人の乳児死亡総数は414人で、「その他の外国」121人、「中国」92人、「フィリピン」54人、「米国」49人、「ブラジル」49人、「韓国・朝鮮」27人、「ペルー」17人、「タイ」4人、「英国」1人の順となっている。

　明らかに母子保健・医療・福祉の現場が国際化している。女性特有の健康問題への対応、子どもの疾病・手術に関するインフォームドコンセント、治療における「意思決定」支援、地域社会での子育て支援等、「医療通訳保障」を含めた包括的支援対策が喫緊の課題である。

（李節子）

乳幼児に関わる課題
──保育所を中心として

■外国人集住地域における保育所の現状

　法務省の在留外国人統計によれば、2020年12月現在の0歳から5歳までの在留外国人は、全国で10万8284名であり、国別でもっとも多いのは中国の3万7603名、ついでブラジルの1万2035名となっている（下表）。また、全国の市町村の保育主管課を対象とした国の調査においても、回答した744自治体の71.1%が、「外国にルーツを持つ子どもが入園している保育所がある」と答えている（令和3年）。

　例えば、2021年9月現在、新宿区には認可保育所と認定こども園が合わせて79園ある。2020年以降は新型コロナの影響から減少傾向ではあるものの、保護者のどちらかが外国人など、外国にルーツを持つ子どもはほぼすべての園に在籍している。保育所には限らないものの、国別にみると韓国が最も多く、次いで中国、ベトナムなど、アジア圏が多い（新宿区）。群馬県大泉町はデカセギを目的とした日系ブラジル人が多く、外国人比率の高い自治体である。2021年8月現在、町内の認可保育所6園には653名の児童が在籍しているが、外国人児童は合わせて108名である。国籍別ではブラジル、ペルー、ネパールが多く、外国籍児童の74.1%がブラジル、ペルーなどの南米系である（大泉町）。

表　5歳以下の在留外国人児童数の推移

	2016年	2017年	2018年	2019年	2020年
総数	116,462	126,050	131,403	138,986	108,284
中国	44,181	48,093	48,993	52,094	37,603
ブラジル	12,026	12,220	12,425	12,802	12,035
韓国	10,578	10,587	10,082	8,178	6,340
フィリピン	9,811	10,330	10,714	11,320	9,732
ベトナム	5,112	6,429	7,645	9,710	11,198
ペルー	2,971	2,812	2,728	2,564	2,396
ネパール	2,488	3,174	3,982	4,803	5,598

※上位7か国を掲載（人）　法務省統計局の資料をもとに作成

　このように外国人が集住している地域では、ほとんどの園に外国人児童が在籍している現状がある。2020年以降は新型コロナウイルス感染が拡大し、在留外国人児童にも影響が出ているものの、新型コロナウイルス終息後には、再び増加に転じることが予測される。

■保育所という場と文化的差異

　保育所が小学校以降の教育機関と異なるのは、そこが子どもにとって生活の場であるということである。外国人の子どもが日本の保育所に入所する場合、子どもの年齢が低ければ、言葉や生活習慣が違うことで園生活に慣れないという問題は起こりにくい。しかし、他国の言語や基本的な生活習慣を獲得した後に入所した子どもは、園生活に馴染むのには時間が必要だ。

　保育所での生活で子どもたちやその保護者が戸惑うこととして食や衣服の問題がある。保育所は給食を提供しているが、献立は日本で一般的に食されているメニューである。子どもの母国によっては、その味に馴染めない場合がある。また子どもの衣服についても、国によっては薄着、露出が多い、それとは逆に厚着であることなどが、日常の保育に影響することがある。

　日本語がわからない子どもの場合、他の子どもや保育士との意思疎通は難しい。その場面でイエス・ノーで済むようなことや、○○がしたい、○○がほしいという単純なことであれば、保育士のジェスチャーや片言の外国語で伝わるが、その理由や原因など具体的な気持ちを聴くことは難しい。また全体での保育の場合、保育士の説明を理解できないこともある。

■配慮が必要な子どもたちとその対応

　外国人児童の多い保育所では、子どもの落ち着きのなさを心配する保育士の声も少なくない。静かに話を聞くような場面でも、集中することができず動きまわることや、集団での行動についていくことが難しいことなどである。

　落ち着きのなさが、日本語が理解できないことによるものなのか、家庭での生活によるものか、あるいは発達の遅れによるものか、判断が難しいことも多い。乳幼児期の子どもは、親の関わり方をはじめとする生活全体の影響がその姿に表れることが多く、家庭での生活が安定していなければ、園での生活も落ち着かな

い様子が目立つことが多い。通常そのような場合には、保護者に状況を伝え、家庭での様子を聞き、園と家庭とで連携をとりながら子どもの発達を支えていくことになるが、そのためには保育者と保護者の緊密なコミュニケーションが必要である。しかし外国人保護者は日本語ができない場合も多く、複雑なやり取りをすることは難しいことも少なくない。

　外国人児童が多い自治体によっては、通訳を常駐している場合や、必要に応じて通訳を園に派遣するような事業を展開しているところもあるが、すべての自治体で日常的に対応できているわけではない。

■子どもの将来のために

　外国人の子どもの多くは、保育所に入所して半年もすれば慣れてくるという。保護者はそれをうれしく思う反面、いくつかの戸惑いも感じる。食生活が日本的になり、親の好みとは異なってくる場合もある、母語よりも日本語の方がうまくなる、子どもが楽しいと思うものや、好きなものが日本のものである、等だ。外国人保護者のなかには、将来は母国での生活を考えている場合もあり、わが子の日本への適応に不安を感じる場合もある。子どもがどのようなバックグラウンドをもち、どのような文化的な能力を身につけるのかは、子どもの将来にとって重要である。しかし現状の日本の保育において、外国人児童に対する母語保障の重要性は意識されていない。また、保護者の多くは労働目的で在留している。勤務時間の関係で、保育所が終了する時間には間に合わないため、保育所の終了後シッターが迎えに来る等、いわゆるダブル保育を利用せざるを得ない状況の保護者も見られる。ブラジル人が多く入所する保育所では、簡単に園を退園してしまう事例も散見され、家庭の様子も気にかかるところである。

　幼児期の子どもの発育に、家庭での保護者との関わりは大きく影響する。家庭での基本的な生活で、親と子の関わる時間が保障されることで、子どもは心理的に安定し、健やかに成長する。そのための保育士の適切なサポートが必要である。

　保育所では外国人児童が望ましい園生活をおくれるよう、現在でもさまざまな工夫や配慮をしながら保育にあたっている。しかし、園や保育士の自己努力ですべてを行うには限界がある。外国人保育のガイドラインを定めることやそれを支える事業など、国レベルでの検討が求められる。　　　　　　　　（品川ひろみ）

03 移動、親の長時間就労と親子関係の変化

　来日した外国人親子は、言葉だけでなく生活習慣や価値観、社会や学校のルール等、母国と異なる環境で過ごすことになる。親も子も異文化のストレスのなかで、さまざまな葛藤を抱え、親子関係にも変化が見られる。以下では、課題が顕著である就学前段階の南米日系人の子どもと、思春期のアジア系の子どもの状況を取り上げる。

■就学前段階の南米日系人の子どものケース

　南米日系人の家族の場合、簡単に行き来ができない距離的な遠さもあり、子どもを伴って移動するため、日本で幼児期を過ごす子どもが多い。

　1990年の「出入国管理及び難民認定法」の改正から、すでに四半世紀以上が経つが、未だに外国人労働者は雇用の調整弁であることが多く、不安定で長時間の労働にたずさわっている。そのため幼児をもつ親、特に母親は、就労と育児の選択の狭間で迷うことになる。働く親の支えである日本の保育所の可能な保育時間は、おおむね7時から19時までが一般的で、子どもが病気の場合の預かりは行わない等の条件もあり、長時間就労の親の希望に沿うことが難しい。外国人集住地域では、幼児をもつ親の就労を支える手段として、外国人経営の保育所（以下、外国人保育所）がつくられている。

　外国人保育所は、「仕事が休めない」「長時間労働で育児に関わる時間がない」という親に代わって、保育職員がその役割を担う。母語が分かり、親の利便性を最優先に対応する外国人保育所は、親にとっては安心できる重宝な存在である。しかしその利便性ゆえに、なかには子どもへの関わりを外国人保育所に丸投げしてしまう親もいる。生後間もない乳児の頃から、早朝から深夜近くまでの長時間を預けられて過ごす子どもは、親子間の愛着が薄く、その後の育ちに影響があるのではと危惧される。

　また、外国人保育所の保育環境は整っていると言いがたい現状がある。集団で

子どもを預かる保育所には、施設や保育内容に基準が定められているが、外国人保育所は基準を満たさず、無認可であることが多い。なかには、運動できる環境にない一般住宅で、外部に音が漏れないように窓を閉め切って過ごしているケースや、数人の無資格の保育者が多くの乳幼児を担当し、終日ビデオを見せて過ごさせているケースなども見られる。

こうした環境で育つ子どもたちは、運動機能や言語面で年齢相応の発達が阻害されるという指摘もあり、近年就学前段階の子どもや、その親への支援の重要性が言われている（宮島喬・築樋博子「親の就業形態とライフスタイルが子どもの就学におよぼす影響」『外国人児童・生徒の就学問題の家族的背景と就学支援ネットワークの研究』2007年）。

■思春期のアジア系の子どものケース

近年は激減しているが、興行の資格で来日するアジア系の女性（母親）の場合、子どもを母国の祖父母や親戚、あるいは契約した乳母に預けていることが多かった。滞日が長くなった母親が日本人男性と結婚すると、呼び寄せられて来日する子どもたちがいた。

幼児期に別れて、思春期になって同居するというケースもあり、子どもの詳しい生育歴を知らず、接し方が分からないと言う母親もいる。子どもの方は、自身の育ちに直接関わっていない母親と日本人の家族という二重の新しい環境に接することになり、家庭そのものが異文化環境となる。親子関係の再構築には双方の努力が必要だが、母親自身の家庭内における立場と子どもの問題が複雑に絡み、簡単にはいかない。例えば、中学校の年齢で来日したある生徒は、母親が日本人男性への遠慮から家庭内で母語を話すことを禁じたため、意思疎通ができず、孤立して不安定な状態となった。あるいは、日本人男性の家族の反対から同居が許されなかった生徒は、知人の家を幾度も転居し「ほしいのは家族なのに、日本には自分の家族がいない」と言って、一人で帰国することを選択した。

親子関係は家庭内の問題と捉えられ、外部からの支援が難しい場合が多く、子どもの絶望感は深い。子どもを取り巻く環境に介入していくソーシャルワーク的な支援が求められる。

（築樋博子）

04 子どもの教育に親はどう関わるか

■親が抱える思い

多くの親は、子どもの成長を願い、将来を期待するとともに、不慣れな日本社会で子育てをする心細さ、学校や家庭で子どもの教育に十分に関われない不安、断片的な情報に振り回され、募る焦燥感を抱えている。

「あーすぷらざ外国人教育相談」（神奈川県が2006年に「神奈川県立地球市民かながわプラザ」に設置した相談窓口）は、外国につながりのある子どもや、成人、学校関係者、支援者、他の相談窓口の相談員などから、学校教育・社会教育に関する相談を受けている（年間約1700件）。

外国出身、または国際結婚した日本人配偶者など、親からの相談は利用者の31％を占める（2019年度数値）。彼らは子どもとともに、または一人で相談窓口を訪れ、進学問題、教科の学習方法、教材選択、日本語習得、学費の工面、編入学の仕方、学校とのやりとり、対人関係などの悩みを吐露していく。そこには、

図　親からの相談内容内訳（上位6項目）

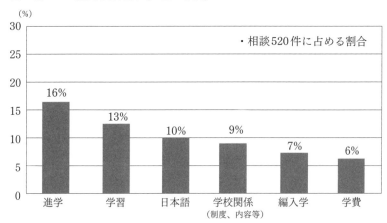

出典：「あーすぷらざ外国人教育相談」（2019年度）データより

共通の言語をもたぬ親子・夫婦間のコミュニケーション不足から生じる気持ちのずれ、不確かな伝聞や推測による事実誤認、願っていたものとは違う現実を受け止めきれない心情、家庭内で感じる孤独、コミュニティのなかで味わう疎外感、成長し離れていくわが子との葛藤などが入り交じっている。

■言葉の壁

　「子どもと2人で過ごすことが多く、日本語があまりできない。子どもが外で全く話さないので心配」「同級生の言葉がわからず、泣いて帰ってくる。転校させたい」「健康面で気がかりな点を先生に伝えたかったが、うまく言えずにあきらめた」「学校から届くお知らせが読めない。どれが大事なお知らせか、わからない」「面談で、先生が熱心に話してくれるので『わからない』と言えず『ハイ』と答えた」「小1の国語の宿題がわからないので、代わりにみてほしい」「子どもから、『学校に来た時は（母語を）話さないで』と言われて悲しかった」「日本語をきちんと話せない親を、子どもが恥ずかしいと思うようになるのではと心配」。
　外国出身の親にとって、言葉の壁は大きい。思うように母語も使えず、自信を失いがちだ。当窓口では、親の了承を得て、親や子どもの気持ちを学校に伝えるが、実は学校側も「どう向き合おうか」と悩んでいることが多い。それぞれの悩みを双方に伝えると、少しずつわだかまりが解け、互いに歩み寄ることができる。
　「先生が、手書きのイラスト入りのメモを作ってくれた。その気持ちがうれしくて安心した」「担任が、私の出身国に興味を示してくれたので、話せるようになった」「母語で絵本の読み聞かせをしたら、他の子から『言葉の響きが素敵』と言われ、誇らしい気持ちになった」。周囲のちょっとした働きかけで、親の気持ちに変化があらわれる。

■情報に振り回されて

　知人から「日本の高校は入りやすい」と聞いて、母国からわが子を呼び寄せ、実際の入試内容を聞き、「それは無理」と驚く親子。「ネットで調べて、日本語力もビザも問わない学校に大金を払い込んだが、留学ビザがもらえない。今すぐ公立高校に入れたい」と駆け込んでくる親。「親戚の子は簡単に学校に入れたのに、自分の子が入れないのはおかしい」というのでよく聞いてみると、親戚の子は中

学生、相談者の子は母国ですでに中学を卒業した16歳だった。

　日本の制度がよくわからないまま、都合のよい情報を鵜呑みにし、結果として子どもが翻弄される。肝心な子どもの意思や気持ちが、置き去りになることも多い。「中学校の先生に『ここならはいれる』と言われ、入学させたが、通信制高校とはどういう所か」「入学式に行って、初めて男子高校と知った」という親もいる。断片的で不確かな情報に基づき、大事な進路を決めてしまう危うさがある。わからないことがあったら、相談窓口を訪ねてほしい。

■孤独と疎外感

　「娘が口を聞いてくれない。『お母さんに話しても、どうせわからない』と言う」「（日本人の）夫と会話が少ない。息子は自分に説明するのが面倒で、学校のことは夫と二人で決めてしまう」「日本語の勉強をがんばったが、日本人の親たちとうまく交流できない。本当は関わりたいが、控えている」「親同士の関係が難しい。仲がよかった人に、根も葉もない噂を流された」「最初は親切だった同国人の母親から、『なぜもっとがんばらないのか』と言われ、悔しく悲しかった。子どもには自分のような思いをさせたくない」「子どもが大きくなって手を離れ、虚しい」。

　家庭内で感じる孤独、コミュニティでの疎外感、そして子育てが一段落したあとの虚しさ。同国人の集まりに救われることもあれば、つきあいの度合いに苦しむ親もいる。気持ちを発散できず、健康面で心配な症状が出てくる場合もある。「（日本人の）義父母は私のことが好きではない。家に来る時は緊張する。それが子どもに伝わり、吃音が数日間続いた」「気を張りすぎて、時々気持ちに余裕が無くなり、ひどく疲れる。どうしたらいいかわからなくなる」。

　彼らの話を聞いていると、日頃、ちょっとしたことを話せる人、必要な時にちゃんと向き合ってくれる人が少ないのだろうと感じる。いきなり「相談」となると、本人も身構えてしまうが、信頼できて、リラックスして話せる止まり木のような所が、もっと必要だ。親のなかには、相談をきっかけとして、自ら味わったさまざまな思いや体験をバネに、新たな学びや、資格取得の道を選ぶ人、まわりの子どもの学習支援や母語教育にたずさわる人、医療通訳者、相談員、市民代表者会議の委員など、周囲を支える側に回った人も多く存在する。　　　（加藤佳代）

家庭における言語の選択

多様な文化的・言語的背景をもつ子どもの中には、日本語を主に用いて母語の理解がごく一部にとどまるケース、どちらの言語の発達も不十分ないわゆる「セミリンガル」のようなケースも見られ、同時に低学力や学習困難の問題を抱えている子どもが多いことも指摘されている。多言語環境で育つ子どもの家庭内での使用言語の実態はどうなっているのか、そして彼らの言語の発達と学習について、私たちはどう考えればよいのだろうか。

■家庭内のコミュニケーション言語

これまでの研究によると、家庭内での言語の選択には、家族の構成、保護者の学歴、保護者の文化変容の程度、家族の構成員の親しさといった家庭内の要因が関係しており、また保護者自身の経験に基づく、子どもと似た経験をした親戚や知人の例を参考にするなどして、家庭内での使用言語が選ばれているという（Pankratova, Snezhanna.「日本で子育てをしている外国人保護者の家庭内言語教育方針に影響する決定要因」『間谷論集』13、2019年、233-251頁）。

日本に住む外国人の家庭における言語実態については、国が全国規模で行う言語調査はなく、全体像を把握することは難しい。しかし、調査対象が限定的ではあるものの、いくつかの調査・研究は行われてきた。例えば新宿区の「外国にルーツをもつ子どもの実態調査」（2012年）では、多くの外国にルーツをもつ子どもの家庭では、出身国によって差はあるものの、おおむね母語が使用されており、特に保護者が日本語を十分に習得できていない家庭では、使用言語は母語が用いられる傾向が見られた。また、神奈川県某市の日本語教室に通う子どもの調査では、日本での居住年数が長くなるほど、家庭内での日本語使用が増える傾向が確認された（宮崎幸恵「多文化の子どもの家庭における言語使用と言語意識」『上智大学短期大学部紀要』34、2014年、117-135頁）。

さらにフィリピン人の親と子どもを対象とした調査では、日本語が最も多く使

用されており、兄弟間でも圧倒的に日本語使用が多いという結果であった（藤本陽子「家庭内での使用言語と子どもの日本語会話能力：フィリピンにつながる子どもたち」『至誠館大学研究紀要』1、2015年、29-39頁）。

　周りに同言語を話す集団が存在しない状況では、就学後2〜3年で母語でコミュニケーションをとる力は失われるのが普通と言われている（ジム・カミンズ『言語マイノリティを支える教育』慶應義塾大学出版会、2011年）。このように、日本に居住する外国の子どもたちも、日本語使用が増える中で、母語を喪失しやすい環境にあると言えよう。

■文化の継承における母語の役割

　しかし母語喪失の弊害は大きい。学校や地域社会に母語を恒常的に使用する環境がなければ、親に対する子どもの会話は次第にマジョリティの言語となり、そこに親子のコミュニケーションのギャップが生まれ、感情的にも断絶が生じる結果を生むことになりかねない。子どもは家庭文化のなかに安らぐことができず、さりとて学校でも主流の文化のなかに入っていけない、という状況が生じることが予想される。このような悲劇を避けるために、子どもと親子をつなぎ、親の文化を継承できるための母語が重要である。

　2000年、2011年と2度にわたる調査において、日本で子育てをする外国につながりをもつ人びとの間で、子育ての一番の気がかりは「母語の教育や文化」であるという調査結果も、自らの言語や文化を子どもに継承する重要性を感じ取っているためと考えられる（『第2回多文化子育て調査報告書』多文化子育てネットワーク、2011年）。

■2つの言語と認知能力の関係　教育上の母語の役割

　2つの言語を習得することは、かつては学習の障害と捉えられていたが、1970年代後半頃からは、認知学的並びに言語学的に学習者にとって有益だという見解が広まっている。二言語話者がもつ柔軟性やコミュニケーション能力の高さといった特徴や長所が研究で次第に明らかにされているためである。

　さて、その母語は、家庭で使用されていれば、保持育成は当然可能であると考えられがちである。しかし言語の習得にはさまざまな局面があり、家庭で使用す

る言語パターンは学校のそれとは異なる。ジム・カミンズは言語習得における日常言語能力（コミュニケーション力）と学習認知言語能力とを分け、前者は2年程度でかなり習熟するが、後者の言語能力は5年から7年かかり、習得されない場合さえあると述べる（坂本光代「カナダにおける外国籍児童生徒の就学への対応」江原裕美編『国際移動と教育』明石書店、2011年）。

　2つの言語を習得し学習のうえでも成功することは簡単ではないと考えられるが、実はそこでも母語の力は実は非常に重要であることが知られている。先のカミンズによると、異質な2つの言語の間にあっても認知的な共有面があり、1つの言語で獲得した学習言語能力はもう1つの言語の学習言語能力にも転移するという。全く異なる言語で学んだ内容であってももう1つの言語で学ぶときに用いることができる。母語を通して獲得した知識やスキルは学校の言語にも転移するし、その逆も生じる。すなわち母語をしっかり育てて就学すれば、学校で使う言語の能力も育つことになり、母語は教育上の役割も重要である。

■家庭での母語教育の重要性

　このような認識は次第に広がりつつあり、例えば愛知県は、母語の重要性を伝えるために「母語教育サポートブック『KOTOBA』——家庭／コミュニティで育てる子どもの母語」を2013年に作成した。そこでは、「家庭内で母語を話す」だけでなく、「母国を訪問」「母国のドラマや映画を親子で観て楽しむ」「パソコンやiPadに母語が学べるアプリ等をダウンロードして、親子で遊びながら学ぶ」などが紹介されている。日本の学校では子どもの母語を伸ばす指導はまだごく限られているため、入学前も入学後も親の役割はより重要である。

　子どもの会話能力の伸びは早い。ともすると周囲は、日常言語能力と学習認知言語能力の違いに気づかず、子どものコミュニケーション力の向上で満足し、学習認知言語能力の育成の重要性に気づかない恐れもあるのではないだろうか。話し言葉以上の、学習で必要な読み書き能力を身につけるには、「読む」ことが非常に重要である。子どもが母語を忘れてしまわないよう、親が家庭内の言語使用ルールを決めて守らせ、「読むこと」「書くこと」を含めつつ、子どもが母語を使う機会を増やすことが重要であろう。　　　　　　　（江原裕美・二井紀美子）

第3章　家族生活のなかの子ども

2つの言語習得における周囲の役割
——「通訳する子ども」から考える（現場からのレポート）

■親子コミュニケーションの多様な姿

　以前、地域日本語教室スタッフの立場で、外国人親子の話し合いに母語ができる通訳者を依頼した経緯がある。子の生活態度や学校の問題で父親が怒り、中学生になった子は父親への反発から家出を繰り返していた。通訳者と臨床心理士の同席のもと、できる限り冷静に父親は母語で子は日本語で話し、通訳を介して気持ちを伝え合った。

　多忙な親が子と一緒に過ごし話せる時間は短く、言語的な隔たりが深刻化する。気づくと親の価値観・倫理観、想いが伝え切れないまま子は成長していた。言語的断絶が、親子のコミュニケーションの欠如という重大な結果の一因となったことは疑いようがない。

　しかし、他方で多言語環境のなかで言語を習得し、親の通訳まで努めるような青少年もしばしば見られる。日常的な用事で親に代わり大活躍する。成長するにつれて役所での手続きなどさらに高度なことまで担う。彼らの場合は、成功例と考えてよいのだろうか。両言語習得に成功したかに見える外国人青少年の例を考える現場からの報告である。

■日常語を超えた語彙の習得の困難

ケース1（ペルー国籍、父親：40代、子：12歳中学生）

　市役所から税金に関する文書が届いた。父親は封筒の中身を覗いたが、日本語ばかりで何もわからず、帰宅した中学1年の子に説明を求めた。この文書は税金などに関するもので、日常生活では使わない専門用語が多く含まれ「給与所得等に係る…」と書かれた一文を見ても、子は「給与」の意味さえ理解できなかった。結局、子は説明できず、父親は「小学1年から日本の学校に行かせているのに、どうしてわからないのか」と強く叱りつけ、その後の親子関係は悪化した。子どもは流暢に話しているようであっても、専門的用語等、日常範囲を超えた語

彙の習得は容易ではない。

■言語能力の経済資源化

ケース2（ブラジル国籍、母親：30代、子：10歳小学生）

　母親は小学校の授業がある平日に学校を休ませ、自分よりも日本語での会話ができる子をビザ更新の通訳者として入国管理局へ連れて行く。さらに、母親だけではなく、母親の友人のビザ更新時も学校を休ませて通訳に行かせる。そのとき、お礼としてその友人は現金を子に渡した。そうしたことが繰り返され学校へ行くことよりも、現金をもらうことを優先させるようになったという。また安易に学校を休むようになり、教科学習内容習得に支障が出た。

■子どもに受け止めきれない内容への直面

ケース3（エクアドル国籍、母親：40代、子：14歳中学生）

　数週間前から胃腸の調子が悪いと訴えていた母親は、体重が減り始め大学病院で精密検査を受けることになった。母子家庭であり病院に通訳者がいなかったので、中学生の子が母親に連れ添い医師の検査結果を聴きに赴いた。その検査結果は大変深刻で、中学生の子にはとても受け止めきれない内容だった。子は担当医から結果を聞いたとたん、その場に泣き崩れてしまい、大きな心の傷を受けた。

■言語習得中の子どもへの負担

　以上のような例から、子どもがかなり無理をして、自分が学びきれていない内容も含めて親の手伝いのための通訳をしている事例が少なくないことが窺える。

　言語には場面によるさまざまな知識や用語がある。日常的に話し言葉として用いられる語彙や言い回しと、本や雑誌新聞、法律、行政手続などには使用されるが日常的な会話には登場しないそれとがある。後者は学校において教科学習を通じて徐々に習得が目指されるもので、学習言語とも呼ばれる。これを習得することは、日常会話の能力の習得よりも遥かに長い年数を必要とする。それをまさに学習中の学齢の子どもには、通訳は荷が重い。

　また内容的に子どもが通訳をしないほうがよいこともある。医療に関すること以外にも、本人の成績や進学に関することがある。さらに夫婦間の別居やトラブ

ル、教材費や給食費の未納なども、子どもに扱わせるには難しい。

■学習言語習得を促す周囲の役割

　「子どもによる通訳」は、年少者から青年に至る言語習得のプロセスのなかの一例に過ぎないが、現場で支援に当たる人びとにとって遭遇しがちな事象であろう。準備不足の子どもを直接に大人の世界に直面させることにもなり、注意が必要であるのは確かだが、同時に子どもに自分の能力に気づかせ、2つの言語世界の違いや共通点を改めて認識させるきっかけともなりうる。重要なのはむしろこうした事象が青少年の言語習得に有する意味をふまえ、適切なアドバイスを周囲が与えられるようにすることだろう。

　日常言語能力の基礎をつくるのは第一に家庭である。子がまだ幼いころは、その場面ごとの「親から子へのことばかけ」や「会話」を通じて親子の情緒的言語的絆を育むことが何よりも大切である。成長するにつれ、教科学習の基礎となる言語能力の育成が重要となるが、これに大きな役割を果たせるのは第一に学校の教師である。行動範囲が拡大する思春期以降は、さまざまな場面で彼らに接する周囲の大人の役割も無視できない。

　教師はじめ周囲の人びとは、仮に会話が上手であっても、多言語環境で育つ彼らにとっては日本語による教科学習が大きな壁であることを知っておく必要がある。その困難の克服を助けるため、学校教育のなかでは、場面により異なる言語パターンの存在を理解し教育方針やカリキュラムを定めたい。同時に、親子コミュニケーションのために必要不可欠な母語の重要性も親子に伝えていくべきである。日本語での理解度の深まりはもう1つの言語にも転移することは知られている。2つの世界の橋渡しができる子どもの二言語能力を認め励ますことで、自信をもたせ、アイデンティティの形成につなげていくことを考えたい。

　完全でなくても両言語の媒介ができる子どもの能力を認め、その困難を推察しつつ、日本語の学習と同時に親子のコミュニケーションのベースである母語の重要性を伝えていく。学校以外のさまざまな場面で接する人びとも、同様の理解をベースに、青少年の言語習得についてはいっそう注意を払う必要があるだろう。

（江原裕美・井村美穂）

発達障害のある子どもと家族

■発達障害と支援の現状

　「発達障害」とは、「自閉症、アスペルガー症候群その他の広汎性発達障害、学習障害、注意欠陥多動性障害その他これに類する脳機能の障害であってその症状が通常低年齢において発現するもの（発達障害者支援法）」と定義される。

　日本では、各地で1歳6か月児健診での発見をスタートとする支援体制の整備が進行中である。

　欧米先進諸国では各民族の文化・言語に配慮した支援が行われているが、日本は甚だ遅れている。ことに、いわゆるニューカマーで障害のある子どもの発達支援と保護者の子育て支援については、実態の把握も十分とは言えず、まとまった調査は筆者らの豊田市の取り組み（「豊田市における外国人障がい児の現状と課題に関する調査報告書」；豊田市こども発達センター、2010年）など限られていた。しかし本白書初版が出版されて以後、徐々にではあるが研究、行政的取組みにおいて進捗が認められるようになってきている。本節では、豊田市での経験を中心にニューカマーで発達障害のある子どもの支援の現状と課題、2018年以後の行政等の動行について述べる。

■障害の発見

　発達障害の発見は、主として言語発達の遅れや多動などを手掛かりに、幼児健診、保育所、小学校でなされている。日本の幼児健診は90％を超える高い受診率であるが、外国籍児童の受診率は低い。先の豊田市調査では、未受診率は日本人の3倍であった。ブラジルでは乳幼児健診は有料であり、日本でも同様と誤解している人がいること、経済的に苦しく仕事を休んで健診に行くことが困難であること、健診通知文書が届いても読まない人がいること、などが主な理由であった。これらの理由に対応し、受診率と発見率を向上させる必要がある。

　保育所、幼稚園、小学校で保育士や教師によって発達的な問題に気づかれるこ

とも多いが、日本人児童と異なり、言語発達の遅れや落ち着きのなさが発達の障害に起因するのか、環境に起因する一過性の現象なのか判断に迷うことも多いようだ。専門機関を紹介しても保護者は仕事が忙しく受診しないこともある。発達支援の専門家が適宜出かけて保育士等の相談に応じるなどの体制整備が望まれる。

■医学的診断

東南アジアや中南米の国々でも、発達障害について正確な理解が進んでいるようだ。そのこともあり、自閉症や注意欠陥多動性障害の診断を伝えても、多くは納得される。障害の現実を受け止める遅しさは日本人よりあるように思われる。しかしながら、障害児は親の不信心に対する報いとみなされるような文化もある。外国人の子どもの診断を伝える場合には、保護者の発達理解や出身国の障害観などをよく認識したうえで、それらを踏まえて行う必要がある。

■家庭内のコミュニケーション

自閉症、アスペルガー症候群その他の広汎性発達障害（以下、自閉スペクトラム症）はさまざまなコミュニケーションの困難性を特徴とする。外国人家族で自閉スペクトラム症の子どもがいる場合には、家族における使用言語がしばしば問題となる。従来、自閉スペクトラム症やダウン症候群などでは、言語発達に限界があることを根拠に、移住した国の主要言語でコミュニケーションを行うことが勧められてきた。しかしながら、近年の研究によれば、親は最も自然に使用することができる言語（母語）でコミュニケーションを行うことが、子どもの言語発達には効果的であるとの見解で一致している（Drysdale H. et al., "Children with Autism Spectrum Disorder from Bilingual Families: a Systematic Review." *Review Journal of Autism and Developmental Disorders,* 2015）。科学的知見に基づきアドバイスを行いたい。

■家族、文化、暮らし

ニューカマーの家族・親類関係で特徴的なことは、相互の絆が強いことである。また、コミュニティーメンバー相互の助け合い（互助）も盛んで、子どもに障害があっても、その家族が孤立・排除されることは少ない。これらも影響している

のであろう、筆者が働く療育施設、豊田市こども発達センターでは障害のある多くの外国人児童が利用しているが、児童虐待は25年間で数例をみるのみである。

　しかしながら、日本とニューカマーの出身国の文化や日々の暮らしは当然かなり異なる部分もある。ことに、子どもの食習慣や生活リズムなど基本的生活習慣は異なることも多い。まずは暮らしと価値観をよく理解（共感）し、それぞれの文化と子ども・家族の希望に沿って支援を行いたい。

　親の母国に家族で数か月以上帰国・滞在することもしばしばである。滞在中の病気を想定し、医療機関宛の紹介状を渡すなどの配慮もしたいものである。親の転職のため遠隔地に引っ越しをすることもある。転居先の自治体とよく連携し、転居先でも必要な発達支援や各種手当など必要な福祉サービスが継続して受けられるよう配慮したい。

■コミュニケーションバリア

　外国人児童及び保護者とのコミュニケーションは、障害児支援に関わる者にとってつねに付きまとう困難な課題である。そもそも、日本では多言語社会を想定した取り組みはきわめて遅れており、常にコミュニケーションバリアが存在する。

　幸いにも、2016年度から「障害を理由とする差別の解消の推進に関する法律」が施行され、合理的配慮が求められるようになった。障害のある外国人の子が療育機関や保育所等に通園する場合には、各国語による施設パンフレットや各種連絡文書の作成、保護者面接時の通訳、連絡帳や個別支援計画の翻訳、診察時の通訳など適切なバリアフリー化や合理的配慮の充実が望まれる。

■生活情報

　外国人家族は、障害者福祉、子育て支援、学校教育などに関する社会資源やシステムについての情報を得にくく、既存の社会サービスを有効に活用できないことも多い。障害者手帳、特別児童扶養手当、各種障害福祉サービス等の情報を提供し必要なサービス利用につなぎたい。

　最近の傾向の1つに定住志向がある。それに伴い、発達障害児で高校に進学する人、就労または作業所に通所する人も次第に増えてきている。これらの人についても、障害者就労、障害基礎年金等に関する情報を提供し、成人後も地域社会

で質の高い生活が提供できるよう支援することも今後の重要な課題となろう。

■近年の動向

　ニューカマーを含めた在留外国人の一層の増加に伴い、外国にルーツをもつ発達障害児（両親または親の一方が外国人である発達障害児）に関する行政的な取り組みや研究が次第に活発化してきている。

　代表的なものとして発達障害情報・支援センターの積極的な取り組みが挙げられる。同センターは16か国語に対応した「発達障害に関する外国人保護者向けパンフレット」（2019年）を作成し全国に周知を図るとともに、発達障害者支援センターを対象に「外国にルーツをもつ障害児とその家族への支援状況等に関する調査」（2018年）を実施し取り組みに反映している。文部科学省でも新たな取り組みが始まりそうである。「新しい時代の特別支援教育の在り方に関する有識者会議　報告」（2021年）において、同会議に先立って設置された外国人児童生徒等の教育の充実に関する有識者会議における報告書（2020年）で指摘された事項（幼児期から高等学校段階までの発達段階に応じた指導体制の構築に向けた取組、学校の在籍状況や指導状況の把握、障害の有無・状態等の評価手法に係わる医療・福祉と連携した調査研究の検討）を踏まえ、これらについて関係機関が連携し、適切に取組を進めることが必要であるとした。今後の展開に期待したい。

　発達障害児分野の医療・福祉研究としては、筆者らの全国調査「外国にルーツをもつ障害のある子どもの実態と支援に関する研究」（2018年）がある。国籍の多様化、障害は自閉スペクトラム症、知的発達症が多いことなど実態を明らかにし、発達・家族支援に関わる課題の整理と政策提言を行っている。

■おわりに

　発達障害児を含め外国にルーツをもつ障害児は、日本人と異なり、障害によるバリア・困難に加え、異文化社会の中で育ち暮らすバリア・困難が加わる。これら2つのバリア・困難が存在することの周知、共有とその解消が当面の課題となろう。目標の達成に向けて幅広い関係者の緊密な連携が望まれる。　　　　（髙橋脩）

第4章

子どもの貧困と権利侵害

外国人の子どもや家族は、医療や生活保護といった社会サービスを利用するにも困難を伴うことが多い。ひとり親家庭や虐待という環境のなかで、さらにヘイトスピーチに巻き込まれるとき、彼らが直面する貧困や差別などの権利侵害はどのようなものであろうか。その実態と原因を概観する。

01 外国人の子どもの貧困

■深刻な経済状況のなかの家族

　子どもの貧困対策の推進に関する法律（以下、法律）は、2019年に改正され、具体的な政策を盛り込んだ「子供の貧困対策大綱」（以下、大綱）も改定された。改定された大綱では、外国人の子どもについても「教育の支援」の項目において「教育の機会が適切に確保され…（中略）…キャリア教育等の包括的な支援を進める」と指摘されている。しかし、教育に関する点を除けば、外国人の子どもや家族の生活状況やその支援等についてはほとんど触れられていない。

　言及されていないからといって、外国籍や外国につながる子どもが貧困と無縁というわけではない。神奈川県の児童相談所での児童福祉司の経験のある私や、彼らに対するさまざまな支援者たちの肌感覚ではその深刻さはかなりのものである。ただ、その肌感覚を数値にあらわす統計調査は現在のところほとんどない。

　例外的に、収入を尋ねているものとして2007年に実施された静岡県多文化共生実態調査（以下、2007年静岡調査）がある。この調査に回答を寄せた人が属する世帯全体の年間収入（税込）は300万円前後が最も多い山型の分布となっており、300万円は中央値に近いと推察できる。この調査は、子どものいる世帯のみに限定した調査ではないが、約7割（71.1％）は子どもまたは孫が同居していた。また、世帯人数は無回答を除き加重平均（7人以上を7人と仮定）すると約3.4人であった。2007年国民生活基礎調査における一人あたりの貧困ライン（税抜：127万円）を基に、3.4人が生活している世帯の税込みの貧困ラインを（仮想的に）算出する[*1]と270万円となり、2007年静岡調査の中央値の近似値（300万円）と30万円しか違わない。同年国民生活基礎調査の児童のいる世帯の平均税込収入（701万円）の2分の1にも及ばないことなどからも、半数かそれに近い割合の外

＊1　2010年の国民生活基礎調査の所得五分位階級ごとの平均可処分所得に対する税込平均額から係数（1.15）を導き計算した。2010年のものを利用したのは、2007年の調査には明示されておらず、2010年から記載されるようになったため。

国人の子どもが貧困状況にあると推算できるのではないか。

　さて、大綱においてその生活や支援にほとんど触れられていないという点について少しうがった見方をすれば、貧困な子ども全体に対する政策を強化する流れのなかで、外国人の子どもも支援するということなのかもしれない。仮にそうだとして、外国人の子どもとそうでない子どもの貧困はどのように重なり、異なるのだろうか。また、日本の社会制度は外国人の親や子どもの生活にどのような影響を与えているのだろうか？

■労働制度と教育・福祉制度

　この点を、まず貧困問題との結びつきが強い労働制度、さらに経済的に困窮している子どもや家族を支えるべき教育と福祉の制度について整理してみたい。

　まず、日本の子どもの貧困問題の特徴の1つは、ひとり親も含め多くの親が働いているにもかかわらず貧困であるという点だ（拙著『子どもに貧困を押しつける国・日本』光文社新書、2014年）。つまり、ワーキングプアの問題から生じており、労働単価が低いことが課題なのである。特に、ひとり親世帯（なかんずく、母子世帯）は正規雇用からも排除されている場合が多い（母子世帯は約半数が非正規雇用）。また、労働単価の低さからダブルワークや長時間の労働をこなさざるをえず、子育て中の親はどうしても時間の貧困（子どもと過ごす時間の短さ）に陥りやすい。また、少しでも労働単価の高い、休日、早朝深夜など不規則労働に従事する場合もあり、親子の生活はすれちがうことが多くなる。

　一方、外国人も日本人と同様就業率は高い。しかし、ひとり親世帯と同様に、非正規労働である場合が多くワーキングプアであることが低所得状況を導いている。例えば、先述の2007年静岡調査では無回答を除くと求職中の無職（つまり失業状況）は、回答者本人もその配偶者も約3.5％に過ぎない。一方、正社員は14～15％程度でしかなく、派遣や請負が約60％を占める（パートも5～7％）。

　さらに、外国人が日本人と異なるのは、コロナ禍やリーマンショックなど不況になると真っ先に解雇されることだ。先述の2007年静岡調査の3年後2010年に同様の調査が行われているが、失業中は約23％にも及んでいた（無回答を除く）。また、コロナ禍で大きな影響を受けている、製造業や宿泊業、さらには飲食サービス業では外国人が多く従事してきたことから、家族が馘首された割合は高いと

今回も推察される。加えて、外国人は中小企業で働く割合が高く、子どもや家族がより困難な状況にある可能性は高い。

　底辺で経済を支えているにもかかわらず、都合の良い労働力として不況時には使い捨てにされるのが外国人労働者であり、子どもをもつ親も同様であろう。子どもを抱える親の場合、失業の影響は経済的な不安定さだけに留まらない。解雇のショック（特に父親）や低所得状況は、親子関係にマイナスの影響を与え、虐待問題に近接しやすくなるというエビデンスが海外にはあり、こうした労働環境が外国人の親子関係の不安定さをもたらしていると言いうるだろう。

　教育や福祉の制度に目を移すと、生活保護に国籍条項があることや小中学校が義務化されていないことなどを除けば（本章や5章で指摘されているようにこれらはもちろん大きな問題である）、表面的には外国人の子どもが両制度から排除されているわけではないように見える。だが、子育て世帯を支援する日本の福祉や教育制度は、元来社会的不利な状況にある家族や子どもにけっして優しくはない。

　象徴的なのが、00年代半ばまで所得再分配後に貧困率が上がるという奇妙な現象が起きていた点だろう（現在でも再分配前後でほとんど変わらない）。子どもの貧困率の低い欧州などの先進国では、児童手当などの経済的な支援が潤沢で、働いて得られる所得が低い家庭でも貧困に陥らずにすむ場合が多いのだが、日本の場合、子育て家庭に対する金銭的サービスは限られており予算もかなり少ないため貧困状況から抜け出せないのだ。

　また、経済的に困窮している子どもが多いだけでなく、学校教育や保育などにも税金があまり使われていない（公的な教育費予算のGDP比は、先進国のなかで最低レベルである）ために、家族による教育費の私費負担はかなり高い。このような家族依存的なエートスこそが、日本社会における教育・福祉の特質だろう。

　さらに、表面的には排除されていないと先述したが、2007年静岡調査でも見られるように、一定の割合が健康保険などに加入しておらず、セーフティネットからもれやすい状態にある（静岡調査では26%）。2008年、子どもの無保険が社会問題化し子どもの貧困が存在することへの社会的な周知につながったが、当初厚生労働省は「親の滞納につながるとの懸念から」対応に反対の姿勢を見せていたとされる（前掲書参照）。その後、社会的な声に反応せざるをえなくなり国保法の改正につながり、現在18歳以下の子どもは無条件に6か月の短期保険証を発

行する措置が取られることになっている。しかし、これは国保に加入している限りの措置であり、国保などに介入していなければ、子どもも無保険状態に置かれる（本章参照）。医療という生命に関わる制度が保険という危うい仕組みで運用されているためであろう。就学援助や児童手当など子育て家庭を支援する他の制度も日本の場合ユニバーサルな権利ではなく申請主義が基本であり、言語面や情報の少なさなどもあり外国人の場合排除されやすくなってしまう（本章、9章参照）。

■アフターコロナに向けて

　表面的には社会的排除を受けていないように見えるのは、外国人の子どもに限らないことかもしれない。これまでの日本の教育・福祉制度は、形式的には業績主義を標榜し努力さえすれば自らの可能性を発揮できるとしながら、出自や家庭環境などさまざまな不利にはほとんど目を向けてこなかったのだ。子どもの貧困に21世紀になるまでまったく社会的な気づきがなかったのはその表れである。しかも、そうした形式的平等の保障すらおびやかされがちなのが外国人の子どもなのだろう。ここで示したような福祉や教育の権利保障の課題に加え、本書のなかで繰り返し指摘されるようなさまざまな差別、いじめなどがその典型的な例である。

　仮に、再分配などに目を配り、教育費の私費負担分を減らすなど実質的な平等を目指す社会を実現できていたなら、この本のなかでさまざまに指摘されているような種々の困難を背負っているマイノリティである外国人の子どもの生きづらさ、しんどさはやわらげることができたのではないだろうか。ところが、これまでの日本政府や社会は本稿で述べてきたような（戦前から続く）家族依存的なエートスに胡坐をかくことで、子どもに対する社会保障も教育制度も充実せずにきたのである（前掲書参照）。そのことによって、マイノリティの子どもについても親任せにして、子どもの成長や自己実現の権利を奪ってきたということではないだろうか。コロナ禍があらわにしたのも、上述のような不平等な構造であり、アフターコロナの社会を構想するにあたっては、こうした構造自体の変革を目指すべきであろう。

（山野良一）

非正規滞在の子どもと社会保障制度

■**国籍条項は撤廃されたが――いまも続く「いのちの差別」**

　社会保障制度や生存権保障の本来的理念は、「無差別平等」である。1979年に日本が批准した国際人権規約においても、社会保障制度における内外人平等原則が求められている。にもかかわらず、日本の社会保障、社会福祉制度から「国籍要件」が撤廃されるのは、1986年の国民年金法等一連の法改正を待たなければならなかった。現在では、生活保護制度を除き、ほぼすべての制度において国籍要件は撤廃されている。一方、在留資格による排除あるいは権利制限は現在も行われ、非正規滞在者への「いのちの差別」は、いまも続いている。

　2012年入管法改定以降のおもな社会保障、社会福祉制度の適用状況は以下のとおりで、在留資格がなければ、医療、福祉ともに全くの「無権利状態」となる。

	特別永住・入管法別表2	入管法別表1	在留資格なし
国民健康保険	○	△（要住民登録）	×
生活保護	△ （行政措置として適用）	×（ただし、活動制限のない「特定活動」資格の場合は、国に協議の上、適用される場合がある）	×
健康保険	○	○	×
児童扶養手当	○	△（要住民登録）	×
児童手当	○	△（要住民登録）	×

　一方で、在留資格がなくても、児童福祉法第22条の入院助産制度、母子保健法20条の養育医療制度については適用可能、障害者総合支援法（旧児童福祉法20条）における育成医療については、緊急の場合は適用可能としている（2002年5月26日内閣参質147第26号「大脇雅子君提出外国人の医療と福祉に関する質問に対する答弁書」）。しかし、未熟児や障害の治療などあくまでも特殊な状況の対応に限定された制度であり、健康保険制度や生活保護制度からの排除が続く以上、非正規滞在の子どもの医療を受ける権利が保障されたわけではない。

■入管法改定後──加速する自治体サービスからの排除

　妊婦の検診、予防接種、保育所の入所等については、在留資格の有無で利用を制限する見解は示されていない。また、2012年住民基本台帳法改正附則第23条には、外国人登録制度廃止後も、非正規滞在者が行政上の便益を受けられるよう、自治体が必要な措置を講ずることが定められている。これを受けて、予防接種については、入管局からの通知に基づく仮放免対象者が予防接種を受けられるよう、厚生労働省は特段の配慮を求めて（2012年6月14日事務連絡　各都道府県衛生主管部局あて厚生労働省健康局結核感染症課通知）、仮放免以外の非正規滞在者についても同様に取り扱って差し支えない旨の見解を示している。

　にもかかわらず、住民登録（在留カード）がないことを理由に、妊婦健診などのサービス利用や予防接種を拒まれる例が各地で報告されている。

■非正規滞在の子どもたちはつねに診療抑制にさらされている

　健康保険に加入できない非正規滞在の子どもたちは、つねに診療抑制にさらされている。その親たちも医療へのアクセスから遠ざけられているから、親が疾病で働けなくなった場合、子どもたちの生活も脅かされることになる。

　今のところ、子どもも含めた非正規滞在外国人にとって、唯一の頼みの綱は、社会福祉法第2条に規定されている「無料低額診療事業」である。この事業を実施している病院では、非正規滞在者を支援する組織からの要請を受け、医療が受けられるよう、病院のソーシャルワーカーが調整を行っている。しかし、それも限られており、また医療費が高額にわたる医療は、受け入れにも限界がある。

■求められる国、自治体の取り組み──子どもの貧困防止の観点から

　2012年の入管法改定で外国人登録制度が廃止された結果、非正規滞在者は市町村の記録から消え、いわば「いないはずの者」として扱われることになった。しかし、非正規滞在の子どもが暮らす家庭の貧困化は確実に進み、子どもたちが健やかに育つ権利を奪っている。国および地方自治体には、子どもの貧困防止の観点からも、地域に住む非正規滞在の子どもの数や実情を把握し、必要な医療・福祉サービスの提供に向け、必要な措置を講じることが求められている。

（大川昭博）

第4章　子どもの貧困と権利侵害

03 生活保護世帯と子ども

■外国籍世帯主の生活保護世帯と子どもの状況

　日本社会における生活保護世帯数は長期的に高止まり傾向にあるが、それとほぼ同じようなパターンで外国籍者世帯主の生活保護世帯も推移しており、2019年度には4万4852世帯となった。このうち国籍別では韓国・朝鮮籍が2万9109世帯で最も多く、中国籍5496世帯、フィリピン籍4968世帯が次ぐ（巻末資料I-14）。

　しかし生活保護世帯の子どもに着目すると、別の側面がみえる。まず同年の外国籍世帯主の生活保護世帯の人員数6万5096人のうち1万2536人（19.3%）が19歳以下の子どもである（巻末資料I-15）。一方、日本全体では、生活保護世帯の人員数は204万7645人、そのうち19歳以下の子どもは20万8643人（10.2%）となっている。これらの統計はあくまでも世帯主の国籍に着目したもので、子どもの国籍はわからないが、外国籍世帯主の生活保護世帯の人員に占める子どもの割合が際立って高いことがわかる。またこれらの数字から生活保護世帯に暮らす19歳以下の子どものうち、6.0%が外国籍者を世帯主とする世帯に暮らしていることになる。

　とはいえ、外国籍世帯主の生活保護世帯といっても国籍・地域により大きなばらつきがある（以下、巻末資料I-15）。世帯人員に占める子ども（19歳以下）の人数と割合を世帯主の国籍・地域別にみると、フィリピン籍の世帯に暮らす子どもが圧倒的に多く5839人、世帯人員の51.4%を占める。フィリピン籍の生活保護世帯のうち53.0%が母子世帯ということもあって、子どもの割合が際立って高い。また子どもの人員数でみると、フィリピン籍に次いで多いのは、韓国・朝鮮籍1940人、中国籍1193人である。しかし、生活保護世帯の人員数に占める子どもの割合は、世帯主の国籍・地域が韓国・朝鮮籍5.6%、中国籍13.3% よりも、ブラジル以外の中南米39.7%、ベトナム籍36.3%、ブラジル籍33.1% の方が高い。ここから、フィリピン、ベトナム、ブラジルをはじめとする中南米出身者、ベトナム世帯では、生活保護世帯に占める子育て世帯の割合が高いことがわかる。

■生活保護世帯で暮らすということ

「子供の貧困対策の推進に関する法律」（2013年）成立以降、生活保護世帯の子どもへの取り組みも進められてきたが、彼らの進学や自立には、なお様々な困難がある。日本全体でも生活保護世帯の子どもの高校進学率93.7％、大学進学率36.0％（「子供の貧困対策に関する大綱」令和元年11月）と低いことを考えると、低進学率とされる外国にルーツをもつ子どものなかでも、生活保護世帯の子どもの進学率はより一層低いと思われる。

同時に、外国にルーツをもつ子どもが直面しがちな困難もある。まず教育については、学校教育法上の1条校以外の学校（外国人学校など）に通う場合、教育扶助を受けられないという問題がある。また、海外の家族・親族との結びつきへの影響も見逃せない。生活保護世帯の場合、海外渡航は、親族の冠婚葬祭や危篤・墓参や修学旅行のときなど以外は、その間の生活扶助費相当分が収入認定されて減額されるため、頻繁な里帰りは実質的には難しい。さらに、家族の呼び寄せも非常に困難である。これらは、子どもたちにとって、親や自分自身の出身国に暮らす家族や親族とのつながりを弱体化させ、自らのルーツの受け止め方に影響を及ぼすかもしれない。

そもそも外国籍者にたいする生活保護は、権利ではなく準用としてしか認められておらず、またその範囲も「特別永住者」「永住者」「定住者」「日本人の配偶者等」「永住者の配偶者等」という5つの在留資格をもつ者に限られている。しかし近年、それ以外の在留資格をもつ外国籍者が増加しており、18歳以下の外国籍者29万8864人のうち生活保護対象外の在留資格のものは9万8903人（33.1％）に及んでいる（出入国在留管理庁「在留外国人統計」2020年）。この他にも仮放免者など在留資格をもたない子どもたちもいる。つまり現在、約10万人の子どもたちが生活保護の対象外で暮らしていることになる。なお生活保護の対象者にも様々な制約がある。すなわち永住者以外で生活保護を受給すると、受給中は永住資格の申請ができない。またこの場合、在留資格の更新・変更にあたっては原則として「公共の負担」になっていないことが求められるため、人道上の理由で更新や変更が認められるとしても裁量によるものであり、滞在が不安定になる。このように、生活保護は、生活に困窮する外国にルーツをもつ子どもや親の生活を保障する一方で、国籍や入管法上の地位とも結びついて移民の排除や周縁化に手を貸すこともある。　　　（髙谷幸）

第4章　子どもの貧困と権利侵害

自立困難と貧困の継承
——カンボジア難民の子どもたちの事例から

　神奈川県には多くのカンボジア人が住む。インドシナ難民受け入れのための「大和定住促進センター」（1980～1998年開所）の入所者たちがその後近隣都市に定住していったためである。難民一世たちは孫ができる年齢になり、生活は人によりさまざまであるが、困難や貧困が継続している場合も多い。いくつかの事例を見ると、その実態と原因が見えてくる。

■サムナン Samnang 1990年生まれ

　10歳の時に来日し、小学4年生に編入。難民として日本に入国し永住者になった親戚の子どもとして呼び寄せられた。住民登録をするとすぐに教育委員会に連れていかれ、「○○小学校へ行ってください」と言われ驚いた。働くつもりで日本に来たので、学校に行くなんて思ってもいなかったのだ。「でも、ここの市はまとも、他の市では10歳で働いている子もいる」。

　小学校では国際教室で日本語の勉強をした。でも、会話ができるようになると、「めんどくさく」なり、通常の授業に入る。今では意思の疎通は問題ないが発音や文法などは今ひとつ。

　中学では、勉強でわからないことが多くなり、再び国際教室に週何時間か通級。でもそこでは、母親の仕事のことや、弟の3歳児健診のこと、役所に出す書類など、勉強以外のことを国際教室の先生に相談していた。高校受験もしたが、全日制は落ちてしまい、先生からは定時制や通信制を勧められたが、投げやりな気持ちになり、進学せずに、そのまま父親が務める会社に入る。

　その会社では、板金や旋盤などをすぐにやらせてもらえたため、「工業高校に行っているやつらより上だな」と思っていた。でも給料が上がらず、社長にいくら言っても「お前は中卒だから」の一点張りで、取り合ってくれない。資格を取れば給料が上がると思い、そのための勉強を始めたが、日本語の「書き」から離れた生活をしていたため、18歳で「太陽」という漢字が書けなくなっていた。

その後、いくつかの職を転々とする。ハローワークに行くと外国人は「短期」か「派遣」しか紹介されない。そのため、ハローワークの職員とケンカもした。ある時、新聞で見つけた求人広告を見て応募した会社の面接で、社長に人柄を気に入られ採用となった。その後はその会社で順調に働いているが、仕事の無い時は給料も下がるため、家族を養わなければいけない同僚は離職していく。

　貯金も少しずつできて、ほしい車を見つけた。社長が保証人になってやると一緒にディーラーまで来てくれた。しかし、ローンが組めないという。どうもブラックリストに載ってしまっているようだ。おそらく携帯電話の料金の延滞だと思われるが、未払いをしたことはない。社長も一緒になって頼み込んでくれたがダメだった。この国で今後ローンが組めないとなると、車や家などの高額の買い物はできない。家庭をもつのもほど遠い。絶望的な気持ちになるときがある。

■チャンダリト Chandarith 1988年生まれ

　9歳で来日し、小学校3年生に編入。国際教室で、カンボジア人ネイティブの先生に3か月みっちりと日本語を教わった。漢字習得に優れ、すぐに周りの日本人生徒より国語の成績が良くなった。歴史が大好きでカンボジアの歴史のみならず、日本の歴史にも精通していて、中3の時の修学旅行では歴史クイズを出すバスガイドさんに、誰よりも早く反応していた。まさに「日本人顔負け」の知識量である。高校は地元の商業高校に入学。順調に学業を修め、進学先として大学の経営学部を勧められた。AO入試の論文では、当時その大学で教鞭を取っていた東南アジア、特にインドシナ三国の経済を研究していた教授のゼミに入り、将来は母国の経済発展に寄与したいと希望に燃える気持ちを記述した。見事その大学に合格し1年目は順調に見えたが、アルバイトに力を入れ過ぎて学業がおろそかになり、教授陣のアカデミックな日本語の理解が困難になり、加えて家族、特に父親の理解が得られず、2年の途中で退学。「こんな高額な学費を4年間も払う余裕はわが家にはない、大学なんてやめてしまえ」と執拗に責められた。また不幸にも、ゼミ入りを目指していた教授が他の大学に異動してしまったのも大きな原因の1つである。

　現在彼は、カンボジアから呼び寄せた女性を妻にし、子どもをもうけ、地元の製造業の仕事に就いて生計を立てている。ちなみに彼の父親は自分の子どもたち

の配偶者はすべて自分で決める。結婚に関する考え方は家庭によって異なり、自由恋愛で配偶者の国籍は問わない親もいれば、絶対にカンボジア人でなければならないという親もいる。彼の父親のように、息子が一度も会ったことのない女性をカンボジアから呼び寄せ結婚させる親もいる。

彼の勤める会社でトラブルがあった。外国人にはボーナスを支給しないと言う。経営者を問い詰めると「組合に入っていない従業員には賞与は与えない」との回答なので、今度は組合に加入を申し込むと「組合に入っても、外国人は賞与をもらえない」と組合側は返答する。地区労組協議会の事務局長の協力を得て、矛盾を是正し、無事ボーナスを手にした。「泣き寝入りしている外国人がたくさんいるはずだから、なんとかしていきたいです」。

日本社会のなかにある外国人に対する差別に、中学時代からずっと憤ってきた。同時に母国カンボジアに対する歯がゆさ、在日カンボジア社会の不甲斐なさにもやるせない思いを強くもっている。最近は息子の母語保持のために、地元でのクメール語教室や通訳業、カンボジア文化継承活動に協力するようになった。東京・代々木でのカンボジア・フェスティバルの開催にも参加している。以前は、在日カンボジア人社会のわずらわしさから逃げていた彼は、ニヤリと笑ってこう言った。「俺も、少しは成長したっていうことですよ」。

■ラタナRathna 1984年生まれ

13歳で来日。本来なら中学校に入る年齢だが、1つ年下の妹と一緒に小6に編入。日本語がまったく話せなかったため、2人なら安心だろうという小学校側の配慮であった。大学まで日本の学校に通う。大学3年次に就職活動しているとき、カタカナ名だとエントリーシートにも記入できず、外国籍だと不利だということで、日本国籍取得に乗り出した。それは結局2年半かかり、就活には間に合わなかった。公務員を目指して市役所の試験を受けた。その時「日本国籍取得の申請をしています」と言ったら、担当者に「元外国人ということで、もし市役所に就職できたとしても就けないセクションがある」と言われた[1]。そのセクションは税務

---

[1] この件は県の人権教育推進協議会に伝わり、本人とともに市役所に出向いて事実確認を求めた。回答は、当時の担当者を確認できず発言について確認できないというものだったが、帰化前の国籍等による就職差別および配属部署の差別もないとのことであった。

と外国人支援関係。自分は大学4年間会計業務を学び、毎年3月には税務署で確定申告の書類づくりの手伝いをするアルバイトをするほど、そのための知識や技能を身に付けていたのに、その能力を生かすことができない。また、外国人市民が多いこの市で、外国人が暮らしやすくなるために自分にできることはたくさんあるだろうと思っていたが、それができないと言われショックであった。結局市役所は不合格であった。

　彼女はこう語っている。

　「日本だけかな、こういう差別があるのは。私の父親は戦争で難民となって日本に来ましたけれど、同じく難民だった父の兄はアメリカで銀行員、父の弟はフランスで警察官をしています。2人ともカンボジア国籍ですが、能力を認められていて今では高い地位についてます。日本では日本国籍でないとだめ、日本国籍を取ったとしても、就けないセクションがあると言われる。せっかくの能力が生かされないのはもったいない。これから10年、20年たって、自分の子どもたちが就職するときに、自分のような嫌な思いをすることのないような社会になってほしい」。

　現在、中学〜未就学児まで5人の子どもの母親である彼女は、子どもたちとはカンボジア語で話している。日本の社会に溶け込んでほしい思いと、カンボジア語を習得してほしい思いがあるが、学校や保育園でカンボジア語を話すとからかわれたり、バカにされたりすることもあるという。しかし、2つの言葉を話せることは財産、子どもたちにはカンボジア人だということを忘れてほしくないし、親戚との絆も大事にしてほしいと願っている。

　なお、彼女の15歳年下の弟は、現在カナダに留学している。家族会議で「日本にいても将来は明るくない」と判断、移住も視野に入れている。

（大谷千晴）

第4章　子どもの貧困と権利侵害

親による虐待、ネグレクト

■児童相談所が出会う外国人家庭

「お母さんが仕事に行っちゃった……どうしよう！」

　朝一番にＡ子から電話。Ａ子は母子家庭で育つ中学3年生。母親は東南アジア出身。約20年前に来日し、未婚のまま子ども4人を出産。過去に内縁の夫からDVを受けたこともある。当時、家族5人全員が不法滞在の状態であった。この日Ａ子は定時制高校を受験する予定であったが、母親は幼い弟妹を自宅に残したまま仕事に行ってしまったという。混乱するＡ子に対し、「まずは弟と妹を保育園に連れて行って。その後は試験会場で待ち合わせしよう」と約束をし、私は電話を切った。

　児童相談所に勤務していると、Ａ子のような外国人家庭（または多文化家庭）の支援にたずさわることが多い。それらの家庭の多くは「養護性」（保護者の子育て）に関する問題を抱えている。その背景には、貧困・暴力・地域からの孤立、といった複数の問題が発生しており、これらの問題が絡み合って児童虐待が発生している場合も多い。

■外国人家庭が抱える問題

（1）貧困

　児童相談所が支援する外国人家庭は、保護者がひとり親・DV被害者・精神疾患を抱えているといった貧困につながりやすい生活状況であることが多い。加えて、在留資格の有無が家庭の経済状況に大きな影響を与えている。外国人は在留資格によって利用できる社会保障制度が異なるからである。たとえば生活保護制度は、適法に日本に滞在し、活動に制限を受けない永住・定住等の在留資格を有する外国人については、国際道義上および人道上の観点から、生活保護法が準用

される[*1]。しかし、A子の家庭のような不法滞在者には適用されないため、家族の誰かが就労して収入を得ることが必要になる。ところが、不法滞在者の就労は不法就労に該当し、本人だけでなく使用者である企業も処罰の対象となる。たとえ（不法就労ではあるが）何らかの形で就労できる場合にも、長時間勤務のわりに低賃金であるといった不安定な就労状況であることが多い。また、不法滞在の場合は健康保険・国民健康保険に加入することが困難な場合が多く、医療費を全額自己負担しなければならない。医療費が高額だからといって親が子どもの医療受診を拒否すれば、これはネグレクトに該当する。このように、不法滞在者は利用できる社会保障制度に制限があるため、貧困状態に陥りやすく、それが子どもへのネグレクトにつながる危険性がある。

(2) 暴力

　児童虐待の問題を抱える外国人家庭では、家庭内で暴力が身近な問題となっていることが多い（これは日本人家庭でも同様である）。外国人である母親がDV被害を受け、養育負担が高まった母親が子どもに対し身体的虐待を行い、成長した子どもが母親に対し暴力を振るい…といった暴力の連鎖が見られる。ある外国人の母親は、日本人の夫から重篤なDV被害を受けているにもかかわらず、「夫と別れたら在留資格の更新が認められなくなるかもしれない」と言って避難しようとしなかった。在留資格は外国人が日本で生活していくための必需品である。この必需品が、DVという支配関係を維持する道具として使用されている。また、文化の違いが虐待や暴力を生み出すこともある。親から子どもへの身体的な罰が躾の一環とされる文化（南米出身の親は「ベルトで子どもを叩くのが当たり前」だと主張した）では、日本では身体的虐待に該当するのだという説明を理解してもらうのにとても苦労した。その他にも、外国人の親は母国語で、日本で生まれ育った子どもは日本語しか話せない場合、親子間で意思疎通を図るのが困難になる。子どもにとって最も身近な存在である家族との会話が、ストレスフルなものとなってしまう。子どもが「どうしてお母さんは、こんなに日本語が下手なの?! どうして私の話が分からないの?!」と外国人の親にイライラをぶつけるようになり、子から親への家庭内暴力につながってしまった家庭もあった。

---

*1　社会保障審議会（福祉部会生活保護制度の在り方に関する専門委員会）第12回2004年6月8日、資料1

（3）地域からの孤立

　親族が日本にいない場合、親が子育てのすべてを担うことになる（ひとり親である場合も多い）。保育園等の子育てに関する社会資源が不十分な現状では、親だけで子育てを行うことは負担が大きい。これも、児童虐待につながる危険の1つである。

　一方、母国から親族が来日している場合や、同胞同士のコミュニティのなかで生活している家庭もある。この場合には、地域から完全に孤立しているとは言えないが、親は母国の文化・常識に基づいて子育てをしようとする傾向が見られる。母国の文化が「年長の子どもが年少の子どもの面倒を見る」という場合、親が仕事に行っている間、年長の子どもが年下のきょうだいの面倒を見るために登校できなくなったケースがあった。児童相談所からすれば、親が子どもをきちんと登校させないというのはネグレクトに該当するのだが、それが問題であることは親にはなかなか理解してもらえなかった（親は「私の国ではこれが当たり前」と主張した）。

■外国人家庭に対する児童相談所の支援

　このように、児童相談所が出会い支援する外国人家庭には、児童虐待の発生につながりやすい問題が存在する。

　私自身が外国人家庭への支援にあたり留意していたことは、「在留資格の有無」と「家庭内の文化がどういうものか」の2点である。この2点がその家庭に対しどんな影響を与えているのかアセスメントしながらケースワークが行われるべきであろう。また、（たとえ言葉が通じなくても）この家庭の"通訳者"になりたいと考えていた。家庭内で複数の言語が飛び交い、親子間でも会話が成立しにくいなか、子どもたちは自らの国籍や外見のことに悩みながら生活している。そんな子どもたちとつながり、子どもと親、家庭と地域をつなぐ役割として、双方の文化を"通訳"するような支援が求められる。

　なお、冒頭に登場したＡ子だが、その後定時制高校に合格し、4年かけて卒業した。現在は憧れていた医療の現場で一生懸命働いているとの話だ。

（岡﨑秋香）

外国籍ひとり親世帯と子ども

■外国籍のひとり親世帯と子どもの状況

外国籍ひとり親世帯数やそこで暮らす子どもの数は正確にはわからない。そのなかで最も詳細なデータである2015年の国勢調査によると、親が外国籍者のひとり親世帯（以下、外国籍ひとり親世帯と表記。なおこのとき子どもは外国籍とは限らない）は2万3450世帯、全国のひとり親世帯数のうち約2.8％を占める。ただし外国籍者の国勢調査の捕捉率は7割前後と低いため、実際にはこれより多くの外国籍ひとり親世帯があると思われる。またこのデータをもとにすると、外国籍ひとり親世帯のうち母子世帯が約95.1％と圧倒的に多く、父子世帯の割合は少ない。同じデータをもとに、ひとり親世帯で暮らす子どもの数を概算したところ（元は子どもの数を「1人」「2人」「3人以上」で区分した世帯数データであり、このうち「子どもが3人以上」はすべて「子ども3人」として計算した）、外国籍ひとり親世帯で暮らす子どもの数は少なくとも3万3000人を超え、全国のひとり親世帯で暮らす子どもの約2.4％を占める。

そのうち母子世帯についてより詳しくみていくと、全国の母子世帯で暮らす子どものうち外国籍母子世帯で暮らす子どもは約2.7％である。このうち割合が高いのは、母親の国籍がフィリピン籍の子どもで、37.4％、続いて韓国・朝鮮籍18.5％、中国籍16.5％となる。

■母子世帯数の推移とその背景

次に、母子世帯に限ってその世帯数の推移を見てみよう（次頁図）。1995年には外国籍母子世帯数は、全母子世帯の約1.4％であった。しかし過去20年間に外国籍母子世帯は、韓国・朝鮮籍をのぞいて急増し、それにともなって全母子世帯に占める割合も、2000年2.0％、2005年2.4％、2010年2.7％、2015年2.9％と拡大し続けている。とりわけ2015年のフィリピン籍母子世帯数は、95年と比較して約15倍、タイ籍は、世帯数が少ないものの17.5倍の伸びとなっている。また

図　母の国籍別・母子世帯数の推移

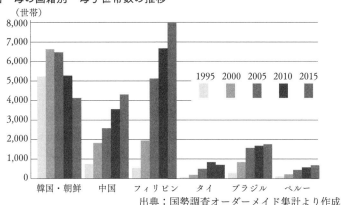

出典：国勢調査オーダーメイド集計より作成

同年の外国籍母子世帯のうち、母の国籍別にみると、フィリピン籍35.8%、ついで中国籍19.2%、韓国・朝鮮籍18.1%が多くなっている。

　このような母子世帯の増加の背景には、離別の増加がある。たとえば最も世帯数が多いフィリピン籍の場合、母親は日本人パートナーと離別した人が多い。日本籍男性とフィリピン籍女性の離婚は、90年代から増加していたが、2000年代後半には毎年4000件を超え、2008年には4782件とピークに達した（厚生労働省「人口動態統計」、巻末資料I-5）。ただし日本人との結婚により配偶者の在留資格が認められていた場合、離婚後の在留資格が問題となる。実際、90年代初頭は、日本人との間に子どもがいたとしても、離別後、外国籍親の在留が認められるとは限らなかった。だが、96年に出された法務省入管局の通知「日本人の実子を扶養する外国人親の取扱について」により、日本人の実子を養育監護している場合は「定住者」の在留資格が認められるようになった。またその後、2004年に永住許可の基準が緩和され、婚姻中に「永住者」の資格を取得しやすくなった。永住資格をもっていれば、離婚後も日本に滞在することが可能である。こうした在留資格の許可基準の変更も、在日外国籍母子世帯が増加した背景となっている。

■母子世帯の暮らし

　日本におけるひとり親世帯の相対的貧困率は48.3%と非常に高い（厚生労働省「国民生活基礎調査」2019年）。外国籍のひとり親世帯の貧困率は公表されていな

図　母子世帯における母の就業状況

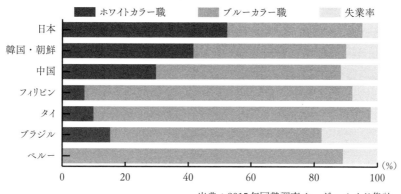

出典：2015年国勢調査オーダーメイド集計

いが、日本全体と同様もしくはそれ以上に高いと思われる。とはいえ、ひとり親世帯は働いていないわけではない。むしろ日本のひとり親世帯の親の場合、諸外国とも比較して就労率は高い。「働いても貧困である」のがひとり親世帯の現状だとされている（赤石千衣子『ひとり親家庭』岩波書店、2014年）。同じく外国籍のシングルマザーも労働力率は約7〜8割と高い。一方、上図からわかるように、日本籍母の母子世帯と比較して、職種はブルーカラー職に大きく偏っており、さらに失業率も高い。以上から、外国籍母子世帯の場合、日本籍母の母子世帯よりも一層厳しい経済状況にあることが推測される。

　こうしたことから外国籍母子世帯は、生活保護を受給することも少なくない。たとえば、2019年のフィリピン籍世帯主の生活保護世帯4968世帯のうち母子世帯が2635世帯と約53.0％を占めている（巻末資料I-14）。また、このとき生活保護は「最低限度」の生活を保障するというよりも、「望みうるベストな生活水準を保障する」場合も珍しくない（髙谷幸・稲葉奈々子「在日フィリピン人女性にとっての貧困」移住連貧困プロジェクト編『日本で暮らす移住者の貧困』移住労働者と連帯する全国ネットワーク、2011年）。くわえて離別母子のなかには、DV被害を受けた者も多い。DVは身体的な暴力のみならず、言葉の暴力も含めて威圧的な行動で相手を支配することに特徴がある（赤石、前掲書）。しかしとくに移住女性の場合、言葉や日本社会についての知識が限られていることもあって、夫やパートナーの言動から自分だけでは何もできないと思わされがちである。経済的に夫や

パートナーに依存していたり、在留資格の問題がある場合、国内で頼れる社会関係が限定されがちなことともあわさって、自分と子どもだけでやっていくと決断し、支配から逃れるまでには時間がかかる。また、国内で頼れる社会関係資本が限定されがちなことも、移住女性の夫やパートナーへの従属を強めてしまう背景の1つである（髙谷・稲葉、前掲書）。

　こうしたDV被害は、離別後もトラウマとして影響を及ぼし続けることも珍しくなく、回復には時間がかかる。それは、親からの暴力や支配を直接経験したり、まのあたりにして育った子どもにとっても同様である。日本人男性による移住女性へのDVは、女性の出身文化の否定と結びついていることも少なくないが、父親や周囲の者が母親の出身文化を否定する環境で育った場合、子ども自身も母親を否定したり、自分自身のルーツを肯定的に捉えられなかったりすることもある（カラカサン〜移住女性のためのエンパワメントセンター「移住（外国人）母子家庭の子どもの実態と支援に関する調査―― DV や虐待などの暴力にさらされた子どものケア」、2010年）。

■外国籍ひとり親世帯の現在

　外国籍ひとり親世帯で育った子どもの高校・大学等の進学率の統計はないが、次のようなハンディを念頭におくとかなり低いと推測される。すなわち前述のように、家計が厳しいひとり親世帯は少なくないため、塾や私立学校などに通わせることは難しい。また、外国籍のひとり親が日本語の読み書きをできない場合は、子どもの学校とのやりとりに困難を抱える場合も少なくない。さらに、進学や就職にかんする日本の制度への理解が限られているため、子どもに適切なアドバイスができないことに悩むひとり親もいる。

　同時に、子どもの成長とともに親の高齢化も進んでおり、不安定雇用に就く子どもが、収入あるいは年金の限られたひとり親の生活を支えるケースも出ている。外国籍ひとり親世帯は20年以上増加傾向にあるが、彼らの生活を支えるサポートはほとんど整備されてこなかった。今こそ貧困の再生産を防ぐ手立てが必要である。

（髙谷幸）

07 外国人の子どもの医療に関連した問題点

■はじめに

　筆者は、インドシナ難民の医療に深く関わったことがきっかけで、90年に通訳付きの小林国際クリニックを大和市に開設、91年に医療・医事電話相談を多言語・無料で提供するAMDA国際医療情報センターを東京に開設した。なお、外国人医療については拙著『外国人診療で起こりうるクリニック経営上のトラブルと解決法』（2019年）、『目からウロコ　外国人医療にきっと役立つ雑学集』（2020年：共に日本医事新報社）を参考にされたい。

■外国人医療の一般的問題点

　外国人医療の一般的問題点はおよそ以下の4点である。①言語、②医療費、③医療に関する風俗・習慣のちがい、④インフォームド・コンセントと人権に対する考え方のちがい。またそれとは別に、子どもの医療に関連した問題点が挙げられる。①から④を基礎として、さらに子どもの医療に関連した問題点を述べる。

（1）診察時の言語の問題

　患者が乳幼児の場合、付き添ってきた保護者と話をすることになる。言語の問題については各地域で有料での通訳派遣や電話通訳の事業などが行われており、これらの情報を入手しておくことが必要である。NPO法人AMDA国際医療情報センターでは365日午前9時から午後8時まで医師の許可のもとに無料で多言語電話通訳を行っている。詳細はhttp://www.amdamedicalcenter.com。

（2）乳幼児健診と定期予防接種について

　市町村の事業である乳幼児健診には4か月児健康診査、8か月児健康診査、1歳6か月児健康診査、3歳6か月児健康診査がある。小児の無料定期予防接種としてはBCG、ヒブ、小児肺炎球菌、4種混合もしくは3種混合とポリオ、麻疹風疹、水痘、日本脳炎、2期ジフテリア・破傷風・ロタウイルス、B型肝炎などがある。

　これらについて外国人の子どもに関する問題点は、第一に市町村自治体から各

家庭への通知が日本語で行われるために、保護者がその内容を理解できず、結果として健康診査や予防接種を受ける機会が失われやすい状況にあるということである。対策としては各市町村自治体に外国人の保護者でも内容が理解できるような工夫を求めることが必要である。第二に各市町村自治体の住民基本台帳に掲載されていない人たちについては健康診査は受ける資格がなく、小児の無料定期予防接種を無料で受ける資格がないということである。この場合、定期予防接種は医療機関において有料で受けることになるため、ハードルが高いとはいえよう。

　定期予防接種については、海外で受けてきたそれと日本にやってきてから受けるべきそれとの整合性に、問題が生じている。海外における小児の予防接種制度は国によって微妙に異なる。ゆえに定期予防接種の一部を海外で受けてきた場合、日本国内でどのように継続していくかが保護者だけでなく、一般の小児科医にとってもわかりにくい。この問題については海外の医療事情に詳しい医療機関に問い合わせるのがベストだろう。日本渡航医学会（jstah.umin.jp）では会員のなかのトラベラーズクリニックについて情報を公開しているので参考にすべきだろう。

（3）日本の公的保険の恩恵が受けられない人びとの存在

　日本は国民皆保険制度であり、加入資格のある人は外国人も含めて健康保険、国民健康保険および後期高齢者医療保険など公的保険に加入することが義務となっている。しかしながら在留期間が3か月を超える短期滞在者以外の外国人には、公的保険に加入していない人たちが存在する。加入が法的に不可能なのは不法滞在者である。ただし健康保険は雇用者の理解の下で加入は可能である。加入資格がありながら加入していない人たちも多く存在する。その1つは出稼ぎに来日し、毎月の公的保険の掛け金を支払うことができずに「無保険」となっている人たちである。この場合、子どもたちも「無保険」となり、医療へのアクセスが遠のいてしまい、感染症など重症となってから医療機関を受診し、不幸な結果に至りかねない状況にある。このようなケースでは病に倒れてから国民健康保険に加入しようとしても、国保税という制度を適用している市町村自治体では過去2年分の、国民保険税という制度を適用している市町村自治体では過去3年分の掛け金を支払わなければ使うことができない。この2年分または3年分の掛け金が支払えずに結局、無保険状態が続くケースが少なくない。ゆえに来日直後に住民基本台帳掲載のために訪れる市町村自治体の窓口において公的保険の加入は義務であるこ

と、そして加入の意義を丁寧に説明し、確実に加入してもらうことが必要である。

（4）外傷や精神的ストレスとの関連を疑われる疾患について

外国人の子どもに限らないが、外傷や過敏性腸症候群など精神的ストレスとの関連を強く疑われる疾患で医療機関を受診した場合は注意深い問診が必要である。なぜなら、背景にいじめ問題が存在していることが少なくないからである。このような場合、医師は診察室のなかで診察していればそれでいいということではなく、積極的に学校関係者、保護者と情報交換をすることが望ましい。このような過程を省略すると病の後ろにあるより大きな問題を見過ごすことになりかねない。

（5）妊婦健診

日本では妊娠がわかると市町村自治体の窓口において母子手帳を交付、妊婦は母子手帳をもって妊娠の前半は月に1回、後半は月に2回医療機関で診察を受ける。一部の外国人の妊婦においては往々にして妊娠と診断された後に医療機関を受診することなく、出産間際になって医療機関を受診する人がいる。この場合、医療機関において出産を拒否されることもある。妊娠中の経過が不明である出産を扱うことは産婦人科医にとってはもっともリスキーな出産を扱うことになり、また産婦人科はもっとも医療訴訟が多い診療科であるというのが現実であるからだ。妊娠中に定期的な妊婦健診を受けないこと、さらに出産すべき医療機関が見つからないことは胎児にとってもきわめて大きな問題である。出産が行われたとしても生まれた子どもに障害が残ること、病を抱えて生まれてくることもある。このような事態を招かぬよう、日頃から妊娠が判明したらどのように行動すべきかについて外国人コミュニティに情報を提供しておくことが必要である。

■終わりに……とくに新型コロナ感染に関連して

2020年4月より21年9月末までに当クリニックで新型コロナへの感染が明らかになった400人のうち、134人が外国人であり、そのうち17人が15歳未満であった。新型コロナの感染予防については文科省より学校を通じて各家庭に様々な情報が伝達されている。多数の外国籍の子どもが通う、いわゆるインターナショナルスクールの多くは法的には各種学校であり、中には各種学校の認可さえないものもある。これらの学校に通う生徒については文科省の情報が届きにくく、パンデミックから子どもを守るうえで今後、議論が必要となるであろう。　（小林米幸）

08 ヘイトスピーチと 民族的マイノリティの子どもたち

■なかったことにされた被害

「私は、ヘイトスピーチを聞いたことがあります。『韓国人の何がいけへんの？』て思いました。そのヘイトスピーチの人たちが、韓国人と逆になって言われたら、どんな気持ちになるか教えてほしい。考えてほしい。そのヘイトスピーチは、つるはしの所だけでなく、私の家にも来ました。とても、きずつきました」

これは、筆者が2014年7月に大阪市生野区内の公立中学校2年生を対象に行った授業の生徒感想文の1つである。同校は全校生徒の約3割が朝鮮半島にルーツをもっている。すべての感想文に目を通したところ、ルーツをもつ生徒の約半数が、路上でのヘイトスピーチ（以下、HSと記す）被害を体験していた。この生徒が遭遇したのは、おそらく、次のようなHSである。

■在日コリアンの街・生野区を襲ったヘイトスピーチ

2013年2月24日のデモは100名を超える参加者があり、拡声器を用いた大音量で「殺せ殺せ、朝鮮人」「チョンコ」など、聞くに堪えないHSが繰り返された。大阪市生野区は、韓国・朝鮮籍住民の数、総人口に占める割合でも日本最大の在日コリアン集住地域である。その住宅密集地のなかを通り抜けていった。JR大阪環状線鶴橋駅は、生野区民にとっては玄関口にあたる、最も身近な公共交通機関である。その改札口を出て正面にある高架下舗道上で、デモ終了後、20名以上が入れ替わり立ち替わりマイクをもち、大音量で「ゴキブリ朝鮮人をたたき出せ」「いつまでも調子に乗っとったら、南京大虐殺じゃなくて、鶴橋大虐殺を実行しますよ！」といったHSを2時間近く続けたのだ。

休日の自宅で、町中で、前述したようなむき出しの差別にさらされるのは、押し込み強盗や通り魔に襲われるのと同様の衝撃と恐怖を感じる出来事である。

■なかったことにされたヘイトスピーチ被害

　HSに直面したとき、直接的な被害当事者は、その言動のあまりのむごさ、侮辱的、脅迫的、威嚇的な態様によって恐怖、嫌悪、怒りなどの否定的感情を抱く。同時に、そのようなむき出しの差別が公然と行われていること、多くの場合は警官によって守られながら行われていることに衝撃と絶望、そして日本で暮らし続けることへの不安すら感じるようになる。社会に対する信頼が失われ、日常が破壊されてしまうのだ。その被害は回復困難であり、継続的に被害の記憶を鮮明に思い出すことを繰り返すことさえある。

　しかし、街宣やデモが行われてから1年数か月以上、前記した中学生たちの被害は誰にも語られることがなかった。目の前に、深刻な被害体験を抱えた生徒がいながら、それを素通りしたまま学校、学級の運営が行われ続けたのだ。被害の存在に薄々と気づき、憂慮した教員が筆者を招きHSについての授業を企画したことで、ようやく被害実態が明るみにでたのだ。

■インターネット空間のヘイトスピーチ

　子どもたちは、今や日常の1つとなったインターネット空間でもHS被害を受け続けている。ネット掲示板や動画投稿サイト、ソーシャルネットワークサービス（SNS）には、在日コリアン等に対するHSが驚くほどの頻度で投稿されている。在日コリアン青年連合による「在日コリアンへのヘイトスピーチとインターネット利用経験などに関する在日コリアン青年差別実態アンケート調査報告書」（2014年）によると、回答した203名の在日コリアンのうち、15.8％が毎日、16.7％が週に2、3回、16.3％が週に1回、インターネット上でのHSに遭遇している。半数近くが少なくとも週に一度はHS被害を受けている。つまり、デモや街宣によるHSが頻繁に行われる地域以外でも、民族的マイノリティの子どもたちは、HSによる被害を今も継続的に受け続けているということだ。

■ヘイトスピーチ加害者になる子ども

　HSは個人的被害を及ぼすだけでなく、社会的害悪であることを忘れてはならない。差別扇動による多民族共生社会の破壊である。残念ながら、児童・生徒が差別に扇動されてしまった結果としか思えない差別事件が、学校のなかで相次い

でいる。筆者が知り得た事例だけでも次の通りである。

・小学校4年生が民族名／本名で在籍する在日コリアンの級友に「韓国は敵」と
　発言
・中学生数人が特定の生徒に「朝鮮人」と発言。言われた生徒は朝鮮にルーツを
　もたず、発言した生徒もそのことを自覚しており、「朝鮮人」という言葉が相
　手を傷つけるという理由で使用した
・複数の中学生が、塾の自習室で、韓国人の父親をもつ同級生の生徒に嫌がらせ
　目的で「おまえの父親は韓国人だろう」と繰り返し発言
・複数の中学生が、民族名／本名で在籍する在日コリアンの級友に「チョン」と
　いうあだ名をつける。うち一人の生徒はインターネットのヘビーユーザーで、
　指導する教師に対して「韓国人の言うことの9割が嘘」などの発言を平然とお
　こなっている

　この他にも、HSデモや街宣に、現役高校生が参加していることが確認されて
いるし、前述した「鶴橋大虐殺」を叫んだのは当時中学2年生の生徒だった。

■ヘイトスピーチ解消法の成立と文科省通知

　2016年6月、いわゆる「ヘイトスピーチ解消法」が施行された。具体的な措
置や罰則がない理念法ではあるが、HSのない社会の実現に向けた「国民」の努
力義務を定め、相談体制の整備、教育の充実、啓発活動等について国の責務と地
方自治体の努力義務を定めている。文部科学省は同法の施行を受けて「法を踏ま
えた適切な対応について」留意を促す通知を、各都道府県教育委員会等におこな
っている。

　この文科省通知を活用し、子どもたちをHSの被害者にも、加害者にもしない
教育が何よりも求められている。同時に、間違いなく存在する児童・生徒間の
HS被害と加害の実態を掘り起こし、救済、啓発するための教育が取り組まれな
ければならない。精神的、知的な発育の途上にある子どもたちは、HS被害がよ
り深刻なものとなりやすいし、差別扇動にも騙されやすい存在だからである。何
よりもHSが蔓延した社会とは、民族的マイノリティの子どもたちが自らのルー
ツを当たり前に受け止め、尊重されながら生きる権利が侵害され続けている社会
だからだ。

（文公輝）

✳

第5章

教育と学校

公立学校に通う外国人の子どものうちの約3万人が、日本語指導が必要とされている。そのため、公立学校や地域ではさまざまな取り組みが行われ、就学前の支援もある。だが、外国人の子どもが通う「学校」とは公立学校だけではない。外国人の子どもに必要な学校とは何か。本章では、多様な教育（学び）の重要性を考えていく。

教育を受ける権利と就学義務

■日本国憲法と教育を受ける権利

　日本国憲法第26条1項は「すべて国民は、法律の定めるところにより、その能力に応じて、ひとしく教育を受ける権利を有する」と規定し、同2項は「すべて国民は、法律の定めるところにより、その保護する子女に普通教育を受けさせる義務を負ふ。義務教育は、これを無償とする」と明記している。日本政府や判例は、日本国憲法第26条の解釈について、教育を受ける権利を含む憲法第25条以下の生存権（社会権）的基本権の保障は、「第一次的にはその者の属する国家（所属国）が負うべきであり、居住国によって保障されるべきものではない」「我が国における義務教育が一人ひとりの人格形成とともに国家社会の形成者の育成という役割を担うものであるために、外国人に対して日本人と同様の就学を義務付けることは適当ではない」と述べ、教育を受ける権利の享有主体と就学義務（義務教育）の対象のいずれも「日本国籍を有する国民」に限定している。

　これらの憲法解釈によって、教育を受ける権利と就学義務は、日本国籍を有する者と外国籍を有する者とが二元的に峻別され、日本国籍の子どもに対しては、教育を受ける権利の保障と、国と保護者に就学義務を課し、不就学の子どもの解消のために「就学通知」（罰則も含む）が制度化されている。他方、外国籍の子どもに対しては、教育を受ける権利は保障されず、要望があれば「恩恵」として「就学」を認め、居住所の判明した者へは、「就学案内」を送付するが、不就学の子どもに対しては何らの対応もせず放置しているのが実情である。

　しかし、このような日本政府や判例の憲法解釈と適用は、国際人権法から判断しても、日本国憲法の解釈からみても正当であると思われない。国連にも寄託している英文日本国憲法第26条1項は、「All people shall have the right to receive an equal education correspondent to their ability, as provided by law.」と記載されており、教育を受ける権利の享有主体は、「すべての人」である。また、同2項の就学義務に関しても同様に「すべての人」であって、日本国籍を有する日本

国民（a Japanese national）ではない。

■国際人権法と教育を受ける権利

　1979年に日本が批准し、憲法に次ぐ国内法的効力（憲法第98条2項）を有する「経済的、社会的及び文化的権利に関する国際規約」（以下、「社会権規約」という）は、第13条1項において「この規約の締約国は、教育についてのすべての者の権利を認める。」とし、同13条2項は、初等教育は義務教育として無償のものとする（a）、中等教育（b）、高等教育（c）については、「無償教育の漸新的導入」により、すべての者に対して均等に機会が与えられるものとする、と規定している。日本政府は、従来、この第13条2項を留保していたが、2010年4月1日、1条校、専修学校、各種学校のうち「高等学校の課程に類する課程」を有する外国人学校で学ぶ生徒に対して就学支援金を支給するという「高校無償化法」を制定し、2012年9月11日、この留保を撤回している。同3項は、父母及び法定保護者が、子どものために、公の機関によって設置される学校以外の学校（私立学校や外国人学校）を選択する自由を認め、同4項は、「個人及び団体が教育機関を設置し及び管理する自由を妨げるものと解してならない」と規定する。

　このように、社会権規約第13条は、すべての者に教育を受ける権利を保障し、初等教育は義務教育であること、中等、高等教育においてもすべての者の教育を受ける権利を機会均等に保障すること、保護者は、子どものために公立学校、私立学校（外国人学校を含む）を選択する自由があり、いかなる個人及び団体も教育機関を設置し管理する自由があることを保障している。また、教育を受ける権利は、非差別・平等（差別禁止原則）に保障されなければならず（社会権規約第2条2項、自由権規約第26条）、この差別禁止原則は即時実施されるべき裁判規範でもある。

■教育を受ける権利の内容と性格

　教育と学習は、人間存在にとっての本源的な構成要素であり、教育を受ける権利もまた普遍的な基本的人権として保障されるべきものである。教育を受ける権利の性質が、人間存在にとっての基盤となる本源的な権利であることからすれば、国籍のいかんを問わず、「すべての者」に保障される権利であり、この権利の実

効確保のための就学義務が課されることも普遍的価値である。

　また、この教育を受ける権利は、国家、地方自治体に対して、補助金、助成金などを含む平等な条件整備を行うことを請求する権利（社会権的側面）であるとともに、個人や団体の自主的、自律的な教育の営みについて、不当に介入したり、妨害してはならない（私学の自由）という自由権的側面をも有する複合的権利である。

　そして、外国人学校や民族学校は、外国籍の子どもたちの教育を受ける権利を充足するために、母国語による普通教育とともに子どもたちが有する民族的・文化的アイデンティティを保持・発展させる教育施設である（自由権規約第27条、子どもの権利条約第29条1項c）。

■ **すべての子どもたちの教育を受ける権利の保障と就学義務の実現は、多民族・多文化の共生社会構築の基礎である**

　日本社会は、すでに超高齢社会、人口減少社会であり、多民族・多文化社会でもある。このような日本社会の現状において、多くの外国籍の子どもたちが不就学状態に放置され、「教育を受ける権利」が侵害されている現実を見逃してはならない。日本社会において、日本国籍の子どもたちとともに生き、未来を担う外国籍の子どもたちに、国際人権法に準拠した「教育を受ける権利」を、非差別・平等に保障することは現代日本の重要な人権と共生の課題である。未来に責任を負う日本国家と社会は、この重要な課題解決のために、従来の政府や判例による日本国憲法第26条の「教育を受ける権利」に関する憲法解釈を改め、国際人権条約に適合する「すべての子どもたちの教育を受ける権利」の保障と「就学義務」の実施を実現し、多民族・多文化の共生する社会の基盤を構築しなければならない。

（丹羽雅雄）

就学前の子どもたちへの支援

■日本生まれ、日本育ちだから、日本人と変わらない？

　日本生まれ日本育ちの子どもたちが増加して（1章03）、小学校に入学するようになった。しかし、親の言語（母語）が日本語ではないため、0歳からの言語環境によって大きな差が生まれる。入学後も日本人と同様の言語能力を習得していく子どももいるが、多くの子どもは学年が進むにつれて難しくなる学習言語が理解できず、学年相当の学力をつけることができない。また、日本生まれでも、保育園や幼稚園に通わず入学したため、日本語が話せず、集団生活にも馴染めず、学校生活に慣れるのに苦労するというケースもみられる。

　こうした課題に対して、愛知県は2006年に全国に先駆けて「公立学校早期適応プログラム（プレスクール）事業」を開始し、3年間の実践で得られたノウハウや教材などを基にして、2009年11月にプレスクールを企画・運営・指導する際に活用できる『プレスクール実施マニュアル』を作成した。プレスクールは、小学校入学までに子どもが準備しておく必要があること、保護者が知っておくべきこと、すべきことを周知させる場となっている。

■小学校入学後からでは遅い

　文部科学省は、1991年から「日本語指導が必要な外国人児童生徒の受入状況等に関する調査」や日本語指導のための教員加配、研修、教材・資料作成などさまざまな施策を講じてきたが、就学前の子どもに対しては手付かずの状況が続いた。

　2008年秋の経済危機後、親の失職により不就学・自宅待機となった就学年齢の外国人の子どもを対象に、原則6か月間日本語や教科指導等をする教室を設置して、公立学校へ円滑に就学できるように「定住外国人の子供の就学支援事業（虹の架け橋教室）」（2009〜2014年）が実施された。この事業で、保育園や幼稚園に通っていない就学前の子どもたちの課題が顕在化し、2011年からそうした

子どもたちも支援の対象になった。

■プレスクールの現状とこれから

　現在、愛知県、岐阜県、三重県、静岡県、神奈川県などにあるいくつかの市町で、小学校入学前の子どもを対象にプレスクールが実施されている。実施主体は、国際担当部局、保育担当部局、国際交流協会、教育委員会、学校、NPOなどで、指導員は、市町で雇用の職員、ボランティア、NPOスタッフ、教員経験者、日本語ボランティア、学生などである。実施期間・実施回数も、1年を通して週1回のところから、11月～3月に週2回、2月～3月に10回などさまざまである。

　今のところ、入学前の限られた期間と場所で行われているが、0歳から小学校入学までの日常の言語環境も含めた支援を具体化する段階に入ったと言える。

■日本で子育てをする保護者への情報提供と相談窓口が大切

　愛知県は2016年に初めて「子育て外国人の日本語習得モデル事業」を始めた。「外国人保護者等に対して、外国人の子どもの乳幼児期における言語習得に必要な事項を周知させるとともに、子どもの成長に従って保護者に必要となる日本語能力を向上させるきっかけを提供することを目的」としている。親が片言の日本語ではなく自信をもって話せる言語で話しかける、積極的に子どもとかかわり合って子どものことばを増やしながら親子の絆を深める、2つ以上の言語が使える環境を大切にするなど、複数言語環境にある子どもの乳幼児期における言語習得の留意点は、保護者だけでなく、乳幼児健診等でかかわる保健師、保育・幼児教育関係者も知るべき情報である。早期に対応することで、親と円滑にコミュニケーションができる言語能力を育て、学校では日本語で学習に取り組めるようにし、問題がある場合は相談窓口で対応して発達支援センターにつなげることもできる仕組みは今後ますます必要とされる。

　地域にある児童館（児童センター）、子育て支援センター、図書館などを外国人親子も利用できるように工夫して、日頃から日本人親子と外国人親子がふれあう場、子育て支援の場にすることが望まれる。

（松本一子）

日本の学校のなかで

■日本のなかの外国人

2020年末の時点で、日本に在住する外国人の数は、人口の約2.3%にあたる288万人余りである（巻末資料I-1）。全人口に占める外国人比率は、50年前の1970年には0.6%（総数は約60万人）であった。この四半世紀のうちに、その比率は2.5倍ほどになったことになる。

とはいえ、約2.3%（約40人に1人が外国人）という比率は、グローバル化が加速度的に進行しつつある世界のなかではそれほど高くない。OECDの統計（2018年）によると、主要国のなかで最も外国人の比率が高いのが、ルクセンブルクで49%、以下スイス24%、オーストリア16%、ドイツ13%、ベルギー12%、スペイン10%、イギリス9%、アメリカ7%などとなっている。アジアの隣国である韓国の数値は2.3%余りで、日本と同水準である。

統計上はそのようになっているが、日本における外国人のプレゼンスは、実質的にはこの20〜30年の間に著しく高くなってきている感がある。例えば、佐久間の近著（佐久間孝正『多国籍化する日本の学校』勁草書房、2015年）では、イギリス・ロンドンのタワーハムレット地区（アジア系マイノリティの集住地区）と東京豊島区（池袋周辺）との比較がなされ、日本の急速な多国籍化・多文化の様子が詳細に描き出されている。

■日本の学校への就学

外国籍の人びとにとって、日本の小・中学校への就学は義務ではなく、「恩恵」として与えられているものであるという事実はよく知られている。日本人は日本の学校に行かねばならないが、外国人は行っても行かなくてもよい。その結果、外国籍の子どもたちは、親の都合やその他の事情によって不就学状態に陥るリスクをかかえこむことになる。

やや古いデータになるが、2002年の時点での外国人集住都市の不就学率は、

「40％以上」（鈴鹿市・大垣市）、「30％以上40％未満」（可児市・太田市・大泉町・湖西市）、「20％以上30％未満」（飯田市・美濃加茂市・磐田市・浜松市）などと押しなべて高い数値を示しており、一ケタ台にとどまっているのは豊田市のみ（9.1％）である（小島祥美『外国人の就学と不就学』大阪大学出版会、2016年、31頁表）。最近の新聞報道によると、2010年国勢調査では、7〜14歳の外国人の子どもの16％の約1万3000人が就学状況「不詳」と分類されていることが判明している（日本経済新聞、2016年3月14日付）。

　宮島は、2011年時点でのデータをもとに、「不就学率は、初等教育年齢の外国人の5％から1割の範囲となろう」（宮島喬『外国人の子どもの教育』東京大学出版会、2014年、74頁）と指摘している。他方で、外国籍の子どもたちのなかには、各種の外国人学校（インターナショナル・スクールを含む）に通う者もおり、同じく宮島は、このグループを「最大限に見積もっても2万人程度ではないか」と推測している。「2万人」という数値はほぼ、当該年齢層の10％程度ということになる。したがって、外国籍の子どもたちのうち、1割弱が「不就学」、同じく1割弱が「外国人学校への就学」ということになる。逆に言うなら、「8割強」の子どもたちが日本の学校に在籍しているという勘定になる。

■学校のなかで

　筆者が外国人の子どもたちの教育支援というテーマを扱いはじめてほぼ20年が経過する。初期の調査研究において私たちは、彼らが日本の学校で直面する課題を大きく4つに分けて把握した（志水宏吉・清水睦美『ニューカマーと教育』明石書店、2001年）。すなわち、「適応の問題」「言語の問題」「学力の問題」「アイデンティティの問題」である。それ以降、事態に変化はあっただろうか。

　たとえば鷹田（鷹田佳典「多文化社会と教育の社会的公正」宮島喬他編『公正な社会とは』人文書院、2012年）は、「ニューカマー中学生の学習困難」に焦点をあてた最近の論文で、以下のような諸課題を提示している。学校生活上の課題としては「国際担当スタッフの少なさ」「母語能力の未発達」「ロールモデルの不在」など、また、家庭背景の問題として、「脆弱な経済基盤」「不確かな滞在予定」「日本の教育制度に対する知識不足」「家庭学習の難しさ」など。これらの項目は、筆者らが1990年代後半に首都圏の公立小・中学校で参与観察調査を行ったとき

に見出されたものとほとんど変わりがないものである。

　2014年度から、日本語指導が必要な児童生徒に対して、「校長の責任」のもとで「特別の教育課程」（年間10単位時間から280単位時間までを標準とする、原則として「取り出し」指導）を定めることができるようになった。これまで全く制度的な裏づけがなかった日本語指導の領域に、遅ればせながら初めて制度的整備がなされたことになる。しかしながら、「特別な教育課程」を設定するかどうかは、あくまでも個々の学校の判断に委ねられるというのが現状である。

　一定数の外国籍の子どもが在籍し、加配教員等が配置される場合はまだしも、そうした措置がとられない、いわゆる「少数在籍校」においては問題がより深刻である。なぜなら、日本の学校にどううまく適応できるかは、その子ども自身の適応能力および担任教師等、身近にいる教師の個人的な指導力量に依存することになるからである。残念ながら、日本の教育制度および学校文化は、いまだに外国人の子どもたちにとって「やさしい」ものとはなっていないと言わざるをえないのが現状である。

■必要とされる視点

　外国人の子どもたちのために、日本の学校はどう変わらなければならないか。

　第一に強調しておきたいのは、関西の外国人教育の伝統のなかで培われてきた「ちがいを豊かさに」という視点の再評価である。私たちは、これまで「外国人の子どもたちの日本の学校への適応」を主として問題にしてきたが、今求められているのは、「外国人の子どもたちに対して日本の学校がどう適応できるか」という発想の転換である。その鍵になるのは、文化や言語の「ちがい」をハンディキャップとしてではなく、互いにとっての「豊かさ」をもたらすリソースとして捉える見方である。

　第二に、外国人の子どもたちを「滞在」あるいは「定住」する存在としてだけではなく、「移動」する存在として捉える認識の転換も必要である。国境を超える人びとの移動は、「母国」と「出稼ぎ先」あるいは「移民先」といった固定的関係の範ちゅうを超え、きわめて多様化・流動化している。公教育システムのあり方も、そうした動向に極力マッチしたものに再編成されなければならない。

（志水宏吉）

04 「適応指導」とは
──学校における教員の役割

■**学級担任の大切さ**

　教員の役割は大きい。生活習慣や日本語の習得、学習適応から進学指導を含め
たキャリア教育に至るまで、すべてが学校を舞台におこなわれるからだ。一方、
文科省「日本語指導が必要な児童生徒の受入状況等に関する調査（2018年度）の
結果について」によれば、日本語指導を要する子どもの在籍は、「5人未満在籍
校」の少数在籍校が圧倒的に多い（外国籍で74.2％）。これら少数在籍校は日本語
通級指導教室などほとんどないことから、子どもに最も身近な学級担任の役割は
特に大きい。

■**情報を生かす**

　文科省は、外国につながる子ども支援のためのサイト「CLARINET」（http://
www.mext.go.jp/a_menu/shotou/clarinet/main7_a2.htm）を開設し、情報を発信し
ている。「外国人児童生徒受入の手引き」には、管理職や担任それぞれの役割が
明記されているほか、「就学ガイドブック」が8言語で入手できる。「かすたねっ
と」のコーナーには、全国自治体や学校が作成した翻訳文書などが集約され、使
い手が適宜つくり換えて利用できる。教員がその気になれば活用できる情報は、
近年格段に入手しやすくなった。しかし残念ながら、「CLARINET」や手引き等
の存在は、未だじゅうぶんに周知されていない。

■**子どものサバイバルに気づく**

　小中学校教員の多くは、「手に負えなくて困っている」という切迫した悩みを
抱えている。相談を受け、日本語指導方法や配慮事項を話し、積極的な支援を伝
えるが、その後の連絡が来ることはあまりない。心配でこちらから連絡すると、
「もうだいじょうぶ」という言葉に次いで「いまは教員の顔を見て話を聞く」「授
業に参加できるようになった」「問題点は見当たらない」などの答えが返ってくる。

言語も習慣も異なる世界に置かれた子どもは、早く「自分だけ違う」状況を抜け出そうと必死だ。人の話が分かったように装う術を身につけ、授業中も周囲の生徒と同じように振る舞うことを覚える。しかし、本当は何も理解していない。自分が劣っていると見えぬよう、必死で身につけたサバイバル術は、皮肉にも本人をさらに追い込む。困難を回避したのは教員だけで、「だいじょうぶ」になったのは教員自身にほかならない。

■すべての教員が関わる

2014年4月、学校教育法施行規則の一部改正を伴い「特別の教育課程」が施行され、外国につながる子どもに対する日本語指導の必要性があらためて指摘された。これは、学校が実施する具体的な支援について定めたもので、「該当児童生徒が1人でも在籍すればその学校の責任において支援する」「日本語指導は通常の授業について行けるまでおこなう」などの主旨が書かれている。このことは、従来は一部の教員が関わってきた外国につながる子どもの教育について、これからはすべての教員が関わる必要があることを示している。多くの外国人が定住もしくは永住の傾向を強めるいま、その子どもに対する教育は、生活指導や日本語指導にとどまらず、高校や大学への進路指導や、自己実現に向けたキャリア教育まで幅広い。教員が学ばなければならないことは、膨大だ。

■大切なこと

大切なことは、「外国につながる子どもの支援は、外国人の子どものためだけでない」ことを、学校や社会が認識することだ。言葉も習慣も分からなかった級友が、周囲の支援により成長する過程を、日本人の子どもが共有し体験することは、豊かな心を育む生きた教育活動にほかならないからだ。反対に、不登校になったり、進学できなかったりする姿に接することが、豊かな心を育むとは考えられない。これまでは、外国人の子どもという異なる存在を、どう適応させるかという取り組みが中心だった。しかし、多様性を認め合う豊かな社会を形成するためには、受け入れ側を含めた双方がどう適応し合うべきか考えることが大切だ。学校現場は、この新しい視点に立った実践に、早急に取り組む必要がある。

（若林秀樹）

日本語教育
——社会参加のための「ことばの力」を育む

■子どもたちは日本語の獲得とともに世界を広げる

　外国人の子どもたちは、日本での生活・学習経験を通して、日本語を発達させる。同時に新たな知識や技能を身につけ、物事の見方や考え方を多様化・複雑化させ、己の世界を広げていく。かれらにとって日本語は、いわゆる「外国語」ではない。「生括のための二番目の言語」として人としての成長の根幹を支えるものなのであり、その教育は全人的教育といってもよいであろう。その日本語教育を担っているのが学校の日本語学級や地域の日本語教室などである。以下では、学校で行われている日本語指導を、計画の立て方と実践事例で紹介する。

■日本語指導の指導計画——プログラムの組み合わせにより設計

　学校で取り出し指導として実施されている日本語指導のコース（一定期間の教育内容・方法に関する計画）デザインのモデルが次頁の図である（文部科学省『外国人児童生徒受入れの手引き』2011より筆者が作成した）。各現場で、実情に合わせて①～⑥のプログラムを組み合わせて指導計画が設計されている。

　来日直後に健康・安全・関係づくり・学校生活の各場面で緊急性の高い表現を、行動する力として学ぶのが①サバイバル日本語プログラムである。同時に、日本語の知識・技能を高めることを目的とする②日本語基礎プログラムで、文字・表記、語彙、文法・文型を学んでいく。小学校高学年以上であれば、特定技能に焦点化した③技能別プログラムも導入する。一定程度口頭コミュニケーションの力が高まった段階で、④教科と日本語の統合学習プログラム（文部科学省開発「JSLカリキュラム」等）を開始し、教科学習参加のための日本語の力を高める。その他、在籍学級の教科学習の進度に合わせて必要に応じて行う⑤補習や、⑥の母語・母文化を保持・育成する活動、将来像を描きキャリア認識を形成する活動などを配置して、他の教育領域と関連づけて実施する。重要な点は、子どもの成長・発達に合わせ、日本語と内容とを結び合わせて包括的に設計することである。

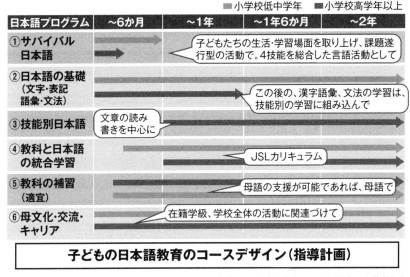

子どもの日本語教育のコースデザイン（指導計画）

文部科学省『外国人児童生徒受入れの手引き』より筆者作成

■日本語教育の実際──事例より

Aの周囲の机にはクラスメイトの写真が載せてある。教師（T）が、それらの写真を指差してクラスメイトの名前を言うと、Aも真似て発話する。そして、

T：じゃあ、えりさんはどこにいますか。どこ？

A：（前の机のえりさんの写真を指差す。）

T：そうだね、えりさんはAさんの前、前にいます。えりさんはわたしの前にいます。

A：えりさんはわたしの前にいます。（補助を受けながらゆっくり）

この活動後、Aは教師に仲良しの友達について、「アンさんはどこにいますか？」と、うれしそうにクイズを出していた。

（1）「えりさんは、私の前にいます」──日本語の基礎／文型プログラム

　上は、就学後3か月の小1の児童Aを対象に行われた存在表現の授業風景である。日本語の文型とともにクラスメイトの名前や席順が学ばれ、「関係づくり」が促されている。

（2）「私の国の伝統行事」―― 技能別日本語プログラム

　次の作文は来日半年の小6児童（ネパール出身）が書いた作文（一部抜粋）である。活動の流れは、「写真」を見ながら「なんですか」「いつしますか」「なにをしますか」等のやりとりで内容を構成する、絵等で意味の確認をしつつ表現や語彙を学ぶ（下線部）。そして、表記に留意して作文し、読んで発表する。

これ（写真）はラクシャバンダンです。六月と七月の間にします。（略）おねえさんはおとうとのひたいにディカをつけて、おねえさんはおとうとにラドゥをたべさせます。おねえさんはおとうとの手にラキをまきます。（略）

　教師が、姉が弟にラドゥを食べさせる理由を尋ねると、「relationとpower」と答える。自文化への誇りと姉としての自負が表れていた。「民族的アイデンティティ」「家族内の役割」を表現する機会にもなっている。

　（3）「地域に住むベトナムの人へのインタビュー」―― 理科×母文化プログラム

　在籍学級の4年理科「生き物の成長」の学習で、ベトナム野菜を栽培している人にインタビューを行った。栽培理由を「自分の子どもたちにベトナム料理の味を伝えていきたいから」と聞き、親がつくるベトナム料理が嫌いだと言う児童がベトナム料理を少しずつ食べるようになった。「ベトナム野菜をわざわざ買って料理してくれる親の気持ちに気づいた」のだという。ベトナム語を学び始めた児童もいた。日本語でのインタビューが、自文化を価値づけ直す契機となっている。

■「これまで・今・これから」を結ぶための日本語教育

　「出身国と日本」また「家庭と学校と社会」の間の文化間移動は、学びを分断する恐れがある。子どもたちが「これまでの経験（学習を含む）」によって築いた知のネットワークを活性化してことば（日本語）に結び、そして「今・ここの学習への参加」を促すこと、つまり、ライフコースを念頭に、他の領域の教育とかかわらせながら学びの連続性を保障することが、日本語教育の役割である。それが、社会との関係づくりと社会的役割を担う力を育み「これからの社会参加」を後押しすることになる。

（齋藤ひろみ）

06 外国人の子どもに対する学習指導

■学習指導の現状

　外国人の子どもの教育の重要な柱は、就学保障、学習保障、そして進路保障である。このうち、学校が重要な役割を担うのは学習保障であり、その核となるのが学習指導である。学習指導をどのように進めるかは、外国人の子どもの教育が開始されて以来、大きな課題であり、文部科学省を中心にして、これまでいくつか施策が講じられてきた。その1つが日本語指導と教科指導を統合し、学習活動に参加するための力の育成を目指した「JSL（Japanese as a second language）カリキュラム」の開発である。しかし、授業づくりのツールだったことからわかりにくさもあり、現場に普及するには時間がかかり、まだ十分に普及しているとはいえない。

　JSLカリキュラムの普及を図り、外国人の子どもの学習指導を学校に明確に位置づけるため文部科学省では特別の教育課程の編成を行うことができるような制度改正を行った。このことで正規の授業時間内で日本語指導、教科指導ができるようになった。特別の教育課程の実施に際しては、学校教員が指導にあたること、取り出し指導を原則とすること、個々の子どもの指導計画を作成しそれに基づいて学習評価を実施することなどとなっている。特に、個々の子どもの実態に応じて指導の目標と指導内容を明確にした指導計画を策定し、学習評価を行うことを求めている。しかし、こうした特別の教育課程による日本語指導を受けている外国籍の子どもの数は小・中学生あわせて約6割（文科省「日本語指導が必要な児童生徒の受入状況等に関する調査（平成30年度）」）にとどまる。学習指導の体制は制度的に整備されつつあるが、各地域や学校ではまだ十分に実施されているとはいえない状況である。

■学習指導の基本的な視点

　外国人の子どもに対する学習指導を効果的に進めていくためにどのような視点

第5章　教育と学校

が必要だろうか。日本の学校ではすべての授業が日本語で行われるため、日本語力が十分でない外国人の子どもは、授業についていけない存在として位置づけられてきた。そうではなく、外国人の子どもは、文化間移動のために学習が分断しているというようにとらえていく必要がある。日本の学校では、外国人の子どもの母語や文化的背景が考慮されずに、学校への適応、とりわけ日本語力のみが要求される。こうした適応中心の発想から子どもたちの分断した学習をつなぐという視点が重要になる。

　そのために第一は、子どもたちの母語や母文化との関連を考慮し、学習履歴や生活背景を把握して、それを学習指導に活かすことである。日本の学校では子どもたちの母語が使用されることはほとんどなく、しかも子どもたちの母国での学習内容や方法を考慮することはなかった。学習指導は、子どもたちの母国での学習経験と現在の学習をつなぎ、そして将来の進路選択に結びつくようにしていくことである。

　第二は、学習面における小・中学校、さらには高校間の接続であり、一貫した指導体制を構築していくことである。中学生で日本に来た子どもの場合、学習指導は困難を伴うが、基礎的な学力定着のためには小学校と連携して指導を行うなどの措置が必要である。また、高校への進学希望者は増加し、高校段階で「日本語指導を必要とする外国人生徒数」は一貫して増加している（巻末資料I-11）。高校段階の日本語指導、さらに高校入学後の学習指導を明確に位置づけること、そのためには未学習の内容や理解できていない内容を学校段階をこえて系統的に学習できるような体制や支援のあり方を検討していく必要がある。

　第三の視点は、子どもの生活全体をトータルにとらえた支援の体制を構築することである。具体的には学校と学校外、特に地域と連携して指導を進めることである。地域には、日本語支援や学習支援を行うNPOやボランティア団体が多くある。学校では、外国人の子どもが少なく居場所が確保できない場合、地域の活動に参加することで居場所を確保し、仲間同士で支え合うことができるようになる。そのことで、学習習慣をつけたり、学習意欲を喚起したり、あるいは学習に自信をもつことで自律的な学習が可能になったりする。学校と地域との学習指導面での連携が必要である。

■学習指導の課題

　学習指導は、個々の子どもに対する指導と学級全体の指導の両面を考慮する必要がある。個々の子どもに対する学習指導で一般的なのは、在籍学級での個別指導や取り出し指導である。こうした指導を行う際にどのような点に留意する必要があるだろうか。外国人の子どもは、日本での学習経験がなく学習の前提になる背景知識に乏しいことが多い。しかも日本語の負荷が大きいため指導を行ううえでは一定の配慮が必要になる。まず授業の組み立て方を丁寧にし、授業の流れのなかで学習の手立てを工夫することである。例えば、実物、図表、写真、絵などの学習支援と子どもの理解や表現を促すための日本語の支援が有効である。授業中の教員のことば使いにも工夫が必要であり、単文を中心にする、複雑な文法をつかわない、子どもが知っている情報を含むようなものをとりあげる、具体的事象に焦点化する、繰り返したり、質問の復唱をしたりするなどの工夫である。このため在籍学級で学習指導を効果的に進めるには、指導する教員の研修が不可欠であり、各自治体では教員や指導者への研修を充実させていくことが課題である。

　外国人の子どもが在籍する学級で、日本の子どもを含めた指導においても工夫が必要である。学習指導に多様性という視点を取り込むことである。特に、外国人の子どもの母国や母文化を教材化することなどは重要な視点である。例えば、小学校低学年の生活科「私の国のあそび」では、外国出身の母親と子どもが主役になって、その国の遊びをクラスで教えて、みんなで遊ぼうという取り組みを行っている。そのことで、子どもの学習意欲を喚起し、興味・関心を引き出し、学習への参加を促すようにしている。子どもの母文化を取り上げることで誇りをもたせると同時に、周囲の子どもたちがそうした背景を受け入れる素地を育成することも可能になり、違う文化をもつ人への想像力や共感性を育成することに役立つ。学習指導は、子どもたちの社会関係を豊かにし、ともに学ぶ体制をつくっていくものである。

（佐藤郡衛）

第5章　教育と学校

学齢超過者への教育

■学齢超過の子どもたち

　義務教育年齢を超えた学齢超過の子どもたちは、制度の狭間にあって、その実態は十分に把握されていない。ここでは、学齢超過者を、義務教育未修了者（日本・母国）、義務教育相当を修了した者（日本・母国既卒者）とする。文部科学省は、「小・中学校への就学について（就学事務Ｑ＆Ａ）」で「中学校を卒業していない場合は、就学を許可して差し支えない」との考えを示し、外国籍の義務教育未修了者でも夜間中学への編入は可能である。しかし、義務教育相当修了者については、中学校既卒として除外されてきた経緯がある。

	学齢（6歳〜15歳）	学齢超過（4月1日現在　15歳以上）		
学びの場	義務教育 小学校 6年間 中学校 3年間	義務教育 未修了	夜間中学編入 ・日本語学級設置や日本語指導あり ・設置校は12都府県（36校）に過ぎない。	高校進学・就労
		義務教育 相当修了 （既卒・ 高校中退）	・公的に学ぶ場所がない。 ・NPO法人などの学習支援団体や、日本語学校などへ ・入学希望既卒者が条件付きで夜間中学再入学 <div style="text-align:right">（文部科学省「小・中学校等への就学について」2015年7月）</div>	

出所：文科省の見解を多文化共生センターでまとめ

■夜間中学で学ぶ

　夜間中学は、正式には市町村設置の中学校で、二部授業実施の中学校夜間学級をいう。戦後、経済的理由で就労しなければならなかった生徒に義務教育の機会を提供するため設けられ、就学機会の確保に重要な役割を果たしてきた。多国籍で様々な年代の生徒が学び、2021年7月現在、12都府県30市区に36校が設置されている。2019年度実態調査では夜間中学在籍生徒数1729人中、外国籍生徒は1384人と約8割を占め、卒業者数262人中、外国籍生徒は217人であった。また、そのうちの高校進学者154人中127人が外国籍生徒であることから、子どもたちの多くが高校進学を目指し学んでいると考えられる。（文部科学省「令和元年度夜

間中学等に関する実態調査」2020年6月）日本語指導を実施し多様な背景を持った子どもたちに寄り添った実践を積み重ねている夜間中学は、学齢超過の子どもたちにとって唯一の公教育の場である。しかし、12都府県以外に在住する子どもたちに通える夜間中学はなく、学びを保障するため各地で自主夜間中学が立ち上げられている。文部科学省は、2014年に各都道府県に1校以上の設置を整備する方針を打ち出し、初めて詳細な全国実態調査を実施し、夜間中学設置促進・充実の取り組みが始まり5校が開校された。2022年以降も、札幌市、相模原市や静岡県等々で開校を目指している。

■学ぶ場のない既卒の子どもたち

子どもたちの中には、母国で9年の教育課程を修了して来日した者や日本語が不十分なまま日本の中学校を卒業した者がいる。その多くは、学齢で来日した者と同様に日本語指導や進学のための学習や情報を必要としているが、既卒のため昼間の中学はもちろん、夜間中学への受け入れもほとんどなく、放置されてきた。その数は公的に調査もされず見えていない。子どもたちは、学びの情報を求め転々として支援団体に辿り着き、時には長期間、学びの場につながらないケースもある。「中学校に入れず、どこで勉強したらいいかわからない」「高校に入りたい」などの相談は切実である。その学びは、NPOなどの支援団体が担っているが、公的支援はほとんど受けられていない。国の「定住外国人の子供の就学支援事業（虹の架け橋教室）」では、2012年から3年間、初めて助成の対象となったが、2015年からは、事業主体が自治体となり、行政の中に担当部署のない既卒の子どもたちについての事業は、連携が難しく継続している団体は少ない。保護者や子どもたちの経済的負担は大きい。

■今後の学びの場

文部科学省は、2015年7月に「入学希望既卒者については、義務教育を受ける機会を実質的に確保する観点から一定の要件の下、夜間中学校での受入れを可能とすることが適当である」とし、既卒者の夜間中学就学が可能な方向に動きだしている。制度の狭間にいる学齢超過の子どもたちの学びを保障するためには、支援団体との連携も含め、多様で柔軟な対応が必要である。　　　　（栃木典子）

08 多文化教育
──外国につながる子どもの教育の枠組みづくりに向けて

■多文化教育とは──海外の状況

　多文化教育（Multicultural Education）は、国や研究者によって多様な意味づけがなされているが、一般に、人種や民族、ジェンダー、セクシュアリティ、障害、社会階層等によって学校で周辺化される生徒に対して教育の平等や公正を推し進めるための教育実践や教育改革運動の総称である。狭義には、人種や民族（エスニック集団）に限定して使用される場合が多い。

　多文化教育は、アメリカ合衆国やカナダ、オーストラリアなどの移民国において、1970年代以降にその実践や研究、運動、政策が進展した。その後、旧植民地出身者や外国人労働者、移民の定住化が進んだヨーロッパや、また近年ではアジアでも多文化教育を取り入れる国があらわれている。しかし、当該国や社会の多文化化の認識程度や、憲法や法律、政策文書への多文化主義や多文化教育の書き込みの有無、文化集団として認知するのか否か等によって多文化教育の目的もアプローチも異なる。国によっては異文化間教育（Intercultural Education）という用語が使用される場合もある。

　近年、多文化教育が根拠とする多文化主義へのスタンスに変化が見られる。20世紀末からの移民や難民の急増やアメリカの9.11、ヨーロッパでの移民第2世代によるテロの発生等によって、多文化による衝突・葛藤の側面が強調され、各エスニック／文化集団の差異の承認よりも国家や社会への統合が優先されるようになってきた。また、新自由主義経済イデオロギーに基づく経済合理主義に合致した多文化主義政策の登場によって、多文化教育にもグローバル社会への人的資源としての成果が求められるようになっている。

■日本における多文化教育──またはその不在

　日本に多文化教育の概念が紹介されたのは1985年である（小林哲也・江淵一公編著『多文化教育の比較研究』九州大学出版会、1985年）。しかし、それまでに同和

教育や在日朝鮮人教育に関わる実践や運動が活発に展開され、それを日本の多文化教育の萌芽と位置づけることができる。在日朝鮮人教育では、民族差別の問題を正面に据えて在日朝鮮人と日本人の関係の結び直しが試みられるとともに、文化の承認や進路保障等が取り組まれた。その後、ニューカマーの子どもが学校現場に恒常的に在籍するようになって、学校の多文化化が進行し、日本語教育や学力保障など欧米の多文化教育と共通する課題が認識されて、外国人の多い学校や地域で取り組みが進んでいる。文部科学省も、外国人児童生徒等（外国につながる児童生徒）の就学、日本語教育の充実、外国人児童生徒等に対応できる教員の養成や研修などこまめな施策を実施し、教材や教員研修プログラム、多言語文書例などを提供する情報検索サイトを開設している。ただし、施策の実施状況については自治体によるちがいが大きい。

　このように外国人児童生徒等のための施策が急速に整備、実施されるようになったのは、日本の労働力不足を補うために外国人の導入及びその定着が欠かせないことが広く認識されるようになったためである。しかし、移民という位置づけを認めない日本においては、形式上は外国人という枠組みしかない。教育基本法では教育の目的は「国民の育成」にあり、外国人の教育を受ける権利や国籍にかかわらず多様な文化的背景を有する者の文化の固有性に関する明示的な言及はない。また、外国人児童生徒等への施策は、日本語や日本文化の理解が十分でない場合が想定されており、世代を重ねて日本に暮らす外国人や外国につながる子どもは対象にならない場合が多い。

　したがって、多様な人びとがそれぞれ固有なニーズを持って暮らしていることを前提に、外国籍住民や子どもの存在の多寡にかかわらず、どのような地域でも支援へのアクセスを可能とするためには、個別の施策を支える大きな枠組みが必要である。それには、日本社会が多文化社会である、もしくは多文化社会をめざすという合意の形成も必要となる。

■学校における多文化教育の実践
　日本における外国人児童生徒等の教育に関する取り組み状況を、多文化教育の観点から見てみよう。多文化教育には、①文化的に多様な生徒を教える、②人間関係、③単一集団学習、④多文化教育、⑤多文化的で社会再建をめざす教育、の

5つのアプローチがあるとされる（Sleeter & Grant, *Making Choices for Multicultural Education,* Merrill, 1988)。

①は、外国人児童生徒の自己概念を高めて学力育成を図るものであり、昨今では日本語教育において初期指導から学力育成を重視する教科志向型JSLカリキュラムへと発展している。しかし、母語を活用した指導やバイリンガル教育はあまり行われていない。

②は、多様な背景の児童生徒間に肯定的な人間関係をつくり、ステレオタイプや偏見を減少させようとするものだが、学級集団形成を通した積極的な人間関係づくりやステレオタイプや偏見というテーマに正面から挑むより、出身国の象徴的文化を用いた異文化理解を通せば相互理解が進むとする実践が多い。

③は、各マイノリティ集団の歴史とその中で発展してきた文化について学ぶものだが、大阪など一部の学校で実施されている民族学級等を除いてほとんどない。

④は、学校文化や教職員組織をはじめ学校全体を多文化に対応できるようにつくりかえるものだが、日本では外国人教育は付加的なもので、学校の教育目標や組織運営等には反映されにくい。

⑤は、政治的経済的抑圧や差別について学び、社会的行動に結びつくスキルを学ぶものだが、かつての同和教育や在日朝鮮人教育では意識されていたものの今日の教育では弱くなっている。

■課題

日本と同様に「単一民族国家」意識の強かった韓国でも、近年は法律整備を進めて多文化教育政策を発展させている（金侖貞「多文化共生教育の社会的課題」山本他『異文化間教育のとらえ直し』明石書店、2016年）。日本の課題は、この国家レベルでの政策的枠組みの形成である。その際に、日本社会及び日本「国民」内部の多様性を承認し、多文化教育の要である社会正義と人権の保障という視点を中心に据えたものでなければならない。また、公立学校における外国籍教員の任用上の問題を解消することや、外国人学校を公教育制度内に柔軟に位置づけることも、大きな課題である。

（中島智子）

民族教育の現在

■民族教育の現況

　学校教育における在日コリアンの民族教育には、大きく２つの分野がある。１つめは民族学校であり、２つめは公立学校における民族学級等の取り組みである。

　民族学校とは在日コリアンの子どもたちを主な対象として、朝鮮半島の言語や文化、歴史の教育を通して民族意識を涵養する教育を行う学校のことを言う。民族学校にも２種類あり、１つは学校教育法134条に基づく各種学校認可された学校で、もう１つは学校教育法第１条に基づく学校である。各種学校には全国の朝鮮学校と東京の東京韓国学校がある。１条校には、大阪の白頭学院建国幼小中高校、大阪金剛インターナショナル小中高校、そして京都の京都国際学園中高校がある。

　民族学校は全国に72校あり、朝鮮学校が28都道府県に68校。在籍児童生徒は朝鮮大学校から幼稚部まで6000人余りが通学している。韓国系学校が３都府県に４校あり、高校から幼稚園まで約2000人が通学している。

　それらとは別に、学校名に「コリア」を冠し、在日コリアンが経営を主導するコリア国際学園が大阪府にある。なお、ここは当初からインターナショナルスクールを自称していることから、民族学校に分類することは難しいと考えられる。

　一方、公立学校における民族教育として大阪府、京都府内に「民族学級」（名称は多様）が設置されており、兵庫県内にも学校と社会教育をまたいで開講する「民族学級」（神戸市）が存在している。また、戦後直後までさかのぼる歴史をもち、在日コリアンの指導者が主に日本人の子どもたちに韓国朝鮮文化を教える放課後学級が福岡県（北九州市）と愛知県（岡崎市）において開講されている。

　「民族学級」とは、公立学校に在籍する韓国朝鮮の子どもたち（国籍は多様）を主な対象とし、朝鮮半島の言葉や文化、歴史を学ぶ教育課程外の活動を言う。数が集中しているのは、在日コリアンの集住都市大阪で、大阪市、堺市をはじめいくつかの衛星市の約180校の小中学校に民族学級等の取り組みが開設されている。ちなみに、京都では京都市の２小学校に設置されている。

第５章　教育と学校

■朝鮮学校の扱いの不当性が争われている裁判

　2016年3月、文部科学省は都道府県知事あてに朝鮮学校への補助金支給の適正性や公益性を確保するよう求める通知を出した。大臣名によるこの通知は、「北朝鮮と密接な関係を有する団体である朝鮮総連が、その教育を重要視し、教育内容、人事及び在籍に影響を及ぼしている」との見解を示したうえで、「朝鮮学校の運営に係る上記のような特性も考慮の上、補助金の公益性、教育振興上の効果等に関する十分なご検討と補助金の趣旨・目的に沿った適正かつ透明性のある執行の確保」を求める内容となっている。日本弁護士連合会は同年7月、会長声明を発表し、「具体的な事実関係を指摘することなく、上記のような政府の一方的な認識のみを理由として、数多くある各種外国人学校のなかの朝鮮学校のみを対象として補助金交付を停止するよう促しており（省略）、同通知を受けて、実際に補助金の打ち切りを検討する自治体が出てきている」と警鐘を鳴らした。また、「合理的な理由なく他の学校に通う子どもたちと異なる不利益な取扱いを受けることは憲法14条、教育基本法14条、国際人権諸条約が禁止する差別に相当する」と指摘したうえで、この通知の撤回と補助金が支出できるよう地方自治体に配慮を求めた。このことが報道された9月、松野博一文部科学大臣は定例の調査の一環であったことを強調したうえで、「朝鮮学校への補助金を停止、減額するよう促す意図をもつものではない」「そういった懸念がもし地方にあるとすれば趣旨を適切に伝えていきたい」と述べた。

　2021年7月27日、最高裁は朝鮮学校側の申し立てを棄却した。高校無償化における朝鮮高級学校の排除を不当とし、その撤回を求める裁判が東京、愛知、大阪、広島、福岡の各地裁で続いた。すべて15回に及ぶ司法判断が下されたが、2017年7月の大阪地裁の勝訴をのぞいてすべてで敗訴した。この最高裁判決をもって、無償化をめぐるすべての裁判が終了した。なお、国連の各種人権委員会は、日本政府に差別にあたるとして、この判断を撤回するよう勧告を出している。

■韓国人学校の第二校舎建設をめぐって顕在化した排外主義

　2014年7月に舛添要一東京都知事が訪韓し、朴槿恵大統領との会見に臨んだ際、韓国側から東京都内の韓国人学校が児童生徒の増加で、第二校舎建設の希望が出ていることを伝え、その協力を求められた。これを受けて舛添知事は候補地の検

討を始めることを明らかにした。新宿区内の都立高校の跡地が候補地になり、2017年4月から貸し出すことを都は発表した。しかし、この決定に保守系の世論が反発。都有地を無償で提供するとの事実無根のデマが飛び交ったほか、一部のメディアもこれに加勢、さらに地元住民も保育所増設の要望が先にあったはずだとして都知事の独善性に大きく反発した。この問題では排外主義を扇動するグループなどによって、韓国人学校がヘイトスピーチの標的にもなった。

2016年6月、自らの豪華外遊や不明朗な政治資金問題で舛添都知事は辞任。その後任者を選ぶ都知事選挙戦で、「韓国人学校」問題を白紙化すると公約した小池百合子元防衛大臣が当選。韓国人学校の第二校舎建設問題は振り出しにもどり、オリンピック・パラリンピック終了後、進展はみられていない。

■民族学級などの取り組みに対するいやがらせ

2021年6月、大阪府内の民族学級について西野弘一・大阪府議会議員が、「東大阪市の某小学校で行われている民族教育が許せない。日本人の子にハングル名をつけ、点呼などの際に本名でなく、それを使っているとの事」として、Twitter上で誹謗中傷する発信を始め、それが執拗にいまも続いている。この学校の校区には、在日コリアンの集住地区があり、戦後しばらくして民族学級が始まった。民族教育、国際理解教育を学校計画の柱に据えて取り組んでいる。府議が「日本人」に「ハングル名」と指摘したのは、日本国籍のコリアルーツの児童で、家族史にも関わる朝鮮半島のルーツを大切にするという学習活動のなかで、名前を韓国語発音で呼んだというもの。府議にこの児童の保護者の不満が伝わったことから、中傷が始まった。学校側は、保護者との意思疎通に不足があったことを認め、指導方法の改善を進めることを約束し、すでに実行がされている。

一方、府議は学校名をあげてTwitterやYouTubeで発信を続け、一部国会議員がそれに同調した。また、産経新聞も記事化。学校現場は対応に追われ、学校への直接的な攻撃などの非常事態を心配し、地元警察に相談する事態にもなった。一方、民族学級の取り組みを守ろうとの動きも活発化し、公明党政策調査会文部科学部会（部会長：浮島とも子衆議院議員）は、文部科学省との2022年度の概算要求の場で、この問題を取り上げ、文部科学省として後押しすることを萩生田大臣に要請した。

（金光敏）

10 義務教育以降の進路
——進学の道をどう開くか

■高校在籍率は4割台

　2018年の日本の公私立の高等学校の外国人の在籍者は約1万5000名である（文部科学省「学校基本調査」）。10年前に比べ1割増程度だが、減少著しいコリアン高校生を脇に置くと、ニューカマー高校生の在籍数は2割は増えている。外国人学校、国際学校の高等部も含めると、1万7000〜1万8000名となろう。

　それでも、対中学生比は6割程度であり、15〜17歳の外国人総数に対する割合は50％台と推定され、日本人生徒の高校在籍率に比べるとかなり低い。理由に、海外からの来日者で高校受験の準備ができていない、日本語等の困難があり進学が困難と感じる、入学後に中退する、帰国を予定しているので高校には行かない、等々がある。だが、今日家族を伴う外国人は7割以上が定住の可能性が高いとみられ、その子どもたちが高校に行かず中卒以下で終われば、底辺の仕事に就くほかなく、厳しい未来が待っているのは明らかだ。

■入試制度が分らない、しかし情報共有へ

　進学しようにも高校入試制度がよく分からない親子は多かった。15年ほど前のS県の外国人調査では、ブラジル人の親たちで、子どもの就学先に「日本の高校」と答えた者は15％にも満たず、教育制度・入試に関する説明会を希望するという回答が4割以上に及んだ。一方、子どもたちは、次第に一歩先の現実を見始め、最近では「高校に行かねばならない」と考えるようになっている。教員や学習支援ボランティアたちも、進学という目的をもつように生徒たちを励ましている。

　どうすれば進学の道が開けるか。教員は日本人生徒の指導に時間をとられ、外国人生徒への特別な指導に十分関われず、塾に通うのがむずかしい彼・彼女らに地域学習室のボランティアが親身になって教え、指導しているケースもある。だが、そうした機会をもつ生徒は一部である。やや明るい展望として、かなりの県

図表　外国人中高在籍者数の推移

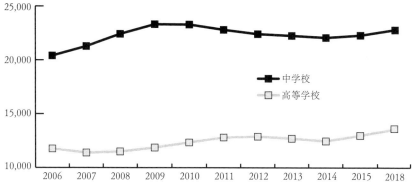

	2010 年度	2015 年度	2018 年度
日本の中学校に在籍する外国人　A	23,276	22,281	23,963
日本の高校に在籍する外国人　B	12,338	12,979	15,217
B／A	0.53	0.58	0.64

出所：文部科学省「学校基本調査」より筆者作成

で、有志の教員が教育委員会の協力を得て、学校の枠を超えた合同の「日本語を母語としない生徒のための高校進学ガイダンス」を開催するようになった。生徒の言語グループごとに通訳が付き、「高等学校とは何か」に始まり、受験制度の丁寧な説明が行われている。真剣に耳を傾け、進学への希望を強めていると思われる生徒の姿をみる。

■日本語の指導が必要な中学生、３分の１を超える

　従来、義務教育ではない高等学校は、「中学校若しくはこれに準ずる学校を卒業した者、……又は文部科学大臣の定めるところにより、これと同等以上の学力があると認められた者」が入学を認められるとし（学校教育法第57条）、入学の選抜をする「適格者主義」をとってきた。だが日本人生徒のほとんどが高校に進む今日、全入主義の意見も強まっており、外国人生徒、外国につながる生徒の増加もこれに一石を投じつつある。

　文科省の隔年施行の調査では「日本語の指導を必要とする」者は、公立中で外国人在籍者の44％に及ぶ。日本国籍の外国につながる生徒2000余名もこれに当たる。この生徒たちは、学年相応の学習言語をマスターしていないと判定される、言いかえると学力が必要レベルに追いついていない者である。こうした層も含む外国人生徒をある制度の下に高校に受け入れる試みが始まっている。すなわち、日本語のハンディキャップを負い、日本の学校の教科の学習にも十分参加できていない生徒に日本人生徒と同じ条件で受験をさせれば、不利が目に見えているから、その不利をカバーする特別措置を行うというものである。適格者の選抜とは異なる考え方である。

■進められる外国人生徒特別入試制度

　実際、相当数の都府県が外国人および外国につながる生徒のための特別入試・入学枠制度を実施するようになった（巻末資料III）。県内の公立高校のうちから複数の高校を指定し、定員数枠を決め、一般入試とは異なる学力検査を行い、定員枠まで合格させるというもので、志願資格は、単に外国籍というだけでなく、「来日後3年以内」といった条件を付けている場合が多い。全国でも最多の定員枠を定めている神奈川県の「在県外国人等特別募集」では、実施校13校、募集人員は計145名となっている（2019年度）。

　学力検査の方法は、3教科（一般受験では5教科）と面接（神奈川県）とか、数学、英語、作文（母語や強い言語でも可）（大阪府）などがとられ、日本語の学習言語に不利を負っている生徒の負担を軽減している。

　けれども多くの県が採用している特別入試の受験資格「来日後3年以内」については、短すぎる、生徒の状況によって不利の度合いが違うので画一的に決めるべきではない、という意見もある。例えば非漢字文化圏出身の生徒には短すぎる期間制限のようである。この点、大阪府が小学校4年以上に初めて編入学したことを条件にしていて注目される。

　なお、一般入試による場合、神奈川の場合では外国人合格者の4分の1以上は定時制に進んでいる。大部分が希望するのは全日制だが、自分の行きたい高校にはなかなか進学できない。

■高校での日本語支援、学習支援の必要

それゆえ入学を果たす外国人高校生も多様化しており、全国では「日本語の指導を必要とする」者が約18%を占める。とすれば、「高校でも日本語指導、学習支援は引き続き継続されなければならない。むしろ、これはいっそう重要な課題となるとさえいえる。授業についていけなければ、それは中退を結果しやすく、その時点で当人の社会的位置を半ば決定してしまうからである」(宮島喬『外国人の子どもの教育』東京大学出版会、2014年)。

対応は始まっており、日本語指導教室を設置しているケースもあれば、教科に関わる言語の指導を当の教員自身が行っているケースもある。また、学習支援NPOとの連携により指導体制をつくっている県もある。今のところ文部科学省による指導の方針や基準はなく、都府県や各学校に委ねられている。外国人生徒たちが進学するだけでなく、学習に成果を上げ、修了できるため、この支援体制は強化されねばならない。

なお、高校教育の無償化は進んでいるが、広義の学習費の負担は少なくない。所得が十分でない外国人家庭にはなお厳しい。本人のアルバイトにも限界はあり、外国人生徒も応募しやすい奨学金制度の拡充が望まれる。

さらに高校卒業後、進路は、就職、専門学校へ、または大学へということになり、子どもならぬ成人の進路の選択の問題にはなるが、やはり支援のシステムは必要である。大学でも、留学生ではない日本育ちの外国人の受験しやすい制度を模索する動きは出始めている。

（宮島喬）

11 社会で「見えない」
不就学の外国人の子どもたち

■外国籍者の就学扱い

　日本の公教育において、外国籍者はいまだ就学義務の対象とされていない。就学義務は親が子どもを学校に通わせる義務だが、子どもの立場からすれば、就学義務の確立によって自らが教育を受ける権利が制度的に保障されることになる。つまり、実際には外国籍の子どもの就学を「恩恵的」な形でしか許可しておらず、親あるいは保護者が就学手続きをしない限り、その子どもは不就学の状態におかれてしまう。さらには、就学義務の対象外という扱いは、学齢期の子どもが自ら小中学校を退学することも、親が子どもを退学させることを可能にすることも意味する。

　筆者は2003年4月からの2年間、外国人が多く暮らす岐阜県可児市において、行政や民間団体と協働し、外国籍の子どもの就学実態調査に挑んだことがある（小島祥美『外国人の就学と不就学－社会で「見えない」子どもたち』大阪大学出版会、2016年）。同市に暮らす（当時の外国人登録のある）学齢期（小1〜中3）のすべての外国籍の子どもの家庭を訪問した結果、出生場所や日本語力の有無でなく、日本国籍を有していないことで就学が保障されていない実態が明らかになった。さらに驚くことに、不就学が児童労働にもつながっている実態もわかった。日本の法律では15歳以下の子どもを雇用することを禁じているにもかかわらず、学校に通っていなかった外国籍の子どもの多くが就労していたのである。就学児であっても、弟や姉の世話や日本語がわからない保護者の通訳として病院に付き添うために学校を欠席する、ヤングケアラーの姿はこの当時から珍しくなかった。

■自治体ですぐにできること

　2019年、国は初めて外国籍の子どもの就学状況を把握する全国調査を行った。これは、外国人の子どもに携わる者たちの悲願であった。外国籍の不就学児は、これまで国が何の方策もないままに自治体任せにした「無責任さ」によって、社会で「見えない」子どもとされてきた。そのため、不就学問題の解決には実態把

握が必須とされ、解決を願う人たちの手によって、これまで数々の調査や試みが行われてきたからである（小島祥美「外国籍の子どもの不就学問題と解決に向けた提案－20年間の軌跡からの問い直し」『異文化間教育』54,78-94、2021年）。

　2019年5月1日を基準日にした学齢期の外国籍の子ども（12万3830人）のうち、就学児（義務教育諸学校9万6370人、外国学校等5023人）は10万1393人（81.9％）で、2万2437人（18.1％）は学校に通っていない（就学児ではない）ことが明らかになった（文部科学省「外国人の子供の就学状況等調査結果（確定値）について」）。全体の約5人に1人に相当する子どもが学校に通っていないという状況は、「小学校に通っていない子どもの割合が世界で最も高い地域（サハラ以南のアフリカ地域）18.8％」の割合とほぼ等しい。

　同調査では、各種規定の整備状況も把握された。その結果、教育委員会の事務組織に関する規則における「外国籍の子どもの教育」に関する分掌規定の明示について、すべての市町村教育委員会（1741自治体）の92.3％が「明示していない」ことが明らかになった。つまり、国が外国籍者を就学義務の対象にしていないことで、ほとんどの自治体では外国籍の子どもの教育に関わる業務が、「担当者しだい／まかせ」になっているといえよう。さらに、地方公共団体の規則等における外国籍の子どもにかかわる就学案内や就学に関する手続き等にかかわる規定の状況についても、全体の96.3％が「規定していない」ことがわかった。加えて、自治体での就学状況把握の困難も把握され、「外国人に就学義務が無いことから、各家庭に踏み込んでの確認は難しい」などの法的根拠の不在、「保護者から『日本の学校に通わせるつもりはない』と申し出があった場合は、就学させていない」などの保護者から理解を得ることの困難さ、「外国人の出入りが多く、就学状況の把握に大変苦労している」などの出入りの多さに伴う困難が主な理由であった。

　国の方針が何らないなか、自治体にも限界がある。だからといって、放っておくべきことではない。就学義務の対象外という扱いのなかで外国籍の子どもを「誰一人取り残さない」ために一自治体ができることとして、外国籍者の教育に携わる業務を「職務」と位置づけ、個別の就学異動までも把握できる規定づくりがあげられる。すでに26の自治体では独自で規定を定めており（小島祥美「外国につながる子どもをめぐる教育30年間の動向」『Q&Aでわかる外国につながる子どもの就学支援-「できること」から始める実践ガイド』p.12-27、明石書店、2021年）、そ

のなかの1つに前述の可児市がある。2005年度から開始した同市での「不就学ゼロ」の取り組みは、15年経過しても継続する。

■守られていない命

国主導による初めての全国調査では、インターナショナルスクールやブラジル学校、朝鮮学校などの外国人学校（次節参照）に通う子どもは「就学」とされた。だが、実際はこれらの外国学校を国は「学校」と扱っていない。学校を法的に区分すると、学校教育法第1条で定めるところの日本の学校（以下、1条校と略す）、専修学校、各種学校の3つとなる。1条校では教員資格や教科書使用などが制限されるため、また専修学校については、学校教育法124条で「我が国に居住する外国人を専ら対象とするものを除く」と定められていることから、外国学校は事実上、各種学校しか選択肢がない。そのため、インターナショナルスクールは1条校から無認可まであるが、ブラジル学校は一部が各種学校であとは無認可、朝鮮学校はすべて各種学校という現状である。

各種学校とは、学校教育法第134条で定められた、都道府県知事が認可した学校で、自動車学校などが該当する。現行では、学校健康・学校安全の対策にかかわる「学校保健安全法」「独立行政法人日本スポーツ振興センター法（災害共済給付付）」「学校給食法」について、各種学校は対象外とされている。つまり、外国学校に通う子どもは、公費で健康診断さえも受診できないのだ。そのため、筆者はこれまでに複数のブラジル学校で医師や自治体などの協力を得て健診を行ってきたが、初めて日本で健診を受けた子や十分に両目で見えない子どもともこの間に出会ってきた（小島、前掲）。このような現実から、文部科学省の調査では「就学」と計上されている「外国学校等」に、不就学児を加えた計2万7460人の子どもの命が法的に守られていないといえるだろう。その割合は、なんと、全体の約4人に一人に相当する。災害レベルでCOVID-19感染症の感染が猛威を振うなかで本稿を執筆しているが、この現実を一刻も早く改善しなければならないことは言うまでもない。

日本で就学していないこととは、その子どもの命の所在不明を意味する。よって、外国籍の子どもの就学と命を守るためにも、国および自治体には、外国籍の就学把握を重要視した制度の確立をこれまで以上に強く望む。　　　（小島祥美）

12 「外国学校」の現在

■「外国学校」というユニバース

　これまで「外国人学校」と呼ばれてきたものを、本稿では「外国学校」と呼びたい。ブラジル学校を支援してきた立場から、本人たちが"escola brasileira (Brazilian school)"と呼ぶものを「ブラジル人学校」と呼ぶことに違和感をもって久しいが、考えれば、どの学校も自分たちのことを「○○人学校」とは呼ばない。「外国人学校」とは慣例的な呼び名にすぎず、それに替えて「外国学校」と呼ぼうというのは、あえて国籍に触れないことによる1つの意思表示、国籍によって子どもが分け隔てられてきたことへの抗議でもある。

　外国学校とは何か。それを一言で語るのは容易ではない。あまりに多様な世界で、研究者たちもその類型化に苦労してきたところだ。昭和期には「民族学校」「外国（人）学校」「インターナショナルスクール」という呼称が混在していたが、次第に外国学校という大きな括りのなかにさまざまな学校が含まれると理解されるようになってきた。新しいタイプの外国学校が多数生まれてきたことと、（海外にルーツのない多くの日本人が外国学校を選ぶなどして）1つの学校のなかでも国籍や家庭言語の多様化が進んだことが学校の類型化を拒むからでもあるが、2003年の事件も転機となった。小泉政権下の文科省が規制改革推進の号令の下、外国学校の卒業生に大学受験資格を認めると決めたときのことだ。そのとき文科省が示した分類は「インターナショナル系」「外国の教育制度につながる（朝鮮学校以外の）学校」「朝鮮学校」というもので、各種学校認可の有無などは問われず、朝鮮学校卒業者のみが大学受験資格から排除されたために物議を醸したのだった。同じ年には「特定公益増進法人」指定による税制上の優遇措置も発表されたが、その対象は「インターナショナル系」の外国学校のみと、さらに限定された。

　2003年時の政府の姿勢が、かえって呼び水となったように思う。古くからある民族学校やインターナショナルスクール、それに当時急増中だったブラジル学

校や、その他の国にルーツをもつ学校、さらに多文化系のフリースクールのようにむしろ日本の教育に橋渡しをしようという学校も含めて、「外国学校」という1つのユニバースがイメージされるようになってきたのが、それ以降の状況である。

■外国学校の地位改善に向けた動き

2005年から2008年にかけて毎年開催された「多民族共生教育フォーラム」は、さまざまな外国学校が集まって連携を模索した試みとして記憶される。このフォーラムから生まれたネットワークは2009年に「外国人学校振興法（案）」を発表し、公明党も2010年に「義務教育段階の外国人学校に対する支援に関する法律案」を提出するが、結局廃案とされた。その後、高校授業料無償化と朝鮮学校排除（2010年）の問題があって、朝鮮学校の関係者が振り回され、ネットワークの活動は現在休眠中である。

2008年のリーマンショックは、ブラジル学校にとって大きな打撃となった。退学者が続出、多くの学校が閉鎖を余儀なくされていくなか、文科省はブラジル学校の各種学校化を推し進めることで経営の安定化を図った。この時期ブラジル政府は、在日ブラジル人への支援として、ブラジル学校などで働く教育者がブラジルの学士号と教員資格を取得できる講座を無料で開講したことを付け加えておく。ブラジル学校の教育課程を本国で認証しようというときに、資格をもった教員の不足が足枷となることから着手された事業であった。ブラジルの大学がネットで授業を行い、私の勤める大学が日本でのスクーリング授業に協力したもので、一回限りの4年制大学講座（2009年から2013年）で、205人の卒業生を輩出した。リーマンショック時には、ブラジル学校を退学した子どもを公立学校で円滑に（かつ学齢主義にとらわれず）受け入れるように、とした通知が文科省から出たが、2016年になってから、一般に外国学校の小学部を卒業した者が公立の中学校に入学できることを明記した通知も出ている。ただし、日本国籍者の場合、二重国籍などを理由に猶予・免除を受けた場合以外には、「就学義務を怠っている」としてこの措置が認められないことも明記された。

最近の動きとしては、フリースクールやシュタイナー学校など、無認可のオルタナティブ学校のネットワークとブラジル学校関係者の協働があげられる。それ

らの学校での学びを、正規の「普通教育」として位置づけようという運動である。2009年頃からフリースクールの全国ネットワークが中心となって議論を重ねてきたもので、2012年には「多様な学び保障法を実現する会」が発足し、法律案の骨子をまとめている。不登校対策に悩む文科省も動き出し、2015年には超党派の議員連盟から「学校教育」とその他の「普通教育」の二本立てを前提にした法案が発表されて話題となった。しかし、2016年12月に成立した「義務教育の段階における普通教育に相当する教育の機会の確保等に関する法律」は大幅にトーンダウンしたものとなり、結局、外国学校を含む非正規の学校（1条校以外の学校）での学びが義務教育の履行と認められるには至らなかった。他方、その第3条で、「(子どもがその能力に応じた教育を受ける機会は) 年齢又は国籍その他の置かれている事情にかかわりなく確保されるようにする（傍点は筆者）」とされ、法律で国籍による教育上の差別をしないことが明記されたことは言及の価値があるだろう。

■非正規の学校で学ぶ子どもたちの「教育への権利」

　外国学校の圧倒的大多数は正規の学校（1条校）ではないために、そこでの学びは義務教育の履行とは認められない。日本では、「教育を受ける権利」と「義務教育」がほぼ同義に使われているが、外国籍の子どもにはそのどちらも認められないからこそ存在してきたのが外国学校であり、日本国籍者には禁じられた選択肢である。本稿では、そのような学校をあえて「外国学校」と呼ぶことで、国籍による差別への抗議を意識化することを提案した。「子どもはみんな同じ子ども」という「教育の平等」の主張である。しかし、外国学校で学ぶことが禁じられたまま外国人に義務教育が課されたのでは元も子もない。外国学校は、外国人だけのための学校ではなく、外国の言語や文化、教育方法でおこなわれる1つのオルタナティブ（教育のあり方の選択肢）である点も強調したい。「子どもは一人ひとり違う子ども」という「教育の自由」の主張である。さまざまな国際条約の謳う「教育への権利」は、平等と自由、その2つが揃って初めて保障される。かつて民族学校とオルタナティブ学校を横並びに考える姿勢が批判されたことと、その歴史的理由をよく理解したうえで、私は外国学校とオルタナティブ学校の協働を支持したい。

（小貫大輔）

13 地域における多文化共生の試み──「外国人の居場所」を公的施設に創出する

■外国人利用率の高い「とよなか国際交流センター」

　大阪府豊中市は人口約40.9万人、大阪市北部のベッドタウンである。外国人人口は6118人ほどで1.5%、全国平均より低く、少数点在しながらも5年間で約3割ほど増えている。阪急豊中駅に隣接するビルの6階が、豊中市が公益財団法人に管理運営委託をしている「とよなか国際交流センター」である。センターの年間利用者数は約8万人であり、うち外国人利用者数が4割に当たる3万人以上を占めており、地方自治体の公的施設で群を抜いて外国人の利用率が高い。

　Nさん（ネパール国籍）は、国から要人が来ると、大阪の名所より前にこの施設に連れてくる。「外国人対象の防災訓練も行われていて、自国でも参考になる情報がここにはたくさんある」というのがその理由だ。また、ネパール人料理人を雇う経営者にも「あなたが雇っている30人のコックとその家族合わせて100人が、センターを知るだけで、日本の暮らしは180度変わる。特に子どもの運命。子どもたちが日本で教育を受けるために、この施設のはたす役割は大きい」。他自治体からの施設見学も多いが、来館者はその混沌とした雰囲気に驚かされる。多言語の情報・掲示物はもとより、子どもたちが制作した怪しげなイキモノが生息している。小さい子どもがそこら中を駆け回っている姿は日常的で、安心・安全な居場所として機能していることがわかる。そこには30年近くにわたるセンターの歴史がある。

■「子どもの居場所」「大人の居場所」を中心にした"曼荼羅型"の事業体系

　センターではどのような事業が展開されているのか。「並列型」（93年〜）「ベン図型」（98年〜）から、現在は事業同士が複雑に重なりやつながりをもつ「曼荼羅型」（07年〜）となった。変化の要因は予算削減である。「国際交流」は、元々日本人が海外との交流を媒介していたが、時代の変化のなか、地域の外国人との共生へとシフトした。神奈川や大阪など、在日コリアンとの共生の課題が歴

史的にあった自治体は「多文化共生」への転換も比較的スムーズであったが、どの地域でも予算問題は深刻で、事業の優先順位が問われている。事業の最重要課題に掲げられたのは、社会で周縁化される外国人を意識し、積極的に差別を是正するため「総合的外国人支

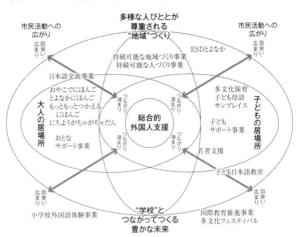

図　とよなか国際交流協会事業体系（簡略図）

援」を乳幼児から高齢者まで世代を分断することなく推進させることであった。そのために外国人の「子どもの居場所」「大人の居場所」として機能するような「多言語による相談サービス」、地域住民によるさまざまなスタイルの「日本語交流活動」、活動に参加しやすくする「多文化保育サービス」、子どもの「母語」「第三の場所」「日本語教室」など日本社会で生きていくために必要な力をつけたり、自己肯定感がもてる機会がつくられた。特に大人向けの相談では、多言語スタッフ（外国人女性）の起用、子ども向けの母語や居場所づくりでは"元子ども"であったピアとなる外国人青少年の起用を試み、近年では見落とされていた外国人の"若者"たち自身による溜まり場もつくられた。「子どもの居場所」と「大人の居場所」がセンター内での中核事業であるとすれば、パートナーとなる「学校」や「地域」を意識した事業がその外側に形成されている。

■「学校とつながってつくる豊かな未来」

　豊中市教育委員会とは協働で「国際教育推進事業」と「小学校外国語体験事業」を実施している。2006年から取り組まれた小学校外国語体験事業は、市内の小学生が異なる文化をもつ人びとの存在を通し共生する態度や外国語によるコミュニケーションを図る態度を身につけることを目的に、協会事業に関わる外国人サポーターを市内全小学校（3〜6年生）に送るものである。小学校での「外

第5章　教育と学校

国語活動」の義務化に伴い、英会話が重視されるなか、クラスに在籍する外国人の母語を学ぶ機会を提供するとともに、日本語は十分でなくとも小学校の教壇に立つことで外国人に社会活動（ソーシャルワーク）の場を提供することで、子どもにとっても親にとっても、日本の学校で「承認」される経験となっている。

「国際教育推進事業」は豊中市で長年取り組まれてきた帰国児童生徒教育、在日コリアン児童生徒教育、ニューカマー児童生徒教育を2006年から「豊中型国際教育」として総合的につなげるシステムづくりを進めるもので、外国にルーツをもつ子どものための「多文化フェスティバル」などを開催している。

■「多様な人びとが尊重される地域づくり」

地域で子育てをしている日本人と外国人の親子が、2004年より地域の図書館（現在市内3館）で「おやこでにほんご」というママ友の居場所づくりをしている。子育てという時期で社会との接点が減るなか、異文化同士の学び合いの場は、相互尊重につながる効果を生み、双方を孤独から解放している。庄内という南部の地域では、活動メンバーから、図書館で廃棄本をリサイクルし、地域づくりや瓦版を発行する団体が誕生しており、市民活動への発展も見られている。

また、2004年日本が提唱して始められた「持続可能な開発のための教育（ESD）の10年」を受けて豊中市では「ESDの10年」とよなか連絡会議を設置、環境、男女共同参画、国際、福祉、子どもなどの団体や行政との連携が深まった。現在はＳＤＧｓという文脈で広く認識されるようになっているが、このことにより、外国人の課題は、持続可能な地域づくりにおいて、環境や福祉、貧困やジェンダーといった視点からも認知されるようになった。

■「外国人の居場所」は承認と共生の場

多くの活動は10年、20年以上続けられ、現在のべ400人近くの市民ボランティアの参加によって成立している。外国人の居場所を支える日本人／外国人市民たちが時間をかけて、日本社会全体ではなかなかつくれない共生の場を創り定着させてきた。多くの人びとが関わり、多くの子どもたちがそこから巣立っていっている。こうした公的施設での試みがますます多文化化する日本社会に広がっていってほしいと願っている。

（榎井縁）

14 コロナ危機下で変わった学校教育
──翻弄される外国人の子どもたち

　コロナ下で学校教育は、混乱を極めたように映る。学校は、休業、分散登校、オンライン授業への切り換えなど、トップダウンで伝えられる指示と折り合いをつけ、子どもの学びと暮らしを守ろうと努めた。家庭間格差や学校間格差を露呈させた教育行政の方針は、外国人の子どもたちにはどう経験されたか。主に大阪市の現場の証言を基に、子どもの困難と学校の奮闘について紹介したい。

■**突然の一斉休校から「次、いつ学校いくん？」「勉強、一人で、でけへん」**
　2020年2月29日からの臨時休業により、学校の様子が一変した。準備期間なしでの休業開始から、ズルズルと期間が延長され、先が見えないまま学校は対応し続けた。連絡はほぼ文書となり、求められるイレギュラーな対応は子どもの学校生活に直結する内容であったが、日本語がわからない保護者や子どもには、刻々と変化する状況の理解は困難だった。臨時登校日に欠席したり、分散登校時に自分のグループでない時間帯に登校したりと、多くの混乱が見られた。通常ならルビうちや多言語対応等の文書を作成している学校も、一斉配付までに十分な時間を取れなかった。気になる家庭を個別訪問し、電話をかけるなどフォローしたが、連絡が取れず、情報伝達に苦心していた。
　卒業式、入学式など節目の行事実施の可否の指示が二転三転した。卒業式は練習なしで当日を迎え、式で指示される日本語がわからず、慣れない日本の式典の中で子どもが右往左往する様子も見られた。教職員は、会場設営と撤収を繰り返し、規模を縮小しながら、なんとか実施できる形を模索した。
　休業期間中の自宅学習用プリントも、急遽作成されたため、個に応じた学びを支える配慮には手が回りにくかった。日本語指導が必要な児童生徒がプリントだけで日本語学習を進めたり、ある程度日本語が理解できる子どもも自力で教科書を見て学習を進めたりすることには限界があった。

■コロナ禍下の再開と学習活動「友だち、いらんし」「学校めんどくさい」

　感染予防とソーシャル・ディスタンスを意識したニューノーマルな生活は、子どもが言葉や文化を覚える体験の機会を減少させる。常時マスクを着用しているため表情や口の動きが読み取れず、声も籠り、内容を理解しづらい。グループでの話し合い活動が減り、給食でも「黙食」が推奨される。休校や時差登校・分散登校の時期は友達との関わりが少なく、通常授業が再開されてからも休み時間の活動や運動も制限され、関係性をうまく構築できないまま孤立した状態でいる子どももいる。

　一方、保護者の失業などで生活不安もあり、子どもも敏感にこれを感じ、学習意欲を低下させる。それが起因となり、学校に自分の居場所を見いだせず、登校しぶりや不登校も起こる。

■オンライン授業が導入されて「勉強わからん」「別に…もうええわ」

　感染の第4波が大阪を襲った時期、テレビ番組で首長がオンライン授業の方針を語り、正式発表を待たずネット上で情報が拡散された。ハード、ソフト面の整備が追い付かぬままの開始となった。

　外国人家庭では通信環境が整わず、機器を学校から持ち帰っても使用方法が読めず、わからず、子どもの学習を支える保護者が日中いない状態で、仮に通信できても画面越しに日本語で質問するのはハードルが高い。対面指導が減ることで、子どもはわからないことを「わからない」と言う機会を奪われる。短時間のオンライン授業では教員の見取りによる個別支援も受けられず、見離され感やあきらめ感を増大させたように感じる。

　コロナ下では、子どもの学びを学校教育だけで支えることができず、家庭に依存し委ねるところが大きかった。そのため、学びは家庭の経済状況や教育力に大きく影響を受け、家庭間格差が拡大したように感じられる。

　保護者や地域の声に耳を傾けて、学びを保障する役割を最大限果たそうとした学校もあった。コロナに関連する生活相談を教員が担うなど、学びと暮らしを支えるプラットフォームとしての役割も再確認できた。外国につながる子どもとその家族が抱える社会的・経済的不平等と結びついた社会問題を公教育で支える限界を、コロナ危機は顕在化させ、その対応を我々に迫るものである。（山田文乃）

私が学校を
やめなかった理由

渡辺マルセロ
（マルセロ行政書士事務所・所長）

　日本人の女性と結婚をし、長男は小学3年生、次男は幼稚園の年長です。日本での子育てを通じ、親がすべきことがたくさんあることを知りました。

　私は小学校のほとんどをブラジルで過ごし、中学、高校、大学は日本の学校を卒業しました。妻は現役の教師です。この最強のスタッフをもってしても、長男の宿題の丸付け、授業準備等で日々大慌てです。それに加えて、学校からは保護者宛ての案内文や提出書類が頻繁にあります。学校行事の準備等でわからないことは、妻がママ友に聞いてくれます。今は多くの小中学校で外国人相談員が配置されていて、以前より支援体制が充実していますが、それでも地域とのつながりが薄い外国人保護者にとってはかなりハードルが高いように思います。

　私は1991年の夏、13歳で来日しました。引っ越してきてすぐ、近所の方々が助けてくれました。英会話教室の先生は、英語を交えながら両親に困っていることはないかと訊いてくれましたし、喫茶店のマスターはゴミ出し等のルールを丁寧に説明してくれました。近所のおばさんは勉強を教えてくれました。私は中学校1年生の年齢でしたが、慣れるために小学校6年生に編入しました。バレリーナのような上靴、薄味の給食、自分たちで教室やトイレを掃除する習慣等、かなりのカルチャーショックでしたが、約半年で少し慣れることができました。

　1992年4月に中学校生活がスタートしました。私の他に5人の外国人の子どもが入学しました。中学校は、定期テストがあり、自分の総合順位がわかりました。英語以外できない私は、他の外国人の友だちと下からの順位を競って気分を紛らわしていました。ブラジルでは成績が上位だっただけにショックでしたが、「別にいいんだ。ブラジルでやり直せばいい」と自分に言い聞かせていました。そして、数か月で4人が不登校になりました。

　「どうして学校を途中でやめなかったの？」とよく訊かれます。振り返ると、担任の先生と日本人の親友の存在が大きかった気がします。先生は、不良生徒にも私にも学級に居場所を作ってくれました。授業がほとんど理解できず、成績も最悪でしたが、学校へ行きたくないとは一度も思いませんでした。日本人の親友に数学を教わり、彼の両親はマラソンのゼッケンを縫いつけてくれるなど、私の両親がわからないことを代わりにしてくれました。私があきらめずに高校進学できたのは、幸運にも彼らに出会えたからです。

　昔に比べ、支援体制は充実していますが、子どもの国籍も多様化しており、国籍が増えるたびにその言語の相談員を増やすのには限界があります。だからこそ、私の時のように地域全体でかかわっていくことが外国人の子どもにも必要なことだと思います。

アイデンティティに悩んだ昔と
それを乗り越えた今

宋宇蘭
（会社員）

　私は大阪の在日コリアンが多く住む町で生まれ育ちました。物心がついた時から町中にあふれるハングルで書かれた看板や、コリアタウンから聞こえてくる韓国語とともに育ったため、幼少期から日韓両方の文化に接する機会が多くありました。そのような地域性もあり、通っていた公立の小学校にも在日コリアンの同級生が多く、週に１度行われた民族学級には学年の半数ほどが参加し、韓国・朝鮮の歌や踊りなどを習いました。その頃は自分自身を在日コリアンとして意識することなく、ただただその他の小学生と同じように過ごしていたと思います。

　しかし、中学に上がる頃、自分のアイデンティティを意識せざるを得ない１つの出来事がありました。小学校まで通名を使ってきた在日コリアンの友人たちが、中学にあがると同時に本名での名簿登録となったことに対して、通名を使いたいと先生に猛抗議したのです。それまで、日本や韓国という国家の枠組みを意識することなく過ごしていた私にとって、その一幕は衝撃的でした。友人たちが必死に先生を説得する姿を見て、自分のなかのコリアの要素が何だか「ダサい」部分のような気がしてなりませんでした。その頃から、通名をもたない自分、日本と韓国の狭間に立つ自分を在日コリアンであると意識するようになりました。韓国国籍ながら家族と話す際は日本語を使うこと、毎日のように食卓に並ぶキムチやナムルを食べながら、日本のテレビ番組に夢中になることなど、自分のなかで日本と韓国がぐちゃぐちゃに絡み合い、ここからここまでは日本の要素、そしてここから先は韓国といった明確な線引きができないことに戸惑いを感じるようになったのです。自分の国籍、話す言語、ルーツ、文化が一致しないがために自分は日本人なのか韓国人なのか、悩みに悩んだ子ども時代であったと思います。

　しかし、時代の流れというのは、時にとてつもない味方になってくれます。いま、私は日本で就職活動を終え来年から社会人になります。就職活動を通して一番驚いたことは、「日本語を母語とした外国にルーツのある人」が今日の社会では強く求められているということです。自分が小さな頃に悩んでいた自身のアイデンティティそのものが実社会で強みとして働くんだと実感した瞬間でした。在日コリアン１世や２世の時代には考えられなかったようなことが私たちの世代には起こっています。もちろん、現在でも外国人に対する排他的な言動を目にすると、外国人として日本での住みにくさを感じる場面はあります。しかし、アイデンティティが多様化する現在、国籍、言語、ルーツ、文化が一致しないということが何ら不思議なことではないこととして受け入れられてきたと感じています。子ども時代に悩んだ自分自身のアイデンティティをこれからは個性として受け入れ、幅広く社会で活躍していきたいと考えています。

第6章

人権保障と子ども

人権の国際化が進展するなかで、外国人の子どもの権利はどのように考えられ、保障されているのであろうか。日本の憲法・国内法、少年審判、自治体施策、グローバルスタンダードである国連・子どもの権利条約の趣旨・規定や、子どもの権利委員会の指針・審査などの検討を通じて、日本、諸外国、国際社会のさまざまな面から明らかにする。

01 日本国憲法・国内法と外国人の子ども

■「外国人の子ども」の所在

　日本国憲法では、「国民」の人権保障を典型的なモデルとして規定していることもあり、「外国人の子ども」、すなわち「日本国籍を有しない18歳未満の者」について直接言及するような文言は存在しない。それは憲法学の教科書等においても同様である。もっとも最高裁判例および憲法学の学説では後に述べるように、外国人、そして子どもにも人権が適用されると解釈されており、文言が決定打ではない。

　法律レベルでも、母子健康法や児童福祉法のように、すべての児童と記載して「外国人の子ども」もその対象としているものもあれば、教育基本法のように「国民」の教育を前提とするものもある。しかし後者であっても、法律の解釈ないし実務的な取り扱いにおいて、「外国人の子ども」を排除する趣旨ではないものが多い。

　日本国憲法の解釈のレベルでも「外国人の子ども」というカテゴリーは存在せず、「日本国籍を有しない者」として外国人の人権、「20歳未満の者」として未成年者の人権というカテゴリーに分けて論じられている。「外国人の子ども」をめぐる論点の多くは、これらの争点に吸収されると考えられる（米沢広一『憲法と教育15講〔第4版〕』北樹出版、2016年には「外国人の子どもの教育を受ける権利」という項目がある）。

■外国人の人権

　日本国憲法には「外国人」という文言はないが、当然のことながら、外国人の人権保障を排除しているわけではない。憲法学の学説では、人権が前国家的な権利、すなわち自然権であること、また日本国憲法が採用する国際協調主義から、外国人にも憲法第3章の人権が保障されるとされている。

　もっとも第3章の人権すべてが、自動的に外国人にも認められるというわけで

はない。憲法学説は、人権の性質に応じて個別に判断すべきとしており、最高裁判所も「権利の性質上日本国民のみをその対象としていると解されるものを除き、わが国に在留する外国人に対しても等しく及ぶ」（最高裁昭和53年10月4日民集32巻7号1223頁）としている。

　たとえば自由権は原則として認められる。しかし、日本に入国する自由が認められていないこともあり、最高裁は日本に住んでいる外国人の再入国の自由、つまり海外旅行の自由を否定している。

　社会権については、とりわけ在日コリアン等の永住外国人に対しては、その歴史的経緯や生活実態を鑑みれば保障すべきである。実際のところ、社会保障に関する諸法律においては国籍条件が撤廃されているが、最高裁は生活保護について、外国人は生活保護法に基づく受給権を有しないという判断を下したことがある。

　さらに参政権について、国政・地方選挙における選挙権・被選挙権とも認められていないが、最高裁は地方自治体の選挙権については、法律によって定住外国人に選挙権を付与することは憲法上禁止されていないとしている。

■未成年者の人権

　未成年者にも当然に人権は保障されるが、成長過程において、自律という面がある一方で、保護の対象でもある以上、成年者よりも制約の余地があると考えられている。この点、国は「成熟した判断を欠く行動の結果、長期的にみて未成年者自身の目的達成諸能力を重大かつ永続的に弱化せしめる見込みのある場合に限って」直接的な介入ができるとする「限定されたパターナリスティックな制約」論が有力に唱えられている（佐藤幸治『日本国憲法論』成文堂、2011年）。

　選挙権年齢が2015年に18歳に引き下げられ、民法の成年年齢も18歳に引き下げられ（2022年施行）、18歳未満の子どもたちの権利についてはまだ成年者よりも容易に制限される傾向がある。たとえば学校では校則により、子どもたちを規律しており、学校内の生活では、挨拶などの共同生活を営む上で必要なマナーから、服装（制服）、靴や鞄、髪型、化粧、ピアス、学校への持込（例えば携帯電話禁止など）など広い範囲に及ぶ。また学校外の生活についての規定があることも多く、男女交際禁止や立ち寄り禁止場所（ゲームセンターなど）についての定めもある。それからバイクや自動車の運転免許取得、アルバイトについては、法

第6章　人権保障と子ども

令上、許されているにもかかわらず、校則によって制限・禁止されていることもある。

　これらの規定のなかには、生徒指導の名のもと、児童・生徒の私生活に過度に干渉するものもあり、問題がある。未成年者でも人権が保障される以上、たとえば「中学生らしくない」といったような抽象的な理由では不十分であり、具体的な理由が求められる。

■教育における自由権の問題

　「外国人の子ども」の問題は主として教育の領域で生じると考えられる。まず自由権の問題として挙げられるのが、国公立学校における入学式・卒業式等における国旗敬礼・国歌斉唱の問題である。

　現行の教育基本法2条では「我が国と郷土を愛する……態度を養うこと」が教育の目標とされており、学校教育法1条に定められている学校に通う外国人の子どもたちにも「日本国を愛する態度」の涵養を目指した教育が行われている。しかし、そもそも外国人の子どたちに日本国への愛国心を求めること自体が矛盾と言わざるを得ないが、最高裁（最高裁平成23年5月30日民集65巻4号1780頁）が指摘するように、国歌斉唱が「慣例上の儀礼的所作」であるならば、マナーの一環として、日本の学校において斉唱すること、少なくとも斉唱しなくても起立することが求められる余地もあり得る。また教育による統合を求める立場からすれば、今後、日本において定住予定の外国人の子どもたちには、日本国になじむ努力として、日本への愛国心という紐帯の共有が求められるという主張が成り立ちうる。

　しかし憲法19条は思想・良心の自由を保障しており、これは性質上、外国人にも保障される以上、日本国に対してどのような気持ちをもつのか、どのような態度を示すかについては、外国人の子どもたちの自由の領域であると考えられる。それゆえ思想・良心の自由（または憲法20条の信教の自由）に基づき、国旗への敬礼を拒否し、国歌斉唱の際に起立しないことも認められると考えられ、同時に学校側がそれらを強制することは違憲となり得る。

　ところで、2018年度から小学校で、2019年度からは中学校で、道徳が「特別の教科」として、教科に格上げされる。それに伴い、記述式ではあるが成績評価が予定されている。これによって、外国人の子どもたちの日本への愛国心をどう

評価するかが大きな問題となるだろう。繰り返しになるが、外国人の子どもたちの日本国への愛国心を評価することは原理的な矛盾を抱えており、教育現場では評価しないという対応も十分に考えられる。また日本国への何らかの愛着や母国への愛国心によって代替したうえで評価するといった現場の工夫も想定できるが、いずれにせよ思想・良心の自由との緊張関係の下、学校側には慎重な対応が求められる。

■教育における社会権の問題

　義務教育については日本国憲法26条、教育基本法5条において規定されているが、その主体を「国民」に限定していることから、外国人の子どもには就学義務はない。彼らが公立学校への就学を希望する場合には受け入れを拒否はしないという運用がなされているが（田中壮一郎監修／教育基本法研究会編著『逐条解説改正教育基本法』第一法規、2007年）、就学義務が課されていないことから、外国人の子どもの不就学という現実的な問題が生じているのも事実である。今後は、外国人保護者にも就学義務を課す制度について、立法政策として検討されてもよいであろう。

　在日コリアンなどのオールドカマーについては、いわゆる民族学校が学校教育法1条の「学校」と認められない問題がある。しかし憲法学では親の教育の自由や私立学校設立の自由などから、民族教育の自由が主張されることもあるが、解釈上、平等違反や権利侵害とは構成しがたく、立法政策の問題と捉えられることが多い。

　また、ニューカマーの場合には、日本語能力が十分ではない子どもが多く、それゆえ学校における日本語教育の支援が問題となっている。現在、外国人の子どもの日本語教育を支援する法制度は存在しないが、外国人にも憲法26条から教育を受ける権利が認められる以上、彼らの「能力発達のしかたに応じて能力を伸ばすことができる教育」を受ける権利があるはずであり、とくに義務教育段階において日本語能力は義務教育を受けるための前提条件であるから、国は日本語能力が十分ではない子どもたちの支援を積極的に行うことが求められる。これに対して、外国人の子どもたちの母語教育を受ける権利が、「権利」と言えるまでに成熟していないのが現状である。

（斎藤一久）

少年審判における外国人の子どもの権利

■外国籍少年の非行

暦年の司法統計年報によれば、家庭裁判所に送致され終了した外国籍少年の全件に対する比率は、2012年に1.75%であったが、その後徐々に上昇し2019年には3.42%になっている。国別ではブラジル・フィリピン・中国が多く、2019年の司法統計年報でもその順であり、ブラジル144人、フィリピン105人、中国104人と三国で全体669人中52.8%を占める。2019年司法統計では罪名別では窃盗293人（43.8%）、傷害73人（10.9%）、（麻薬・覚醒剤等）薬物関係46人（6.4%）、詐欺35人（5.2%）、遺失物横領27人（4.0%）、入管法違反30人（4.5%）である。もっともこの統計は「外国籍」だけであって、外国にルーツをもつ日本国籍者はカウントされていない。

■少年司法手続における子どもの権利保障

20歳未満の少年の犯罪については原則全件が家庭裁判所で行われる少年審判で審理される。ただし後述のように18、19歳は少年法の適用は受けるが、虞犯はなくなるばかりか「特定少年」とされ、他の年齢と区別され特別な規定が設けられた。少年審判では、家庭裁判所調査官や少年鑑別所など人間科学に基づく調査制度が備わっており、これらの調査を経て審判で処分が決まる。成人の犯罪に比してこれは特異だが、こういう制度を取るのは「少年の健全な育成を期す」（少年法1条）ためである。

子どもの権利条約40条は少年司法の基本を定めたものだが、その1項で「刑法に違反したとして申し立てられ、罪を問われ、または認定された子どもが、尊厳および価値についての意識を促進するのにふさわしい方法で取扱われる権利を認める。当該方法は、他の者の人権および基本的自由の尊重を強化するものであり、ならびに、子どもの年齢、および子どもが社会復帰しかつ社会において建設的な役割を果たすことの促進が望ましいことを考慮するものである」と規定し、手続

中の権利保障が子どもの更生（＝「健全育成」）に資するのだと明確に述べている。

■通訳の援助を受ける権利

（1）少年司法における通訳制度

　子どもの権利条約40条は1項に続き、2項で種々の権利保障を述べる。その6号は「子どもが使用される言語を理解することまたは話すことができない場合は、無料で通訳の援助を受けること」と、無料通訳が保障されている。

　日本の「裁判所では、日本語を用いる」（裁判所法74条）から、外国人の子どもの権利を保障するためには、通訳は必須である。最高裁判所は「少年審判通訳ハンドブック」（2021年7月現在14か国語）を作成している。内容は、①少年審判の概要、②通訳に当たっての注意事項、③定型文言の対訳、④用語の対訳などであって、基本的には手続の説明である。ただ、①のなかに少年法の趣旨も説明されており、通訳人が理解できるようになっていることは評価される。

　しかしながら、日本においては無料通訳を規定した法令はいまのところない。ただし、審判廷や調査時に裁判所が必要と判断して付した通訳の場合、実際は無料となっている。これらの通訳は無料だが、弁護側（「付添人」という）が少年や保護者と会う場合や彼らが作成した文書の通訳・翻訳費用にかかる問題がある。国選付添人など法テラスが関与する場合は法テラスが支払うが、限度がある。

（2）少年法の理念と付添人の活動にかかる通訳

　少年事件（少年司法）は通常の刑事裁判と異なって、審判廷での審理の前に、多くの情報を裁判所に伝えてディスカッションする審判前の協議が不可欠である。それなしに少年の権利は守れない。そのために付添人は家庭裁判所調査官と同様に少年と何回も面談し、ときに文書（手紙含む）も作成してもらう。家族とも何回も会う必要がある。こうした活動を通して、少年が自身の問題を見つめ、家族もまた少年との関係を見直したりするようになる。これらのことは少年法1条（少年法の目的）に記された「少年の健全な育成を期す」ために不可欠である。

　子どもの権利条約12条（子どもの意見の尊重）を具体化するため、少年司法の運営に関する国連最低基準規則14条2項では、「手続は、少年の最善の利益に資するものでなければならず、かつ、少年の参加と自由な自己表現を可能とするような、理解に満ちた雰囲気のなかで行われなければならない」とある。

こうした少年司法独特の制度に適う通訳は、少年や家族に共感でき、少年や家族が自ら語り出し得る雰囲気をつくり出し、時間もたっぷりとれるという、質量あわさった通訳である。権利の保障ということからいえば、「無料で通訳がつく」だけで良しとしてはならない。だが付添人側だけから見ても、現状は法テラスの制度程度であって不十分である。付添人に関していえば、ボランティアに頼っているのが実情である。

■外国人の子どもの置かれている状況がきちんと把握されているか
（1）外国人の子どもの置かれている状況

問題は通訳問題に収斂されない。外国籍ないし外国にルーツをもつ子どもたちが日本の社会でどのように対処されているか、どのような生活をし、どのような位置にあるのかといった問題、そして法制度や規範意識の違い、宗教的文化的価値観の違い、こうしたなかで疎外感・孤立感に陥り、自己のアイデンティティの揺れ等も生じるなど、日本の子どもとは異なった問題がある。これらについて"彼らの権利"の保障という観点から対応されているだろうか。これらは彼らの非行（犯罪）と密接に関係している。少年審判において適正な処遇を決定するためには、彼らの権利保障という視点でこれらの問題を解明する必要がある。

（2）法務総合研究所の「来日外国人少年の非行に関する研究」

法務総合研究所は2012年と2013年に「来日外国人少年の非行に関する研究」を発表した（巻末資料I-17）。この調査は、2010年6月1日から同年11月30日の間に少年院に在院した外国籍少年（特別永住者を除く）と日本人少年と異なる配慮を必要とする日本国籍者の合計103人を対象にしたものである。103人中、日本生まれを含め小学校相当時（11歳）までに来日した少年は約4分の3を占め、彼らの在留期間は長い。

ここに見えるのは、貧困家庭の者の割合が4割を超え（日本人入院者は3割弱）、（家族の）日本での在留期間が長いことが必ずしも経済生活の安定につながっていない。中学校卒業までの者の割合が6割を超え（日本人入院者では半数弱）、中学中退者が1割を超える（日本で出生した者や乳幼児期に来日した者でも中学卒業までの者が7割弱）というひどい環境に置かれていたという事実である。

彼らの非行は初回ではなく家庭裁判所に係属歴のある者が多い。はたして家庭

裁判所は彼らの日本で生活することの困難を直視してきただろうか。

■「特定少年」制度を新設した2021年少年法「改正」と退去強制

（1）18、19歳は特定少年として別扱い

　2000年の少年法「改正」以後、少年審判が形式的になっている。おかした非行の外形的事実に重きを置くようになって、社会のなかで、成育のなかでといった子どもの置かれた状況の分析（いわゆる「要保護性」の分析）はおざなりになっている。そうしたなかで2022年4月施行の改正少年法の問題がある。ここでは18、19歳を「特定少年」として他年齢の少年とは別の特例が定められた。調査や処分は「要保護性」ではなく「犯情」を中心になされることになる。ここまで述べた丁寧な調査や審判がなくなる危惧が強い。

（2）不定期刑適用なし、原則逆送事件対象の大幅拡大とそれに伴う退去強制の増加

　少年院送致中に在留更新がなされなかったなどの事情があると入管に引き渡され退去強制になる場合もあるが、少年については保護処分に付されたというだけでは退去強制事由に該当しない。ただ刑事処分になって、「麻薬及び向精神薬取締法違反等の一定の罪により有罪判決を受けた者（入管法24条チ）」、「少年法に規定する少年で長期3年を超える懲役又は禁錮に処せられた者（24条4号ト）」「無期又は1年を超える懲役若しくは禁錮の実刑判決に処せられた者（同号リ）」等は退去強制になる。

　改正少年法では特定少年については、逆送され起訴された場合は不定期刑制度の適用はなくなるため前4号トによる退去強制はなくなるから、退去強制事由に関しては成人と同じになる。しかも特定少年に関しては原則逆送対象事件も短期が1年以上の懲役又は禁錮事件まで拡大した。特定少年が刑事裁判に付されれば退去強制に該当する判決も大きく増えることは間違いない。

　日本で育った少年を家族、言語など環境の十分でない国籍国に退去強制することは極めて非人道的である。少年法の理念にも適わない。筆者の経験から言っても、差別・いじめ・偏見など外国籍少年の非行の要因には日本側の問題が大きく存在する。こうした背景をもつ少年が、刑罰を受けるだけでなく国外追放にまでなってしまうという認識をきちんともって対応しないと、外国籍少年の権利をまもることはできない。

（石井小夜子）

第6章　人権保障と子ども

03 子どもの権利条約と外国人の子どもの権利

　日本における外国人に対する立法や政策は、日本国憲法が個人の尊重を基本原理にしているにもかかわらず、もっぱら排除か同化であった。日本のみならず多くの国でも、外国人の権利保障はけっして十分とはいえない。その影響はとくに子どもにとって深刻である。国際社会においても、「外国人の権利宣言」（1985年）等の宣言はあっても、条約化はなされていない。そういう現状だからこそ、子どもの権利保障についてのグローバルスタンダードである子どもの権利条約（巻末資料IV）を外国人の子どもに効果的に適用することが重要になっている。

■子どもの権利条約の意義と内容

　条約は、国連で1989年に全会一致より採択され、人権条約上最も多くの締約国をもっており、ユニセフや子ども関係のNGOの活動指針にもなっている（2020年10月現在196か国）。

　条約は日本では、法的地位として憲法よりは下位であるが、少なくとも国会の制定法よりも優位の法的効力を有する法規範である。現行法令や行政等は、条約に適合的に解釈・運用されなければならない。しかも条約の実施については、国連・子どもの権利委員会による締約国審査等により国際的チェックを受ける。このような条約の法的地位を共通理解にして、条約の実施を図ることが大切である。

　条約は内容上、これまでの子どもを専ら保護の対象としてきた考え方を転換し、子どもを独立した人格と尊厳をもつ権利の享有・行使主体としている。ただし条約は、子どもを大人と同じように取り扱うことを求めているのではなく、子ども期にふさわしい、より手厚い権利保障を要請している。そして条約は、生まれる環境を選べない子どもが1人の人間として成長・自立していくために必要な権利を含んでいる。この条約の趣旨や規定を実施するには、総合的に（医療・健康・福祉・教育・文化・労働・社会環境・少年司法等）、継続的に（生まれてから18歳ま

で）、重層的に（家庭・学校・施設／市民社会／自治体・国／国際社会、そして子ども
を支援する人たちに対する支援を含む）権利保障に取り組むことが求められている。
条約の解釈・運用にあたっては、差別の禁止（2条）、子どもの最善の利益（3条）、
生命・生存・発達の権利（6条）、子どもの意見の尊重（12条）という4つの一般
原則を基本に置くことが必要である。

　条約の実施にあたっては、日本国籍の子ども、日本社会で生活する多様な文化
的背景・国籍をもつ子ども、国外の子ども、いずれの権利保障も大切である。

　判例や学説は外国人にも権利の性質上許されるかぎり（適用可能な）権利規定
はすべて及ぶとし、学説はさらに外国人を永住者や難民等に類型化して論じるが、
そもそも人権条約は内外人平等主義をとっており、子どもの権利条約の趣旨や規
定は日本社会で生活するすべての外国人の子どもに適用されると考えてよい。条
約の一般原則を中心にもう少し検討しておこう。

■差別の禁止

　条約の差別の禁止規定は、国際人権規約を基本的に踏襲したものであるが、差
別禁止事由として「民族的出身」と「障害」を明示しており、子ども本人を理由
とする差別だけではなく親・法定保護者・家族構成員の地位等を理由とする差別
も禁止している。条約は、締約国に対し、自国の「管轄内」にあるすべての子ど
もに差別なく条約上の権利を「尊重しかつ確保する」よう求められている。した
がって、子どもが国内に合法的に滞在しているか否かに関係なく、いわゆる「不
法滞在」の子どもに対しても、出生登録・保健サービス・学校教育をはじめとす
るさまざまな権利が保障されなければならない。また、「確保する」義務とはい
わゆる結果義務を課したものであり、単に法律で差別を禁止するだけでは十分で
はない。差別が行われていないかどうかを監視し、差別が存在する場合にはそれ
を解消するための積極的措置（差別的態度・偏見をなくすための教育や意識啓発キャ
ンペーン、社会的・経済的格差への対応、差別の被害者に対する救済制度の整備など）
をとることが要請される。国連・子どもの権利委員会による第3回日本審査
（2010年）では「包括的な反差別法を制定し、かつ、どのような事由であれ子ど
もを差別するあらゆる立法を廃止すること」（パラグラフ34(a)）も勧告されている。
第4・5回日本審査（2019年）でも同様に勧告されている（パラグラフ18(a)）。

■子どもの最善の利益

　条約に従えば、子どもに関わるあらゆる活動において、子どもの最善の利益が第一次的に考慮されなければならない。国連・子どもの権利委員会は一般的意見14（2013年）で、子どもの最善の利益について、実体的権利（自己の最善の利益を評価され、かつ第一次的に考慮される権利）であり、基本的な法的解釈原理であり、手続規則ととらえている。そして、決定のみならず行為・提案・サービス・手続その他の措置を含む、子どもに関わるあらゆる活動において、他の考慮事項と同列ではなく、第一次的に考慮される。この子どもの最善の利益は子どもの意見の尊重と密接かつ補完的な関係にあるとする。つまり、子どもの意見を聴き尊重することなしに、権利の主体としての子どもの位置づけや子どもの最善の利益確保は図れないということである。繰り返すが、日本社会で生活する外国人の子どもにも適用される原則である。

■子どもの意見の尊重・子ども参加

　外国人の権利保障においても、子どもの意見の尊重・参加が根底に据えられる必要がある（国連・子どもの権利委員会一般的意見12（2009年）等を参照）。意見の尊重・参加は、外国人の子どもの自己肯定感を育み自己実現をしていくためにも、成長していくための人間関係づくりにおいても不可欠なものである。また、家庭・学校・社会等の構成員としての役割を果たしていくためにも重要な意味をもつ。さらに、外国人の子どもにとってより良い決定を行い、最善の利益を確保していくためにも必要なことである。

　日本における子ども参加の取り組みは、自治体レベルの多様な領域で少しずつ取り組まれてきている。例えば、子ども議会・会議の開催、子ども条例・子ども憲章の制定等への参加、さらに児童公園・児童館等の施設の建設や運営への参加などである。子どもが、自由で意見が言いやすい関係や雰囲気のなかで意見表明・参加が行われたところでは、その過程は子どもをエンパワメントする、大人が子どもの力に確信をもつようになる、取り組みや事業が子どもによりふさわしいものになっているなどと評価されている。しかし、このような取り組みのなかに外国人の子どもが位置づけられているとはいえない。

　とくに日本の現状で子ども参加を促進するには、子ども参加は子どもの権利で

あるという認識を基本に据えることが不可欠である。この点が不十分であれば、大人・学校あるいは行政による子どもの取り込みあるいは見せかけ・飾り・操りの参加で終わってしまう。また、子ども参加を単なる手法・手段レベルで終わらせないためには、子ども自身が主体となって活用できる仕組みが必要になる。子ども自身が意見を表明しやすい仕組みであるとともに、決定過程に何らかの形でかかわることができる仕組みづくりが重要である。国連・子どもの権利委員会の日本に対する勧告でも、学校や子ども施設において政策・方針の決定過程に子どもが制度的に参加できるようにすることが求められている（第2回総括所見、パラグラフ28、2004年）。さらに、この仕組みを子どもが有効に活用できるような支援や条件整備も必要である。とりわけ、子どもが参加していくうえで必要な情報を得られること、子どもが参加できる時間の確保や場の設定、子どもの力に見通しをもって「待つ」「当てにする」こと、子どもが安心して自由に意見表明・参加できる関係や雰囲気づくり、そのためのサポーター・ファシリテーターの養成や配置、子どもの意見が尊重されたとしてもすべてが実現するわけではないので、大人・行政側の説明責任を果たすこと等々が必要になっている。子ども参加の仕組みづくりや参加支援は、学校・施設、地域社会、行政さまざまなレベルで多様に重層的に構築され取り組まれることが必要である。また、子ども参加支援に実績のある市民・NPO等との連携も欠かせない。

　このような取り組みや課題があるなかで外国人の子どもの意見の尊重や参加を進めるためには、これらを外国人の子どもに即して具体化することが必要である。そのためにも、子どもの権利条約に従って、日本社会で生活している外国人の子どもも権利の主体として位置づけ、その尊厳や権利を保障し、ともに生きるパートナーとして包摂することが大切である。外国人の子どもが、その自己肯定感や権利意識の根底にある、1人の人間として大切にされているという実感をもてるようにすることも重要である。また、外国人の子どもや家族の相談体制の整備、居場所づくり、交流の場が求められている。さらに、総合的な子どもの権利条例を最初に制定した川崎市のように、「外国人市民代表者会議」を開催し、まちづくりに外国人の声を反映させていこうとしたり、「外国人教育基本指針」を作成して、多文化共生の教育の推進や広報・啓発をしたりすることも必要であろう。

（荒牧重人）

04 国連・子どもの権利委員会の一般的意見と外国人の子ども

■子どもの権利委員会の一般的意見

　子どもの権利委員会をはじめとする人権条約機関はそれぞれ「一般的意見／勧告」（general comments/recommendations）と題する文書を採択し、各国が定期的に提出する報告書に記載すべき内容や、条約の規定の解釈および実施のあり方を体系的に明らかにしている。そこに示された見解は、条約の規定に関する権威ある解釈のひとつとして、締約国の政府や裁判所等によって正当に尊重されなければならない。

　子どもの権利委員会はこれまでに25本の一般的意見を採択してきた（2021年6月現在；日本語訳は筆者のサイト http://www26.atwiki.jp/childrights/pages/32.html を参照）。そのうち外国人の子どもの問題を正面から取り上げているのは、「出身国外にあって保護者のいない子どもおよび養育者から分離された子どもの取扱い」に関する一般的意見6と、国連・移住労働者権利委員会と合同で作成した次の2本の一般的意見である（なお、他の一般的意見でも随所で外国人の子どもの権利について言及されている）。

- ●一般的意見22（2017年）「国際的移住の文脈にある子どもの人権についての一般的原則」
- ●一般的意見23（同）「出身国、通過国、目的地国および帰還国における、国際的移住の文脈にある子どもの人権についての国家の義務」

　本稿では、これらの文書をもとに、外国人の子どもの権利保障のあり方に関する委員会の見解を概観する（以下、たとえば22〔11〕は一般的意見22のパラ11を指すものとする）。なお、委員会は2012年9月に「国際的移住の文脈におけるすべての子どもの権利」をテーマとする一般的討議を開催し、その結果を勧告としてとりまとめているので、そちらも参照されたい。

　このほか、外国人の人権については自由権規約委員会（一般的意見15）、人種差別撤廃委員会（一般的勧告30）、女性差別撤廃委員会（一般的勧告26）もそれぞ

れまとまった見解を明らかにしており、これらも踏まえた対応が必要である。また、日本が移住労働者権利条約を批准していないからといって移住労働者権利委員会の見解を無視してよいということにはならず、同様に十分参照・尊重することが求められる。

■管轄内にあるすべての子どもの権利を保障する義務

　大前提として、子どもの権利条約（およびその他の人権条約）で保障されている諸権利は、子ども・親の国籍や在留資格等にかかわりなく、自国の管轄内にあるすべての子どもに対して確保されなければならない（条約2条等）。日本で暮らしている外国人の子どもの権利保障については、必要に応じて子どもの出身国の政府と適切な形で調整を図ることはあるとしても、原則として日本政府が第一次的責任を負うということになる。

　この点について子どもの権利委員会は、「国際的移住の文脈にある子どもが何よりもまず子どもとして扱われることを確保するべきである」こと（22〔11〕）、このようなすべての子どもに、移住者／在留資格を含むさまざまな事由にかかわらず、自己の権利を享受する資格があることを強調している（22〔21〕）。とりわけ、何らかの理由で親・養育者と離れ離れになって保護者がいない子どもについては配慮が必要である（一般的意見6）。

　その際、出入国管理上の要請（出入国管理機関への通報義務など）によって保健・教育等の公的サービスの利用が困難になるおそれがある場合、基本的には子どもの権利保障が優先されなければならない。委員会は、「子どもの個人情報（生体データを含む）は子どもの保護の目的のみに用いられるべきである」とし、「他の目的（保護、救済、民事登録およびサービスへのアクセスなど）で収集された個人情報を出入国管理措置の執行のために共有・利用することを禁止するべきである」と明言している（22〔17〕）。この点、移住労働者権利委員会も、「不正規な状態にある移住労働者およびその家族構成員の権利」に関する一般的意見2（2013年）で、保健・医療機関や教育機関に対して利用者の在留資格等に関する出入国管理機関への情報提供を義務づけるべきではないとの見解を明らかにしていたところである（パラ74・77）。

　なお、出入国管理上の理由による子どもの収容は原則として禁止され、また親

の収容による親子分離もできるかぎり回避されるべきである（22〔5－13〕、注で参照されている他の一般的意見等も参照）。

■子どもの最善の利益の原則

　委員会は、差別の禁止（条約2条）、子どもの最善の利益（3条）、生命・生存・発達への権利（6条）、子どもの意見の尊重（12条）を条約の「一般原則」と位置づけ、条約のあらゆる規定を実施する際に常に考慮することを求めている。

　外国人の子どもの権利保障との関連では、とりわけ子どもの最善の利益の原則をどのように適用するかが問題である。条約3条1項は、子どもの最善の利益があらゆる場合に「第一次的に考慮される」ことを要求している。

　これは出入国管理手続においても同様であり、委員会は、子どもの移住に関連するすべての手続において子どもの最善の利益を個別にかつ第一次的に考慮するよう求めている（22〔27－33〕）。委員会が子どもの最善の利益の原則に関する一般的意見で指摘しているように、国は「子どもの最善の利益が評価され、かつ第一次的考慮事項として適正に重視されるか否かについて裁量を行使できない」（14〔36〕）のであり、子どもの最善の利益は出入国管理体制の枠内でのみ考慮されるという、政府が裁判等で表明してきた見解は不適切である。委員会は、「一般的な出入国管理に関わるもののような権利を基盤としない主張は、最善の利益の考慮に優位することはできない」とも明言している（6〔86〕）。

　子どもの最善の利益を評価するにあたってはさまざまな要素を考慮する必要があるが（14〔52－84〕など）、外国人の子どもの権利との関連では、特に家族生活に対する権利（条約前文・5条・9条・10条・18条等）が侵害されないようにすることを重視しなければならない。国は、家族の分離につながる可能性のある行動（家族の一部構成員の収容・退去強制等）をとらないようにするのみならず、地位の正規化も含め、家族の一体性を維持するための積極的措置をとることも求められる（23〔27－38〕）。

　（この点、日本政府は出入国管理上の考慮から条約9条（親子の分離禁止）と10条（家族再統合）に解釈宣言を付しているが、条約の趣旨・目的に照らして問題があり、委員会からも勧告されているように撤回するべきである。）

　さらに、子どもの最善の利益について検討・判断する際には、子どもの意見の

尊重の原則（12条）にしたがい、当事者である子どもの意見に十分に耳を傾け、その意見を正当に重視する必要がある（22〔34－39〕）。この点については「意見を聴かれる子どもの権利」に関する一般的意見でも明示的に言及されており（12〔123－124〕）、あわせて参照することが求められる。

　これとの関連で、司法へのアクセスを適切に保障することも不可欠である（23〔14－19〕）。委員会は「子どもは、すべての決定が子どもの最善の利益にのっとって行なわれることを保障するため、自分自身またはその親の状況に関する決定に対する行政上および司法上の救済措置にアクセスできなければならない」（23〔15〕）と強調している。

■教育その他の社会サービスに対する権利

　前述のとおり、条約上の権利は、子ども・親の国籍や在留資格等にかかわりなく、管轄内のすべての子どもに対して保障されなければならない（条約2条）。委員会は、「移住者である子どもおよびその家族（非正規な状況にある者を含む）を差別し、またはこれらの者がサービスおよび給付（たとえば社会扶助）に効果的にアクセスすることを妨げる法律、政策および実務の迅速な改革」を各国に対して促す（23〔53〕）とともに、生活水準の保障、保健サービスおよび教育へのアクセスに関して具体的指摘を行なっている（23〔49－63〕）。前述のとおり、出入国管理上の要請（出入国管理機関への通報義務など）によってサービスへのアクセスが困難・不可能にならないよう、必要な配慮がなされなければならない点に注意しなければならない（23〔52・56・60〕）。

　職業教育を含む教育へのアクセスを十全に保障することはとりわけ重要である（23〔59－63〕）。このような教育は、条約30条等の趣旨も踏まえ、子どもの国民的・民族的・文化的・宗教的アイデンティティを尊重し、母語を学習する機会も保障するようなものでなければならない（6〔41－42〕）。また、教育の場で外国人の子どもに対する差別が行なわれてはならず、差別を防止するための教育が重視されるべきである（1〔10－11〕、23〔63〕）。これらの点については移住労働者権利委員会の一般的意見2〔75－78〕なども参照。

（平野裕二）

第6章　人権保障と子ども

諸外国での外国人の子どもの権利保障
——国連・子どもの権利委員会の報告書審査から

　ここでは、子どもの権利条約（以下「条約」）の国際的監視機関である国連・子どもの権利委員会（以下「委員会」）が外国人の子どもの権利保障についてどのような指摘・勧告を行ってきたか、委員会が締約国報告書の審査後に採択してきた総括所見をもとに概観し、外国人の子どもの権利保障に関する課題を示すこととする。主として検討の対象にするのは、法制度や経済的状況に日本と共通の部分が多いと思われるOECD（経済協力開発機構）加盟国に宛てられた総括所見の一部である。以下、総括所見への言及は（国名・所見採択年〔総括所見のパラグラフ番号〕）の形で示す（なお、ここで取り上げた所見の日本語訳はhttp://www26.atwiki.jp/childrights/pages/41.htmlを参照されたい）。

■管轄内のすべての子どもに対する権利保障と差別の禁止

　条約2条（差別の禁止）にしたがい、管轄内のすべての子どもの権利を差別なく保障することは締約国の基本的義務である。委員会は、差別解消のための取り組み強化を一般的に促す勧告において、差別の被害をとくに受けやすい集団を例示的に列挙する際、多くの場合に外国人（移住者）の子どもを含めている。

　教育・保健・医療等の社会サービスは、子どもの国籍や在留資格の如何にかかわらず、運用上・事実上提供されるだけでは不十分であり、法律上の権利として保障されなければならないというのが委員会の見解である（ノルウェー・1994〔12〕／同2000〔20・21〕、デンマーク・1995〔14・30〕、韓国・2003〔59〕、スペイン・2010〔25・26〕、イタリア・2011〔69〕等）。地方分権化の流れを踏まえ、自治体によって外国人の子どもの権利保障に格差が出ないよう釘を刺すこともある（フィンランド・1996〔23〕等）。

　近年では、排外主義的な雰囲気の高まりについて懸念が表明され、十分な啓発措置をはじめとするあらゆる必要な措置（場合によっては差別行為やヘイトスピーチの処罰を含む）をとるよう勧告されることも増えている（フィンランド・1996

〔25〕、スウェーデン・1999〔12〕／同2015〔15・16〕、デンマーク・2001〔27〕、スイス・2002〔21・22〕、アイスランド・2003〔23〕、イタリア・2003〔20・21〕、フランス・2009〔30-33〕、ウクライナ・2011〔27・28〕等）。

■非正規な地位にある子どもの権利保障と出入国管理手続

　西欧諸国の報告書審査でしばしば問題となるのは、正規の在留資格を有していない子ども（親・保護者がいない子どもを含む）への対応である。とりわけ外国人の子どもの収容については、委員会の活動当初から懸念が表明されてきた（スウェーデン・1993〔9・12〕、カナダ・1995〔13・24〕、英領香港・1996〔18・33〕、オーストラリア・2005〔62-64〕、韓国・2011〔66・67〕等）。

　難民申請審査や退去強制を含む出入国管理手続の運用全般についても、子どもの最善の利益の原則（条約3条）、親子の分離禁止原則（9条）、家族再統合の積極的考慮義務（10条）等を十分に考慮するよう勧告が繰り返されている（ノルウェー・1994〔24〕、ドイツ・1995〔19・33〕、カナダ・1995〔24〕／同2012〔74〕、スウェーデン・2005〔22〕／同2009〔28〕、アイルランド・2006〔30・31〕、オーストラリア・2012〔32・81〕等）。養子縁組（条約21条）の場合と同様、外国人の在留許可決定においても子どもの最善の利益を常に「最高の考慮事項」とするよう求めた例（イタリア・2011〔69〕）、「子どもの最善の利益の原則が、とくに子どもが関わる庇護案件におけるあらゆる決定の基盤および指針とされることを確保する」ための関連職員の研修が勧告された例（スウェーデン・2015〔18〕等）もある。

　庇護希望者・難民の受入れについて制限的な対応をとる国が増えている近年の動向に対応する形で、子どもの庇護希望者・難民への対応について詳細な勧告が行われるようになっているのも特徴的である（イギリス・2008〔70・71〕、フランス・2009〔84-91〕、スペイン・2010〔57-60〕、イタリア・2011〔62-67〕、ドイツ・〔68・69〕等）。

■教育への権利／とくに困難な状況に置かれた子どもへの配慮

　外国人の子どもに対する平等な権利保障について、差別の禁止に関わる勧告で一般的に触れるのとは別に、教育や保健など個別分野についての勧告で触れられることもある。とくに教育へのアクセスについては、教育への統合促進（イタリ

ア・2011〔61〕等)、出席奨励(韓国・2011〔68・69〕等)、中等教育における中退の防止(アイスランド・2003〔37〕／同2011〔47〕等)などを目的とした取り組みが促されてきた。また、社会サービス提供機関が非正規滞在の子どもについて出入国管理機関に通報する義務に関して、効果的な権利保障の観点から通報義務の廃止が勧告された例もある(ドイツ・2014〔70・71〕等)。

　他に、外国からやってくる子どものなかには武力紛争における利用や性的搾取・人身売買などの被害を受けた(可能性がある)子どもも含まれている場合があることから、このような子どもを適切に特定・保護することが求められることも多い。このような勧告は、武力紛争への関与および子どもの売買・児童買春・児童ポルノに関する2つの選択議定書について審査した際にもしばしば行われている。

　また、児童婚や女性性器切除(FGM)などの有害慣行が移住者コミュニティで行われる可能性もあることから、これについても適切な対応を促されることがある(カナダ・2012〔51〕、ドイツ・2014〔38・39〕、スイス・2015〔42・43〕等)。

　委員会は、個人通報制度について定めた「通報手続に関する子どもの権利条約の選択議定書」(2011年12月採択／2014年4月発効)に基づいて寄せられた通報の審査も行っている。通報の相当数は、出入国管理をはじめとする外国人の子どもの権利に関わるものである。

　委員会は、2018年1月、FGM(女性性器切除)の被害を受けるおそれがあるプントランド(ソマリア)に女児を送還する旨の決定は条約3条・19条に違反するとして、デンマークの条約違反を認定した。委員会が個人通報に基づいて条約違反を認定したのは、これが初めてである。

　委員会はその後も、子どもの退去強制・送還、在留資格の不認定、外国籍の子どもに対する教育の否定などに関わる複数の事案で、条約違反を認定してきた。通報が行なわれたのをきっかけとして、委員会の判断を待たずに国が是正措置をとった例もいくつかある。個人通報に関わる委員会の動向については、筆者のサイトの下記ページを参照されたい。

https://w.atwiki.jp/childrights/pages/264.html

(平野裕二)

06 地方自治体における 外国人の子どもの権利保障

■子どもの権利条約の一般原則と子どもにやさしいまちづくり

　子どもの権利を保障する際には、子どもの権利条約（巻末資料Ⅳ）の4つの一般原則が遵守されているか確認されなければならない。第1は人種、皮膚の色、言語、宗教などいかなる種類の差別の禁止（2条）である。第2は子どもにかかわるすべての活動において、子どもの最善の利益が第一次的に考慮されなければならない（3条）。第3は安全な飲料水や栄養を得て、身体的・精神的・道徳的・社会的および文化的発達を可能な限り確保するといった、生命への固有の権利、生存および発達の確保（6条）である。第4は子どもに影響を与えるすべての事柄について自由に自己の見解を表明する権利を保障するという子どもの意見の尊重・参加権の保障（12条）である。

　こうした一般原則を基盤とし、子どもの権利条約を実際の子どもの生活圏域である地方自治体において、積極的に実現しようとする「子どもにやさしいまち（Child Friendly Cities、以下CFC）」がユニセフにより提唱されている。CFCは、①子どもの参加と子どもの意見の尊重、②子どもにやさしい法的枠組み、③まち全体の子どもの権利を保障する計画、④子どもの権利に関する調整部局、⑤事前・事後の子どもへの影響評価、⑥子どもに関する予算、⑦子どもの状況分析、⑧子どもの権利の周知、⑨子どものための独立したアドボカシー、といった9つの基本構造と要素が相互に関連・依存しながら、子どもの現実の生活を向上させることに焦点を当てている。

　日本で生活している外国人の子どもの権利保障について、子どもの権利の地球規模で承認された基準をもとに、個々の事案への対応を見直すとともに、CFCといった枠組みからの検証が必要となる。

■子ども条例に基づく子どもの権利保障

　日本においては、2000年以降、地方自治体において子ども（の権利）条例を制

定し、子どもの権利をまち全体で実質的に保障しようとする動きが出てきた。

　その先駆けになったのが、川崎市子どもの権利に関する条例（巻末資料Ⅳ）である。同条例第16条では、子どもは、その置かれた状況に応じて必要な支援を受ける権利が保障されなければならないと規定している。それを受け、市は行動計画のなかで、国籍や文化の違い等により差別や不利益を受けることがないよう、情報発信や日本語指導等の支援体制の整備を推進施策として掲げるなど、条例の趣旨を事業として展開している。

　さらには、同条例第39条に基づき子どもの権利委員会を設置し、子どもの権利の保障状況について検証していく仕組みを採用している。その過程で、子どもの意見が得られるよう方法等に配慮しなければならないとしている。そのため、同委員会は民族学校や在日外国人の交流の場等に出かけ、検証テーマについてさまざまな外国にルーツのある子どもから聞き取りをし、「川崎市子どもの権利に関する実態・意識調査報告書」としてまとめ、それをもとに行政や市民と対話し、次期行動計画の策定につなげるなど独自のPDCAサイクルを機能させている。

　子ども条例に基づき、総合的、継続的、重層的に子どもの権利を実質化させるという手法は、CFC実現の有効な手法であり、川崎市の仕組みは国内外のモデルとなっている。

■外国人の子どもの学習権保障の課題

　外国人がその保護する子を公立の義務教育諸学校に就学させることを希望する場合には、教科書の無償給与や就学援助を含め、教育を受ける機会が保障されている。しかしながら、2019年度の調査では、約2万人の外国人の子どもが、就学していないか、就学状況が確認できていない状況にある（文部科学省「外国人の子供の就学状況等調査」2019年5月調査）。

　外国人の子どもの教育推進支援施策としては、①日本語指導が必要な児童生徒に対する「特別の教育課程」の制度化、②日本語指導補助者や母語支援員の派遣、ICTを活用した教育・支援の推進、③就学状況の把握や保護者への情報提供、就学促進のための取組の促進、④進路指導・キャリア教育の充実、生活相談・心理サポートに資する取組、放課後や学校内外での居場所づくりに資する取組、⑤学齢を超過している場合の公立中学校や夜間中学への入学許可等がある。

　日本語指導が必要な外国人児童生徒（4万0755人、2018年度、巻末資料I-11）の在籍する地域の分布を見てみると、都道府県別の在籍者数の上位8都府県（愛知、神奈川、東京、大阪、静岡、埼玉、三重、千葉）の合計が全体の約9割（3万6557人）を占めており、特定の地域への集住化の傾向が見られる。集住地域と散在地域が2極化し、地域の実情に応じたきめ細やかな支援が必要となっている。

　子どもの学習権保障は、生存および発達の確保のための必要不可欠な権利である。そのため、生涯にわたって多様な学びを保障するために、国、地方公共団体、学校、NPO、大学、企業等の関係者が適切な役割分担を図りつつ、互いに緊密に連携して取り組むことが必要不可欠である。

■外国人の子どもの相談・救済

　外国人の子どもの相談事業では、教育委員会における総合的な教育相談（就学、編入学、日本語指導、学校生活への適応、発育・発達相談、キャリアに関する進路・進学相談など）と、首長部局における生活上の身近な相談が、相互補完的に実施されることが求められる。外国人集住地域においては、国際交流の地域拠点を設置して、民族文化や母語・日本語の学びの保障、同胞との交流、各種相談等ができる場として機能させている自治体もあるが、散在地域においては、こうした場も機会もなく、相談体制が十分にとれているとはいえない。

　また、学校生活への不適応や学習意欲の低下、不登校、中途退学、不就学、貧困、非行といったさまざまな課題に対応できる体制を整えられる自治体は多くない。日本語が十分でない保護者とのコミュニケーション不足、周囲の理解不足といった子どもを取り巻く環境への働きかけや、福祉部局との連携も大きな課題となっている。

　こうした課題に対応できる仕組みとして、子ども条例に基づき、子どもオンブズパーソンのような子どもの相談・救済機関を設置し、あらゆる子どもの権利にかかわる相談から救済を行っている自治体もある。そうした仕組みが活用されるためには、外国人の子どもや保護者への周知、専門部署との連携が重要となる。個別案件を取り扱った経験から、制度改善のための意見表明や是正要請を行うことができ、CFC実現に貢献できるのも本制度の特徴である。

（半田勝久）

新型コロナウイルス問題と
外国人の子どもの人権

平野裕二
（子どもの人権連代表委員）

　新型コロナウイルス感染症（COVID-19）の世界的広がりは、各国で脆弱な状況に置かれている外国人（移住者）の子どもに大きな影響を与えている。ユニセフ（国連児童基金）は、移民・難民・避難民である子どもたちの大部分が新型コロナ対策から除外されており、不可欠なサービスやケアへのアクセスが大幅に減少していると警鐘を鳴らした（2020年12月18日）。OECD（経済協力開発機構）も、新型コロナが移民とその子どもたちに与える影響に関する報告（同10月19日）でこの問題に焦点を当てている。

　国連・子どもの権利委員会は、2020年4月8日に発表した声明で、新型コロナパンデミック下で子どもの権利を守っていくためにとくに必要とされる措置を11項目掲げた。そのなかには、移住者・庇護申請者・難民・国内避難民である子どもをはじめ「パンデミックが引き起こす例外的状況によって脆弱性がいっそう高まる子どもたちを保護すること」も含まれる。国連・移住労働者権利委員会が移住者の人権に関する国連特別報告者と合同で発表したガイダンスノート（同5月26日）でも、移住者の子どもに社会サービスや教育へのアクセスを保障すること、子どもや家族の入管収容は回避することなどの必要性が指摘されている。

　しかし、たとえば韓国では、新型コロナ禍による養育負担の緩和を目的とした特別支援金（未就学児・小学生対象）の対象から外国人の子どもが除外された。批判を受けて小学生は対象とされたものの、未就学児は依然として除外されており、韓国国家人権委員会から憲法・子どもの権利条約・児童福祉法に違反するとして是正を勧告されている（2021年7月8日）。

　一方、たとえば米国・ニューヨーク市の教育局は、2020年2月6日という早い段階でウェブサイトに新型コロナについての特設ページを設け、保護者に対する情報提供を10か国語で行い続けるなど、外国人とつながりのある子どもとその保護者への配慮を示した。非科学的・人種主義的な情報に惑わされないようにすることの重要性も強調している。

　グテーレス国連事務総長は、移住者・国内避難民・難民・庇護希望者など「移動の状況にある人びと」と新型コロナに関する報告（2020年6月3日）で、「すべての人の安全が確保されるまで、誰ひとり安全にはなれない」こと、移住者らは「解決の一翼を担う存在」であることを強調した。日本で暮らすすべての子どもに、国籍や在留資格やルーツにかかわりなく平等に権利を保障するための取り組みが重要である。

✳

第7章

子どもと国籍

権利・人権保障にかかわる
問題をはじめ、国籍はあい
かわらず重要な意味をもっ
ている。そもそも国籍はど
のように決まるのか、なぜ
無国籍や重国籍等の子ども
が存在し、そこにはどんな
問題があるのかなどについ
て、日本や諸外国の事例を
検討し、国籍への権利が保
障され、平等に生きていけ
るようにするための視点や
手立てを提示する。

01 国籍への権利とはなにか

■子どもの権利条約7条

　現代社会において子どもの権利を実質的に保障するにあたって国籍への権利はきわめて重要になっている。そこで、生まれる環境を選べない子どもがどこで生まれどこで生活しようとも1人の人間として成長・自立できるよう権利を総合的に保障している子どもの権利条約（巻末資料Ⅳ）は、その7条で、出生後直ちに登録される権利および出生時からの国籍取得に対する子どもの権利を保障する（1項）。そして、「とくに何らかの措置をとらなければ子どもが無国籍になる場合には、国内法および当該分野の関連する国際文書に基づく自国の義務に従い、これらの権利の実施を確保する」締約国の義務を定めている（2項、国際教育法研究会訳）。

　出生・居住の登録は子どもを法的存在として把握することであり、保健・教育等の社会サービスの受給権をはじめ、さまざまな権利を実効的に保障していくための大前提である。国籍（市民権）も、個人と特定の国家との法的結びつきを確立することにより、権利の実効的保障の責任主体を明確にする機能を有する。

　もとより条約締約国は、自国の「管轄内」にあるすべての子どもに対し、あらゆる種類の差別なく条約上の権利を尊重・確保する義務を負っている（2条）。したがって、出生（住民）登録や当該国の国籍の有無にかかわりなく、すべての子どもに権利を保障しなければならない。とはいえ、子どもの存在が公的に把握されていなければ実効的な権利保障は困難である。また、グローバル化が進む現代の社会にあって、無国籍のままでいることにはさまざまな不利益がともなう。

　国籍の決定については大きく分けて「血統主義」と「出生地主義」という2つの原理がある。前者は自国民を親として出生したという事実に基づいて国籍を付与するもの、後者は自国の領域で出生したという事実に基づいて国籍を付与するものである。本条の成立過程でも議論があり、原案は出生地主義であったが、血統主義をとる国から反対もあって、本条は両主義を認容するものになっている。

実際、ほとんどの国が両者を組み合わせて運用している。日本においても、血統主義を原則としつつ、子どもが「日本で生まれた場合において、父母がともに知れないとき、又は国籍を有しないとき」には国籍を認めるという形で補充的に出生地主義も採用している（国籍法2条）。

条約7条2項にいう「関連する国際文書」としては、とくに無国籍者の地位に関する条約（1954年）と無国籍の削減に関する条約（1961年）が挙げられる。日本はどちらも批准していないが、速やかに批准するべきである。

また、同項にいう「何らかの措置をとらなければ」（otherwise）とは、政府訳では無視されているが（「特に児童が無国籍となる場合を含めて」）、"自国の国籍を付与しなければ"という趣旨である。このような解釈は、国連難民高等弁務官事務所（UNHCR）が2012年に採択したガイドラインでも明確にされている（「無国籍に関するガイドライン4：無国籍の削減に関する1961年の条約第1条〜4条を通じたすべての子どもの国籍取得権の確保」http://www.unhcr.or.jp/html/protection_material.html より入手可能）。

国連・子どもの権利委員会も、2012年に開催した「国際的移住の文脈におけるすべての子どもの権利」についての一般的討議を受けてとりまとめた勧告のなかで次のように述べ、このような解釈を共有している（パラグラフ77）。「国は、すべての子どもの出生登録を確保するための措置（移住者である子どもの出生登録を妨げるいかなる法律上および実務上の要因も取り除くことを含む）を強化するとともに、国籍を付与しなければ子どもが無国籍となる場合、自国の領域内で出生した子どもに市民権を付与するべきである」。

なお、ここでいう国籍とはあくまでも実効的な国籍を指しており、当該国の権限ある機関による公証が必要であると解される。したがって、たとえば日本政府が、日本国籍を有しない子どもについて「この子どもは○○○の国籍を取得しているはずである」と推測したとしても、当該国の政府や領事機関がそのことを認めない場合、その子どもは実質的には無国籍状態にあることになる。

■日本における国籍への権利保障の課題

日本は、国連・子どもの権利委員会による第2回審査（2004年）の際に「日本で生まれた子どもが1人も無国籍にならないよう」に国籍法その他の関連法令を

改正するよう勧告されている（総括所見、パラグラフ32）。第3回審査（2010年）でも、「すべての子どもの登録を確保し、かつ子どもを法律上の無国籍状態から保護するため、条約第7条の規定にしたがい、国籍および市民権に関わる法律および規則を改正すること」を勧告され、あわせて前述した2つの無国籍関連条約の批准を検討することを促されている（同、パラグラフ46）。

　第2回審査の際には、日本人の父と外国人の母の間に生まれた婚外子が出生前に父の認知を受けていないかぎり日本国籍を取得できないことにも懸念を表明されていたが（総括所見、パラグラフ31）、この点については最高裁による違憲判決（2008年6月14日）を受けて同年12月に国籍法が改正され、問題は解決された。

　無国籍が生じないようにするための法制度の整備、現に存在する無国籍者の救済措置も、前掲UNHCRガイドライン等も参考にしつつ、速やかに進めるべきである。

　なお、国籍法上、複数の国籍を有する子どもは原則として22歳までに国籍の選択を行わなければならない（14条）。これは法改正により、2022年4月1日以降は、18歳に達する以前の重国籍者は20歳までに、18歳に達した後に重国籍者となった場合は2年以内に、選択しなければならなくなる。選択を怠った場合は法務大臣から催告を受け、場合によっては日本国籍を失う可能性がある（15条）。子どもの権利条約に直接関わる問題ではないが、複数の国籍を将来にわたって保持し続けられるかどうかは子どものアイデンティティに影響を与えることから、重国籍を容認することについても議論していくことが望まれよう。また、少なくとも未成年の間は重国籍を容認する余地を認めているのであるから、国外で出生した重国籍の子について3か月という短い期間内で日本国籍の留保の届け出をするよう求める規定（国籍法12条・戸籍法第104条）も削除を検討するべきであろう。

（荒牧重人・平野裕二）

子どもの国籍はどのように決まるか

■**子どもはどのようにして国籍を取得するか**

　子どもが日本の国籍を取得する方法は、大きく分けて2つある。出生による国籍取得と出生後の国籍取得である。国籍法は国ごとに異なっているため、出生によりまたは出生後において、どのような場合に国籍を取得するかも国ごとに異なっている。出生による国籍の取得には、血統主義と出生地主義という2つの立場がある。血統主義とは、子どもが親と同じ国籍を取得することを認める立場である。出生地主義とは、子どもが生まれた国の国籍を取得するという立場である。各国の国籍法は、いずれかの立場をとりつつも、国籍取得の条件を緩めたり厳しくしたりして、その立場に修正を加えている。

　出生後の国籍取得の方法として、認知や養子縁組によって自動的に国籍が付与される国もあるが、日本の国籍法で認められているのは、届出による国籍取得と帰化による国籍取得である。届出による国籍取得は、特に、日本人によって認知された子どもについて認められている。

■**出生による日本国籍の取得**

　日本の国籍法は、出生による国籍取得について、血統主義を基本としている。日本の国籍法によると、子どもは、「出生時に父又は母が日本国民であるとき」に日本の国籍を取得する（国籍法2条1号）。子どもの出生前に父が死亡した場合でも、父が「死亡の時に日本国民であった」ならば、子どもは日本国籍を取得する（同条2号）。

　ここでいう「父又は母」とは、法律上の父または母のことをさす。つまり、父または母と子どもとの間に実際の血縁関係があるか否かにかかわりなく、法律上の親子関係が必要とされる。両親が2人とも日本人であれば、子どもとの法律上の親子関係があるかどうかは日本の民法によって決まる。

　親の一方が日本人でもう一方が外国人であるときに、日本人親と子どもの間に

法律上の親子関係があるかどうかは、そのときの状況によって日本の民法や外国の法律によって決まることになる。日本人親と子どもの間に親子関係があるということになれば、子どもは日本国籍を取得する。

　具体的にみてみると、次のようになる。①日本人男性とA国人女性の夫婦に生まれた子どもの場合、日本の民法かA国の法律のいずれかによって、この2人と子どもとの間の親子関係があるということになれば、子どもは日本国籍を取得する。婚姻成立から200日後、離婚後300日以内に生まれた子どもは少なくとも、日本の民法により嫡出推定を受けるので、日本国籍を取得する。②結婚していない日本人男性とB国人女性の間に生まれた子どもの場合、日本の民法によると、男性と子どもの間には、男性が認知をするまで法律上の親子関係は発生しない。そのため、出生により国籍を取得するためには、子どもが胎児の間に男性が認知をして、子どもの出生時に法律上の父子関係がある必要がある。③結婚していない日本人女性とC国人男性の間に生まれた子どもの場合には、日本の民法の解釈によると、分娩の事実から女性と子どもの間に法律上の母子関係が発生するため、女性が認知をするまでもなく、子どもは日本国籍を取得する。

■認知された子どもの日本国籍の取得

　子どもの出生時に日本人であり、現在もなお日本人である（すでに死亡しているときには、死亡当時に日本人であった）父または母が、20歳未満（成年年齢の引き下げに伴い、2022年4月1日以降は18歳）の子どもについて認知をしたときは、国へ届出をすることによって、子どもは日本国籍を取得することができる（国籍法3条1項）。このとき、子どもはその届出をした時点で日本国籍を取得する（国籍法3条2項）。

　2008年に国籍法が改正されるまでは、届出により日本国籍を取得できるのは、たんに認知された子どもではなく、「父母の婚姻及びその認知により嫡出子たる身分を取得した子」に限られており、両親の婚姻＋認知が要件とされていた。しかし、2008年の最高裁判所判決において、立法当時（1984年当時）は合理性を有していたこのような要件も、すでにその合理性を失っており違憲であると判断され、認知のみを要件とするように改正されることとなった。

　この認知された子どもについての届出による日本国籍の取得は、子どもの出生

後になされる認知を前提としている。前述のように、子どもの出生前に認知がなされた場合には、出生時に法律上の親子関係があることになり、出生により日本国籍を取得するからである。また、母が日本人である場合には、認知をせずとも出生により日本国籍を取得する。そのため、認知された子どもについて届出による日本国籍の取得が問題になるのは、実際には父だけが日本人である場合である。

■帰化による日本国籍の取得

　帰化とは、国の許可に基づいて国籍が付与されることである。国は、条件にあてはまる場合には帰化を許可することができるが、帰化を許可する義務はないため、申請をすれば必ず帰化できるというわけではない。

　子どもにかかわる帰化としては、①子どもの出生時は両親ともに外国人であったが、少なくとも親の一方が日本に帰化しており、子どもが日本に住んでいる場合、②子どもが日本人の養子であり、1年以上日本に住んでいる場合、③もともと日本国籍をもっていたが、何らかの原因で日本国籍を失った子どもが日本に住んでいる場合、④日本で生まれ、出生時から無国籍である子どもが3年以上日本に住んでいる場合がある（国籍法8条）。

　帰化を許可してもらうためのその他の条件の1つとして、子どもが現在無国籍であるか、または現在もっている外国国籍を日本国籍の取得によって失うことが求められる。ただし、外国の国籍を離脱することが不可能である場合には、日本人との親族関係または境遇につき特別の事情があると国に認められれば、この条件をみたしていなくても帰化は許可されうる（国籍法5条2項）。

（小池未来）

第7章　子どもと国籍

03 国籍取得に関する婚外子差別とその是正

■婚外子に対する不平等な法律と子の国籍の取得

　日本の民法では、婚姻している両親の間に生まれた子は「嫡出子」、婚姻していない両親の間で生まれた子は「非嫡出子」とされ、婚外子は「正統でない子」とされている。これは旧民法下の家制度の残滓である。諸外国では、婚内子と婚外子の区別をなくし、すべての子どもを「子」として平等に取扱う立法が進んでいる。それと比較し、日本の立法は大きく立ち遅れていた。

　このようななか、2008年6月4日、婚外子の国籍取得に関して、最高裁大法廷の違憲判決が出され、同年12月に国籍法が改正された。

　国籍の取得は国籍法によって規定され、国籍法2条1項1号は、子の出生による国籍取得について「出生の時に父又は母が日本国民であるとき」と定めている。

　母が日本国籍であれば、分娩の事実によって法律上の母子関係が生じるため、子は日本国籍を取得できる。外国籍の母と日本国籍の父との間に生まれた子の場合、婚内子は日本国籍の父の子と推定され（民法772条）、日本国籍を取得できるが、婚外子は日本国籍の父からの認知が必要となり、生まれる前に父が胎児認知をしていれば「出生の時に」法律上の父子となり、子は日本国籍を取得する。

　父が出生後に認知をした場合、子は日本国籍を取得できず、このことが婚外子差別として問題となっていた。

■改正前の国籍法3条1項による婚外子差別

　国籍法3条1項は、2008年12月12日に改正される前、次のように規定されていた。「父母の婚姻及びその認知により嫡出子たる身分を取得した子で20歳未満のもの（日本国民であった者を除く）は、認知をした父又は母が子の出生時に日本国民であった場合において、その父又は母が現に日本国民であるとき、又はその死亡の時に日本国民であったときは、法務大臣に届け出ることによって、日本の国籍を取得することができる」。

すなわち、「婚姻」していない父母の間に生まれた子は、日本国籍の父の認知があっても、出生後認知の場合には日本国籍を取得することができなかった。

■最高裁大法廷2008年6月4日の違憲判決

フィリピン国籍の母から生まれ、日本国籍の父から出生後認知を受けた子らが原告となった事件で、最高裁大法廷判決は、上記国籍法3条1項を憲法14条の平等原則に違反すると判断し、以下のような判決を述べた（要約）。①社会的、経済的環境等の変化に伴い、家族生活や親子関係の実態が変化し多様化してきている。加えて近年、国際化の進展に伴い国際的交流が増大し、日本国民である父と日本国民でない母との間に出生する子が増加している。②法律上の婚姻をもって、我が国との密接な結び付きが認められるものとすることは、今日では必ずしも家族生活等の実態に適合するものとはいえない。③諸外国においては、非嫡出子に対する法的な差別的取扱いを解消する方向にあり、市民的及び政治的権利に関する国際規約や児童の権利に関する条約にも、児童が出生によっていかなる差別も受けないとする趣旨の規定がある。④胎児認知された子と出生後認知された子との間において、日本国民である父との家族生活を通じた日本社会との結び付きの程度に一般的な差異があるとは考えがたい。⑤日本国民である母の非嫡出子が出生により日本国籍を取得するにも係わらず、日本国民である父から出生後認知された非嫡出子が届出による日本国籍の取得すら認められないことは、両性の平等の観点からみて、その基本的立場に沿わない。

■国籍法3条の改正

最高裁大法廷判決を受け、国籍法3条1項は、2008年12月12日、「父又は母が認知した子で20歳未満のものは…（以下、旧法と同じ）…日本の国籍を取得することができる」と改正され、「婚姻」の要件が削除された（なお、国籍法20条が追加され、虚偽の届出をした者に対する罰則が規定された）。

この改正により、外国籍の母と日本国籍の父から生まれた婚外子は、父の認知があれば、20歳に達するまでに法務大臣に届け出ることによって日本国籍を取得できることとなった。

（雪田樹理）

04 無国籍の子どもがなぜ生まれるのか

■どれくらいの無国籍者がいるのか？

　生まれながらにして国籍が与えられずに育っている子、国籍を失ってしまった子、どの国にも国民として登録されていない子が、現代社会にたくさん生きている。国連難民高等弁務官事務所（UNHCR）は、無国籍者の削減や無国籍者の権利保護を、その任務の1つとして取り組んでいる。UNHCRの調査では、世界にはおよそ1000万人以上の無国籍者が存在していると推定している（UNHCR『数字で見る難民情勢』http://www.unhcr.or.jp/html/ref-unhcr/statistics/index-2016.html）。

　日本における無国籍者は、法務省『在留外国人統計』によると、国籍欄に「無国籍」と明記されている人数は、ここ20年の間でもっとも多かったのが1997年の2194人で、その半数近くが子どもであった。その後、無国籍者は、毎年数十人ずつ減少し、「在留カード」導入とともに一気に減少、2012年末は649人と報告された。その後2020年6月末は666人となっている。そのうち、18歳までの子どもが267人おり、無国籍者総数の約4割を占めている。

　日本の無国籍問題で見落としてはならないのは、「在留カード」などの身分証明書に「○○国籍」とされながら、その国籍を付与されていなかったり、当該国から国民と認められず無国籍状態のまま、日本に暮らしている子どもが数多く存在していることである。こうした子どもたちは、海外渡航でパスポートを発行してもらうため、結婚をするなどの手続きを行うため、当該国の大使館へ関連書類の発行を依頼しにいくが、国民として登録されてないことを理由に書類の発行を拒まれるまで、自分が無国籍状態であることに気付かないことが多い。

■なぜ無国籍者が発生するのか？

　無国籍となる原因は、国々の情勢、国際関係、そして個々人の経歴によって異なっている。ソ連や旧ユーゴなどのように国家の崩壊、領土の帰属の変更によって無国籍になる人もいれば、外交関係の齟齬が原因で無国籍となる人もいる。ま

た、国際結婚や移住の末、国々の国籍法の抵触から無国籍となる子どもたちも存在する。ほかにも、ミャンマーにおけるロヒンギャのように民族的な差別で無国籍になるケースもあれば、行政手続きの不備など、原因は多岐に及ぶ。

　なお、日本における無国籍の子どもの発生に着目すると、数多く見られる事例から以下の原因が浮かび上がってくる。

■国を越えた移住、結婚、法と人の絡まり

　まずは、国際移住や国際結婚、そして国際事実婚が原因で生まれる無国籍の子どもたちがあげられる。出生による国籍の付与は、親の国籍を継承する血統主義と生まれた場所に基づいて国籍を与える出生地主義に二分される。国際結婚や人の移動が増え、国籍法が抵触し生まれた子が重国籍となることもあれば、無国籍となることもある。例えば、ウルグアイのように領域内出生を国籍付与の条件とする国の国民の両親が日本で子を出生した場合、大使館への出生届けだけでは国籍を得ることはできず、一方日本の国籍も与えられない。

　また、「アメラジアン」と呼ばれ、出生地主義の国籍法をとるアメリカの国籍の男性と沖縄に住む日本人女性の間に生まれた子が、無国籍となるケースが多かった。1984年、日本の国籍法が父母両系血統主義に改正されて以降、こうした無国籍児のケースは解消された。

　1980年代後半以降は、国際事実婚の親から生まれた子どもが無国籍となるケースが増えた。日本人の親（しばしば父）が認知をすれば子どもは国籍を取得できるが、父はすでに妻子を有しているなどの理由から子を認知しないため、日本人の父と血でつながっていても父との法的紐帯を証明できないため日本国籍は付与されず、一方、外国籍の母の本国政府にも出生届けが出されないことから、無国籍状態となる子が増えた。日本人父に遺棄されたうえに、母の日本語能力や法的・行政的な能力が不十分なため無国籍状態となる子が多い。

■難民の子どもたち

　次にあげられるのは、難民2世、3世などが無国籍状態となっているケースである。政治的迫害や民族差別から逃れ来日した後、紆余曲折を経て日本において正規の在留資格を取得し生活している元難民は多い。彼らが日本で子を出産する

と、居住地の役所に子の出生届けを提出し、出生届受理証明書をもらう。それを
もとに、出生より30日以内に在留資格取得申請を、居住地を管轄する入国管理
局で行う。在留資格の許可が下りると、そこには、親の出身に従い子は、例えば
「ベトナム国籍」「ミャンマー国籍」などと記された在留カードが発行される。日
本の役場への届け出のみならず、通常であれば国籍国である在日大使館（領事
館）に出生届及びパスポートの申請をするが、難民の場合は本国政府との接触を
避けるため、本国側には子どもの出生を登録しないままであることが多い。その
結果、日本に生まれた難民の子どもたちは無国籍状態となり、前述のようにパス
ポート取得や結婚など人生の節目で、ようやく自分が無国籍であることに気付く
ケースがみられる（陳天璽『忘れられた人々　日本の「無国籍」者』明石書店、2010
年）。

■親の知れない子どもたち

　親に遺棄され児童養護施設で育つ子どもたちのなかに、無国籍状態となってい
るケースも見受けられる。親がともに知れない、または無国籍であれば、国籍法
2条3項により、日本で出生した子どもは出生時から日本国籍を与えられるので
あるが、親が確認できない、もしくは外国人である可能性があることから、国籍
問題が宙ぶらりんのまま育っている子がいる。類似のケースについては、次節で
アンデレちゃん事件を通して具体的に触れられるため、ここでは触れない。付言
するとすれば、児童養護施設に、外国人の棄児の人権保護について相談窓口を設
置し、問題解決をサポートする専門家を配置することが必須である。

■国籍がなくても人権は守られるべき

　無国籍児たちは、国籍がないためさまざまな困難に直面する。修学旅行で海外
に渡航する際のパスポートの取得、銀行口座の開設、アパートの賃貸など彼らが
直面する障壁は枚挙に暇がない。子どもは生まれる国や親を選ぶことはできない。
無国籍の子どもの負担を減らすためにも、しっかりとした制度整備が期待される。
特に1954年の「無国籍者の地位に関する条約」は無国籍者に最低限の法的地位
を保証することで、安定的に生活するために必要な権利を規定している。これに
加盟していない日本は、一日も早く締約国になることが望まれる。　　　（陳天璽）

05 アンデレちゃん事件
──提起された問題

■無国籍児アンデレちゃんの出生

1991年1月、アンデレちゃんは、日本に出稼ぎに来たフィリピン人らしい母から生まれ、アメリカ人宣教師リース夫妻に預けられた。母はそのまま姿を消し、父は日本人と推測されたものの、名前も住所もわからなかった。リース夫妻は、アンデレちゃんを養子にして育て始めたが、1つ困った問題が起きた。アンデレちゃんに国籍がないことだった。

フィリピン大使館は、母親の出生証明等、母がフィリピン人だという証明がない限り、アンデレちゃんをフィリピン国籍だと認めることはできないと言い、日本の法務省は、関係者の証言からすると母親はフィリピン人なのだから、アンデレちゃんはフィリピン国籍であって日本国籍ではないと言うのである。

■人権を享有するための人権──国籍取得の権利

国籍をもって生まれてきた多くの人にとって、国籍は空気のようにあるのが当たり前のものであり、ないとどうなるのか想像することすらない。しかし、現在の国際社会は国家を単位として構成されており、個人の人権保障はその個人が帰属する国家を通してなされるのを基本とする。国籍がないと、その個人は自分の権利の実現を要求できる国、自分の保護を要求できる国をもたないということになってしまう（中川明『寛容と人権』岩波書店、2013年）。それゆえに、世界人権宣言15条1項、市民的及び政治的権利に関する国際規約24条3項、子どもの権利条約7条1項、いずれも国籍取得の権利をうたっているのである。

■国籍法2条3号──日本で生まれ父母ともに知れないとき

日本の国籍法2条3号は、子どもが「日本で生まれた場合において、父母がともに知れないとき」は、日本国籍を認めると定めている。日本は、原則として血統主義（父または母が日本国籍であるとき子を日本国籍とする）を採るが、この原則

のみでは父母が知れないときに無国籍になってしまうため、例外的に出生地主義（生まれた国の国籍を認める）を採用して日本国籍の取得を認めているのである。ところが、法務省の運用は、少しでも母に関する情報があれば、たとえ無国籍になっても日本国籍を認めようとしないもので、そのままでは無国籍児が増える可能性があった。

　そこで、アンデレちゃんは、この規定によって日本国籍があることの確認を求める訴訟を起こした。1993年2月26日、1審東京地方裁判所は日本国籍を認めた。ところが、2審の東京高等裁判所は、1994年1月26日、父母がともに知れないことの立証責任は原告にあり、原告はそれを立証できていないとして、逆転敗訴の判決を言い渡した。リース夫妻は、これにひるまず「神様は、私たちにもっと良い働きを続けなさいと諭しておられるのです」と言って上告した。そして、1995年1月27日、最高裁判所は、2審判決を破棄してアンデレちゃんの日本国籍を認める画期的な判決を言い渡した。原告が、父母を特定できない状況にあることを立証すれば、国側が特定できることを立証しない限り、日本国籍が認められると判断したのである。

■アンデレちゃん事件が提起した問題

　人の根源的な国籍取得の権利を保障するため、国は、無国籍の状態が生じないように措置する義務を負っている（子どもの権利条約7条2項）。ところが、アンデレちゃん事件以降も国の姿勢は十分改善されたとは言いがたい。私たちは、これからますます増えていく「外国につながる子どもたち」が、そのことのゆえに人としての権利を奪われたり排除されたりすることのない国と社会を築いていかなければならない。

（山田由紀子）

国際結婚と子どもの国籍
――重国籍の問題

■子どもが複数の国籍をもつことになる場合

　外国とかかわりをもつ子どもは、複数の国籍を取得する可能性がある。前述の
とおり（7章02）、子どもの出生時に法律上の父または母が日本人である子どもは、
日本国籍を取得する。このとき、もう一方の親が外国人で、その親が国籍をもつ
国が血統主義をとっているとすると、子どもはその国の国籍も取得することにな
る。また、子どもが外国で生まれた場合に、その国では出生地主義がとられてい
たとすると、子どもは出生国の国籍を取得する。これらの条件が重なると、場合
によっては子どもが三重国籍になることもありうる。

■日本の国籍法では

　日本の国籍法では、このような重国籍を防止するための制度がおかれている。
まず、「出生により外国の国籍を取得した日本国民で国外で生まれた」子どもは、
出生の日から3か月以内に国籍を留保する旨の届出をしなければ、はじめから日
本国籍をもっていなかったことになってしまう（国籍法12条・戸籍法104条）。こ
の国籍留保の届出は、出生の届出と同時にしなければならないが、実際には、出
生届に「日本国籍を留保する」欄があるので、そこに署名・押印して在外公館ま
たは日本の市町村役場に提出・郵送することで完了する。

　また、外国で生まれ国籍留保の届出をした場合でも、日本で生まれた場合でも、
複数の国籍をもつ者は、最終的にはいずれかの国籍を選択しなければならない
（国籍法14条）。もっとも、子どもに関していえば、20歳未満で重国籍になった
ときは22歳までに国籍を選択すればよく、その間は重国籍が容認されている（な
お、成年年齢の引き下げに伴い、2022年4月1日以降は、18歳未満で重国籍になった場
合、20歳までに国籍を選択しなければならなくなる）。しかし、期限までに日本国籍
を選択しなかったときは、国から国籍選択の催告を受ける可能性がある。この催
告を受けると、催告を受けた日から1か月以内に日本国籍を選択しなければ日本

国籍を失ってしまう（国籍法15条）。とはいえ、これまでに実際に催告が行われた前例はないようである。

　なお、日本人と外国人との間に生まれた子どもが、外国人親のもつ国籍を出生によっては取得しないときでも、その外国が、親がその国の国民であることを理由に出生後に簡易に国籍を取得することを認める制度をおいていることがある。日本国籍を有する子どもがその制度によって外国国籍を取得すると、子どもは日本国籍を失ってしまう（国籍法11条1項）ので、注意する必要がある。

■重国籍の容認へ──国際結婚の親子は訴える

　国際結婚した両親から生まれた子どもが重国籍となる可能性は高い。しかし、日本の国籍法では、日本国籍と外国国籍の両方をもつ者が、最終的には1つの国籍を有することになるように、国籍選択制度が設けられている。

　これに対して、子どもに重国籍を認めるよう求める声がある。2008年の第170回国会以来、衆議院および参議院の法務委員会に「国籍選択制度の廃止に関する請願」が続けて提出され、子どもの重国籍の維持が求められている。2008年11月19日には、日本弁護士連合会からも「国籍選択制度に関する意見書」が提出された。この意見書は、自動的に重国籍となった者が国籍選択義務を負わないよう、重国籍を容認する方向で国籍法の改正を検討すべきであるとしている。これは、実際に日本人と外国人との間に生まれ両国の国籍を有する者らからの人権救済申立てを受け、調査を行った結果として出されたものである。

　しかし、これまでに国籍選択の催告が行われた前例はない。つまり、複数の国籍をもつ者がいずれかの国籍を選択しなかったためにみずからの意思によらず日本国籍を失った実例はないのである。それにもかかわらず、このように国籍選択制度の廃止が求められる背景には、催告されていないのに日本国籍離脱届を出した例が少なからずあるようだ。国籍離脱届を出してしまうと、再度日本国籍を取得するには条件をみたして帰化を申請するほかない。

（小池未来）

出生地主義の導入でどう変わるか
——フランスやドイツの場合と引き比べて

■血統主義の国日本で外国人は

　外国人の子どもは、たとえ日本国内で生まれても、帰化をしない限り、ずっと外国人であり続ける。就学義務が適用されず、教育を受ける権利が保障されない恐れがあり、18歳を過ぎても選挙の有権者に登録されず、就職の際、公務員を選択肢に入れるのはむずかしい。日本生まれ、日本育ちの在日コリアンの3世や4世の子どももそうした扱いを受ける。

　それに比べ、アメリカをはじめ「新大陸」の国々は当該国に出生したことを重く見る出生地主義を加味した国籍法をもっている。ヨーロッパにももともと出生地主義の国イギリスのほか、出生地主義を取り入れた国があり、フランスでは「フランスで生まれた子どもは、親の少なくとも1人がフランス生まれであれば、出生と同時にフランス人となる（二重出生地主義）。また、そうでなくとも、フランスで生まれた子どもは、11歳以降5年間継続的にフランスに居住すれば、フランス国籍を（自動的に）得ることができる」。

■父母ともに知れないとき日本国籍へ

　日本の国籍法は血統主義に基づいていて、ごく例外的に出生地主義を認め、子が日本で生まれ、「父母がともに知れないとき、又は国籍を有しないとき」、日本国民とするとしている（第2条）。この実際の適用については、「アンデレちゃん事件」（7章05）を参照してほしいが、無国籍者を生むことを極力避けるため、親に代わって出生届を提出する者（病院、医師、児童相談所、NGOなど）は、国籍欄に「無国籍」とせず、「日本」と書いて、子どもたちに生きやすい将来を与えるべきである。

　外国人の子どもが生まれ落ちた国に定住・永住していくとき、血統主義国籍法は、彼・彼女を「外国人」として扱い続けるから、権利上差別が及び、「外国人」という眼差しでみられ、しばしば生きづらさをもたらす。仮定として、もしも日

本の国籍法に上述のフランスのそれのような出生地主義が導入されたら、どうなるだろうか。

■出生地主義が適用されれば

巻末資料I-7によると、過去10年間（2008～17年）に外国人父母から日本で生まれた子どもは約12万9000人であり、出生地主義が適用されれば、それだけの日本人候補者が生まれるわけで、先のような在日コリアンの場合、父母ともに日本生まれだろうから、加重出生地主義により出生と同時に日本国籍が付与されていたことだろう。就労、参政権行使などにおける差別はなくなるか緩和されるだろう。もちろん多くの国でそうした国籍付与を拒否する権利も認めているが。

久しく血統主義一本の国籍法の下にあったドイツは、2000年から新国籍法により条件付きで出生地主義を導入した。外国人の親の一方が無期限滞在許可などをもっていると、ドイツ生まれの子は自動的にドイツ国籍を与えられるとした。2000年から同法は適用され、数値を知ることはできないが、外国人を親として「ドイツ人」として生まれた子は数十万人に達していると思われる。

■重国籍の許容も望まれる

ただ、出生地主義が外国にルーツをもつ子どもたちに生き易さを与えるには、重国籍が認められ、親や親の母国とのつながりも維持でき、また将来どちらの国で生きていくかを選択できることも重要だろう。また親と子の国籍が違ってしまう悩みから解放されるためにも必要だろう。出生地主義を採用する多くの国は重国籍を認めている。

なお、父親が知られず、また認知せず、母は超過滞在その他の事情から日本の役所にも本国大使館にも届けができないというケースはかなりあり、それを放置して無届け・無国籍児を生むよりは、国籍法第2条の柔軟な解釈に立ち日本国籍を認めたほうがよい場合もある。こうして出生地主義の適用を少しでも広げることが、子どもの利益、幸せにかなう場合、その方向への一歩が踏み出されるべきだろう。

（宮島喬）

08 さまざまな立場にある子どもたちが平等に生きるために

■日本国籍をもたないことによる取扱いの違い

日本国籍をもたない子どもは、日本社会のなかでさまざまな扱いの違いに直面する。本書のさまざまな章で、外国人の子どもたちが日本で直面する問題が取り上げられているが、そのなかには、日本社会の無理解や偏見に基づくもの、多文化への対応が課題になっているもののほか、日本国籍をもたない人たちに対し、制度上、日本人とは異なる取扱いが用意されている場合がある。

出入国管理及び難民認定法（以下「入管法」）は、日本国籍をもたない人を「外国人」と定義し、日本に在留するにあたって原則として在留資格を要求し、また、在留管理の対象とする。日本で生まれ、または家族に日本に連れてこられ、日本を生活基盤としながら、在留資格の問題により、退去強制の危険にさらされる子どもがいる。日本で就学してきたのに、自由に進路を選択できない生徒もいる。

入管法の条項が直接問題になるケースのほかにも、国民健康保険の被保険者資格が一定の在留資格をもつ者に制約されるなど行政サービスを受けるうえでの取扱いの違いがある場合がある。進路選択のうえでは、公務員については国籍条項がある場合がある。また、日本学生支援機構の奨学金も、在留資格による制限をもうけている。

このような、国籍等による制度上の違いに直面する子どもたちに対して、関係者は、どのように向かい合い、関わっていけばよいのだろうか。

■人として平等な権利をもつことから出発する

最高裁判例は、憲法の基本的人権の保障は、権利の性質上日本国民のみをその対象としていると解されるものを除き、日本に在留する外国人にも等しく及ぶものとしており（最大判昭和53年10月4日・民集32・7・1223）、また、在留する外国人は、日本が批准している国際人権規約や子どもの権利条約に規定される権利の享有主体でもある。

　日本で生まれ、または親に連れられて日本で暮らすようになった子どもたちは、自分の意思とは無関係に、国籍や在留資格等による取扱いの違いに直面している。それは、当事者である子どもたちの立場からすると、自分ではどうしようもなく、理不尽なものと感じられるだろう。

　最大判平成20年6月4日・最高裁判所民事判例集62・6・1367は、かつての国籍法3条1項が、日本人である父と日本人でない母との間に出生し、出生後に父から認知された子について、父母が婚姻した場合に限って日本国籍取得を認めていたことにつき、違憲であると判断した。同判決は、旧国籍法3条1項の立法当時には立法目的に合理的な根拠が認められるとしつつも、その合理的関連性は、「我が国の内外における社会的環境の変化等によって失われ」たとして、当該事件の時点においては「著しく不利益な差別的取扱い」になっていたと判断した。このように、かつては「やむを得ない合理的な区別」とされていたものが、社会的環境の変化等により、許されない差別と判断されるに至る場合もある。

　外国人の子どもたちに関わるにあたっては、まず、何よりの前提として、人権とは、人として生まれながらにもつ権利であり、日本国籍をもたない子どもも、人権を享有する主体であるという理解から出発することが必要である。そのうえで、当たり前のように行われている取扱いの違いが本当に正しいのか、常に検討がされる必要があるし、また、在留資格のように制度上の取扱いの違いが避けられないものについても、その適用において、子どもが人権享有主体であることを踏まえ、生活の基盤や家族との生活を奪われないことなど、基本的な権利が守られるような判断がされなければならない。

　「家族滞在」で在留する子どもの就職について、関係者が粘り強く働きかけた結果、高校卒業後に一定の要件の下で就労無制限の在留資格への変更の途が開かれた例もある。子どもに関わる人びとが問題意識を持って声を上げることで、制度が変わることもある。

■関係者が正確な知識に基づいて行動すること

　そのうえで、実際に子どもたちの生活のうえで起こる問題に対しては、関係者が偏見をもたず、かつ、正しい知識をもったうえで子どもたちに接することが重要である。

　まず、本来は国籍や在留資格の制約がない場面で、関係者の無知のために子どもの権利が制限されるような事態は、絶対に避けなければならない。

　例えば、教育を受ける権利については、経済的、社会的及び文化的権利に関する国際規約13条・14条や、子どもの権利条約28条・29条により保障されており、日本の文部科学省もこれを踏まえて、外国人の子どもも、国籍や在留資格に関わりなく公立学校で就学できることを明言している。しかし、2012年7月9日に施行された入管法等の改正により、在留資格の有無にかかわらずすべての外国人を対象としていた外国人登録制度が廃止され、一定の在留資格を有する人だけを対象とする外国人住民票制度が導入された後、在留資格のない外国人の子どもが小学校等での就学を拒否されたという事例が散見される。これは明らかに違法な取扱いである。

　日本弁護士連合会は、2016年2月、行政関係者や支援者等に正しい理解を求めるため、非正規滞在の外国人であっても受けることができる行政サービスの情報をまとめたパンフレットを発行した（「非正規滞在外国人に対する行政サービス」http://www.nichibenren.or.jp/library/ja/publication/booklet/data/gyosei_serv_pam_ja.pdf）。

　次に、現在の制度上、やむをえない取扱いの違い、または、やむをえないとは言いがたくても、少なくともすぐに解消するのが難しい場面においては、当事者が正確な情報に基づき、よりよい選択ができるための支援も必要だろう。

　例えば、筆者は、国籍条項や在留資格の制約から、自由に進路が選べない子どもがいることは、決して正当化してよいことではないと考えるが、実際に子どもたちと接する教育関係者や支援者としては、現実に考えられる選択肢のなかからよりよい進路を選ぶことができるように、子どもや保護者に対して情報提供をする必要がある。その際には、正確な情報を提供するとともに、自分ではどうしようもない制約に接して、これを受け止めることになる子どもの立場に寄り添った配慮も必要だろう。

　また、在留資格については、適切に手続きをすれば、在留資格のない子どもが在留特別許可を受けたり、就労に制限のある在留資格から制限のない在留資格に変更することが可能な場合もあるので、必要に応じて弁護士などの専門家に相談すべき場面もあるだろう。

（丸山由紀）

＊

第8章

子どもの在留資格

外国人の子どもはどんな在留資格で日本に滞在しているのか。親の在留資格に従属し、「扶養される者」にとどまると、就職できないこともある。高校生になって、アルバイトはできるのか。親が非正規滞在になり、共に帰国を強いられることもある。親子が一体で生活でき、かつ、子どもの自立も可能であるような在留の制度が求められる。

子どもの在留資格はどう決まるか
―― 「扶養」 と 「従属」 の親子関係

■在留資格と外国人

外国人が正規に日本に入国・滞在するためには、原則、在留資格 (旧植民地出身者とその子孫の場合には「特別永住者」という在留の資格) が必要である。ニューカマーの外国人の場合には、活動に基づく25の在留資格と、身分または地位に基づく4つの在留資格があり、それぞれの在留資格が定める基準や要件に該当しなければならない。そして、前者には日本での活動に制限があり、後者は、就労に制限はなく、どのような職種で働くことも認められている。

例えば、インド料理店や中華料理店で雇用される料理人の場合、10年以上の実務経験などを要件として「技能」が、企業で働くIT技術者の場合には、原則、大卒以上の学歴か10年以上の実務経験などを要件として「技術・人文知識・国際業務」が与えられるが、いずれも、在留資格で認められている職種以外の就労はできない。

■在留期間と外国人

在留資格に加えて、在留期間によっても外国人は制限されている。

「特別永住者」と「永住者」「高度専門職2号」以外の外国人には、在留期間が定められており、在留期間を超えて日本に滞在するためには、期間更新の申請を行い、許可されなければならない。

在留期間の種類 (「6月」「1年」「3年」などで、最長「5年」) は、在留資格ごとに異なっており、義務の履行状況や雇用状況、これまでの在留実績や今後の継続性などの要件を基準として、個別に決定される。したがって、同じ在留資格の外国人であっても、在留期間は同一ではない。

外国人の立場からすれば、安定的に日本で生活を営むためにより長い在留期間を望むであろうが、その分、審査のハードルは高くなる。就労を目的とした在留資格の場合、最長「5年」の在留期間をえるためには (「興行」と「特定技能2号」

親（扶養者）の在留資格			子どもの在留資格（日本人の実子ではない場合）
ニューカマー	活動に基づく在留資格	「外交」	「外交」
		「公用」	「公用」
		就労を目的とした在留資格	「家族滞在」
		「留学」「文化活動」	「家族滞在」
	身分または地位に基づく在留資格	「永住者」	・日本で出生した場合は「永住者」か「永住者の配偶者等」 ・海外で出生した場合は「定住者」
		「日本人の配偶者等」	・日本人と再婚した外国人親の連れ子の場合、日本人親と特別養子縁組をすれば「日本人の配偶者等」 ・それ以外は「定住者」
		「永住者の配偶者等」	「定住者」
		「定住者」	「定住者」
「特別永住者」			・日本で出生した場合は「特別永住者」 ・海外で出生した場合は「定住者」

注1）日本人の実子の場合は、日本国籍取得（日本人）か「日本人の配偶者等」（日系二世）。
注2）就労を目的とした在留資格のうち「特定技能1号」は家族の帯同が認められていない。
注3）「外交」と「公用」は在留外国人には含まれず、年齢別の統計が公表されていない。

は最長「3年」、「特定技能1号」は最長「1年」）、就労予定期間が3年を超えることが要件であるが、非正規雇用が拡大している現下の雇用状況においては難しいといえよう。

■親に「従属」する子どもの在留資格

では、子どもの場合はどうであろうか。

2020年末現在、18歳未満の子どもは28万1353人（在留外国人の9.7％）である。在留資格別でみると、「永住者」（33.8％）、「家族滞在」（31.2％）、「定住者」（20.9％）、「特別永住者」（6.2％）、「永住者の配偶者等」（5.5％）の5つで9割以上を占めており、これらはすべて、親（扶養者）の存在を前提として付与されるものである。そして、どのような在留資格が子どもに与えられるかは、上表に示すように、親の在留資格によって決まる。在留期間についても同様であり、子ども

の在留期間は、親の在留期間内でしか付与されない。

　2015年より、小中学校における国際交流のニーズを踏まえて、親を同行せず来日する外国人児童生徒に対しても「留学」という在留資格が付与されるようになったが、寄宿舎の寮母や親族など、親に代わる扶養者が国内にいることが要件である。この点は、子どもが「特別なケア及び援助」（子どもの権利条約）を必要とする存在であることを考慮すれば、当然の対応であるといえよう。

■十分に尊重されない「子どもの最善の利益」

　だが一方で、法的地位が親に従属するために、「子どもの最善の利益」が十分に尊重されない事態も時として生じる。すなわち、親が在留資格を失ったり、在留期間の更新が認められないなど、正規に滞在することができなくなった場合、たとえ子どもが日本に滞在し続けることを望んだとしても、その希望を叶えることは難しい。

　例えば、日本人と再婚した外国人親（「日本人の配偶者等」）が離婚した場合の連れ子（「日本人の配偶者等」あるいは「定住者」）や、就労を目的とした在留資格をもつ親が解雇や雇用期間満了などで在留資格を失った場合の子ども（「家族滞在」）などである。さらに、2012年以降、外国人に対する在留管理が厳格化し、住所変更届や在留カード更新の遅延といった義務違反を理由に在留資格が取り消される可能性すらある。そして、親の在留資格がなくなれば、親に従属する子どもは在留資格の根拠を失ってしまう。

　制度上、親に代わって扶養する者が日本にいれば、教育課程に在籍する子どもが「留学」に在留資格変更することも可能であるが、子どもだけを残して親が帰国するという選択は現実的ではない。現行の在留資格制度のもとでは、「扶養」と「従属」の親子関係のなかで、子どもの権利が侵害されてしまうこともあるのだ。

（鈴木江理子）

「家族滞在」の子どもたち
── 「依存」という拘束

■増える「家族滞在」の外国人

「家族滞在」は、「技能」や「技術・人文知識・国際業務」など就労を目的とした在留資格（「特定技能1号」を除く）、及び「留学」や「文化活動」の在留資格をもつ者に扶養される配偶者や子どもに対して与えられる在留資格である。扶養者である親と「住居及び生計を一にして共同生活を行っている」という要件を満たせば、成人した子どもであっても「家族滞在」が付与される。「Dependent」という英訳が示す通り、経済的に「依存」していればよいのである。

ニューカマーの増加、滞在長期化・定住化とともに、外国人労働者や留学生の配偶者や子どもとして来日・滞在する「家族滞在」の外国人も増えている（1986年末：1万9415人→2020年末：19万6622人、＊1986年は在留資格「4-1-15」）。2020年末現在、18歳未満の「家族滞在」の子どもは8万7873人であり、子どもの代表的な5つの在留資格のうち、唯一、活動に基づく在留資格である（8章01）。そして、このことが、「家族滞在」の子どもたちの「活動」を制約している。

■限られた将来の選択肢

ところで、外国人生徒の高校在籍率は6割程度と推計されているが（5章10）、残りの4割の子どもたちはどうしているのであろうか。

就労に制限のない「永住者」や「定住者」であれば、就職するという選択肢も可能である。日本の高校進学率はほぼ100％と言われているが、実際には中卒で就職する子どももいる。学校基本調査によれば、中学校・高校卒業後の進路が就職の者の割合はそれぞれ0.2％と17.4％である（2020年度）。日本語という壁や経済的困難に直面しやすい外国人生徒では、日本人生徒以上に就職を希望する者や就職せざるをえない者の割合が高いと推測される。

けれども、「家族滞在」の子どもの場合、週28時間以内の「資格外活動」（アルバイト）しか認められていないため、中学校・高校卒業後の彼／彼女らの選択

肢は、進学かアルバイトしかない。就労を目的とした在留資格に変更するためには、大学や専門学校を卒業する必要がある。

　昨今の厳しい経済状況のなか、親に学費を頼ることができず、一定期間働き、自ら学費を貯めて進学する子どももいるが、そういった選択肢も「家族滞在」では難しい。加えて、日本学生支援機構等の奨学金も「家族滞在」は対象外である。

■「依存」からの脱却を目指して

　外国人生徒をめぐるこのような制約的状況は、次第に彼／彼女らにかかわる学校教員の間で問題共有されるようになり、弁護士会や支援団体等を通じて政府への働きかけが行われるようになった。その結果、2015年1月、法務省入国管理局（現・出入国在留管理庁）から「『家族滞在』の在留資格をもって在留する者から『定住者』への在留資格変更許可申請における留意事項について」という通知が出され、一定の要件を満たす「家族滞在」の高校生の就職が認められるようになった。

　その後、18年2月、20年3月と要件が緩和され、17歳未満で来日し、就職が内定した「家族滞在」の外国人について、日本で小学校・中学校・高校を卒業（見込み）した場合には「定住者」に、日本で高校に入学し卒業（見込み）した場合、あるいは高校編入で卒業（見込み）し、日本語能力試験N2以上の場合には「特定活動」に在留資格が変更され、就職することができるようになった。「家族滞在」の子どもが親への「依存」から脱却し、高校卒業後に就職できるようになったことは、大きな前進だと評価しうるであろう。

　しかしながら、17歳以上で来日した「家族滞在」の外国人など、いまだ高校卒業後の進路選択に制約がある子どももいる。子どもの権利の尊重という視点から、自由に将来を思い描き、進路を選択するという当たり前のことを阻む在留資格の制約を、さらに取り除いていく必要があるだろう。

（鈴木江理子）

03 連れ子としての子どもの権利と在留資格

■多様化する家族とステップファミリー

　日本国内では2021年1月1日現在で211万以上の世帯が外国籍もしくは複数国籍世帯として登録されている（巻末資料I-3）。家族の多様化は、国籍や文化に加え家族構成や家族の範囲にも及んでいるが、結婚による継親子関係を含む家族形態である「ステップファミリー」も、上記諸世帯にみられる多様性の1つである。

　親が母国から子どもを呼び寄せる理由は、日本での生活が安定したこと、預けていた親族（祖父母等）の高齢化等による事情の変化、日本での教育を受けさせたいことなど、個々の家族によってさまざまであるものの、離れて生活せざるを得ない子どもと再び一緒に生活することは、国境を越えて子育てをする多くの親の共通の願いであろう。こうして呼び寄せられる子どものなかに親の結婚を機に「連れ子」として来日する子どもが含まれている。では、この「連れ子」として来日する子どもたちは、日本でどのように受け入れられ、どのように日本での生活に適応しているのであろうか。

■家族再統合の権利と入国管理制度

　子どもの権利条約では、子どもがその父母の意思に反してその父母から分離されないことを確保し、定期的に父母のいずれとも人的な関係を結ぶ権利を認めている。また、締結国に上記権利の行使に伴う出入国の権利について尊重するよう求めている（巻末資料IV）。日本で子どもを呼び寄せるには、配偶者をはじめ一緒に暮らす家族の同意や協力が必要となることはいうまでもないが、在留資格を得るためには、申請書や招聘理由書およびさまざまな証明書を提出する等の手続きが必要となる。

　法務省によれば、呼び寄せられる子どもに対しては、呼び寄せる親の国籍や在留資格に応じて「定住者」「永住者の配偶者等」「家族滞在」「特定活動」といった在留資格が与えられるが、当該の子が未婚であること、呼び寄せる親の実子で

第8章　子どもの在留資格

あることなどが条件となっている。加えて、呼び寄せる親に一定の収入や資産があることが求められる。さらに、子どもにとって実親の配偶者である継親との間で養子縁組を行おうとする場合には、子どもの本国法と日本の国内法とに準拠し、さまざまな法的手続きを経る必要がある。こうした子どもの養子縁組や呼び寄せをめぐり、夫婦間で必ずしも合意に至るとは限らないため、パートナーの同意が得られず、子どもを呼び寄せることができなかったというケースもある（メアリー・アンジェリン・ダアノイ「家族とジェンダーの概念における固定性と柔軟性」アジア太平洋人権レビュー『女性の人権の視点から見る国際結婚』現代人文社、2009年）。

■子どもにとっての適応の課題

　一方、呼び寄せられた子どもは、母国におけるそれまでの学校生活や友人関係、同居していた親族との別れという喪失体験を抱えつつ、離れていた実親、継親、新しく兄弟となる子どもを含めた新しい家族とどう向き合うか、新しい社会・学校へどのように適応していけばよいか、という新たな課題に直面することとなるため、その子の経験するストレスは非常に大きいものとなろう。

　また、離れていた期間に実親とどのような関係にあったのか、子ども自身が来日をどのように意味づけているか、といった複数の要因が、日本での適応のプロセスに影響を与えるともいわれている。特に、思春期のアイデンティティ確立時期に、こうした移動や適応プロセスのなかで困難を経験した子どもたちが、良好な親子関係をもてなくなり結果的に家を出るケースもある（アジア太平洋人権レビュー『外国にルーツをもつ子どもたち 思い・制度・展望』現代人文社、2011年）。

　こうした境遇にある子どもが日本での生活のなかでこのような難題を乗り越えるための支援や、自らの進路を切り拓いていく成長過程を長い目で見守ることのできる安定した滞在の保障が望まれる。

（西口里紗）

04 中高生の在留資格と受験、アルバイト、就職

■在留資格と受験

　高校受験においては、外国籍生徒の在留資格は問われない。入学時点で中学校を卒業していればよい。外国の中学校を卒業している場合、卒業証明・成績書類の提出について各学校や教育委員会に入試実施要領を確認する必要がある。

　公立高校入学に際しては、学区内の居住（予定も含む）を確認するため住民票の提出を求められることがあるが、その場合も国籍・在留資格は問われない。そのため、学校に提出される住民票には必ずしも国籍や在留資格が記載されているわけではない。ただし、後述する進路選択に在留資格が関係してくるので、少なくとも就労制限がある場合は学校へ伝える必要がある。

　在留資格がない（非正規滞在の）場合でも、居住が確認できれば就学を認めるように文科省が通知を出しており、高校入学に際しても、居住を証明するもの（公共料金明細書や郵便物など）をもって学校長が入学を許可することとなる。またこの場合、非正規滞在生徒についての入管からの問い合わせがあっても、教育を保障するという任務が優先されるため、学校は答える必要がない。なお、渡日間もない生徒の高校入試における特例措置については、5章10を参照されたい。

　大学進学においては、国籍そのものが問われない。ただし、防衛大・防衛医科大は日本国籍を要する。また、朝鮮高級学校卒業生の大学進学については、大学によって可否がわかれているという問題がある。高校や大学の奨学金については、本人や保証人の在留資格が問われる場合があり、教育保障の観点から問題がある。特に在留資格「家族滞在」の生徒が増えているが、日本学生支援機構は申請受理さえしてくれず、進学資金が用意できずに就職に切り替えても後述の在留資格変更が必要となる。国籍のみならず在留資格の就労制限の有無も早期に把握して進路保障に取り組まねばならない。

【事例】

　大阪の高校入試では、志願書で居住地確認を行っており、住民票の提出を求め

ていないので受験の段階では在留資格を把握することができない（特例措置入試では日本の在留期間の証明としてパスポートのコピー等の提出を求めているので把握はできる）。「非正規滞在」の生徒は少数ではあるが入学している。

　日本人男性と再婚した母親が、子どもを日本に呼び寄せ、子どもは高校に進学した。その後母親が離婚したため、母親・生徒本人の在留資格がなくなり、退去強制となった。生徒はすでに高校に在学しており、日本の高校での在学を望んでいて、兄が日本で生活しており、生徒の保護者代理となることで生徒の在留が認められた。生徒は「非正規滞在」から「留学（就学)」の在留資格が認められた。

■在留資格とアルバイト

　在留資格が「特別永住者」「永住者」「日本人の配偶者等」「永住者の配偶者等」「定住者」の場合は就労制限がない。その他の在留資格には、就労内容に制限があるものと就労不可のものがあるのだが、高校生の場合は、在留資格が「留学」「家族滞在」の場合に問題となる。原則的には就労はできないが、入管に「資格外活動許可」を申請して許可されれば週28時間までの就労が可能となる。許可を得ずにアルバイトをすると、在留資格の更新ができなくなったり退去強制になることがある。許可申請を怠ったり、許可申請は必要ないと勘違いしている生徒もいるので、注意しなければならない。もちろん、雇用側にも罰則が発生する。

【事例】

　「家族滞在」の在留資格があるにもかかわらず、「見た目が日本人のようではない」「日本語の会話がおかしい」という理由でアルバイトを断られた生徒がいる。高校生のアルバイト面接なので、学校や保護者が教育委員会や職業安定所・労働基準監督署に指導を要請するなどの対処がしにくい現状である。また、入国管理局に「資格外活動許可」を申請し、アルバイトの許可を得た「家族滞在」の生徒が、面接で店長から「家族滞在の人はアルバイトさせられない」と言われた。そこで「在留カード」裏面の「資格外活動許可欄」を店長に見せ、週28時間以内のアルバイトができると説明した。店長も理解し、アルバイトができた。

■在留資格と就職

　高校の進路指導では、在留資格によっては就労制限があるということが十分に

認識されているとは言えない。また、本人や保護者が就労制限がないと勘違いしている場合もあるので、在留資格と就労制限の有無を確認することが大切である。

「在留資格とアルバイト」にも記したように、在留資格が「特別永住者」「永住者」「日本人の配偶者等」「永住者の配偶者等」「定住者」以外の場合は就労内容に制限があったり就労不可であったりする。「資格外活動許可」を得ても週28時間までしか働けないので、正社員として就職するには、就労可能な在留資格への変更が必要である。家族の就労状況等によっては「永住者」への変更申請、日本への定住が認められれば「定住者」への変更申請も考えられる。また、就労内容に制限があるものの就労可能な在留資格「技術・人文知識・国際業務」「芸術」「宗教」「法律・会計業務」等への変更申請もありうる。ただし、「技術・人文知識・国際業務」は、高度な専門知識や技能を身につけ、それを証明する必要があるので高卒で就労経験がない場合、大変難しい。いずれにせよ、在留資格の変更申請には時間がかかるので、「家族滞在」など就労制限のある在留資格の生徒の就職準備は入学当初から取り組む必要がある。法務省も2015年1月20日付で、地方入管に対して「特段の問題がない」高卒者の「定住者」への変更許可を促す通知を出している（法務省管在357号）。

また、公務員試験については、多くの職種で国籍条項が撤廃されているが、在留資格による制限を設ける自治体もある。外国籍教員の採用には「期限を付さない常勤講師」という任用差別の問題があり、子どもたちに外国人教員を低く位置づける意識をもたらしかねず、外国人生徒の進路展望への悪影響も懸念される。

【事例】

単身赴任で日本の会社で働く父親（「技術」の在留資格）が、家族全員を日本に呼び寄せた。高校の進路指導で、自分の「家族滞在」の在留資格では学校就職斡旋を受けられない（正規労働に就けない）、日本学生支援機構等の奨学金申込資格がないことを知った。またAO入試や指定校推薦での受験を認めていない大学もあり、将来の進路に絶望感を抱いた。「永住」への変更を申請したが認められず、就職できないので大学進学を希望したが、入学金や学費が問題となった。保護者は2年間できるだけ貯蓄をし、生徒本人は入管の許可を得てアルバイトをして乗り切った。大学合格後「留学」への変更を申請、就職が決まり大学卒業前に「教育」への変更を申請し、現在教育関係で働いている。　　　　（黒田恵裕・米谷修）

第8章　子どもの在留資格

非正規滞在の子どもと人権

■S君の話

　非正規滞在だった2人の少年の話をしよう。1人はS君で、もう1人はL君。

　S君は、1996年10歳の時に両親と一緒に中国から入国し、小学校5年に編入、在留資格は定住者であった。ところが、中学2年生の終わりの時、中国残留邦人家族を偽装したとして家族全員が入管から摘発された。父親は収容され、母親と日本で生まれた妹の3人で生活することになる。父親は中国での事故で左股関節全廃の重度身体障害者で、収容生活は耐えがたいものであったが、仮放免が許可されることはなかった。これ以前の摘発事例では、子どもを含め家族全員を男女別に収容するのが普通であった。子どもと大人は同室で、男女別であったから、男の子は母親と会えず、女の子は父親と会えないので、家族が顔を合わせるのは面会人があるときの面会室くらいであった。子どもの収容に対してはマスコミからも批判が投げかけられ、やがて入管は子どもを収容しなくなり、それに伴い、片親を仮放免し、主に父親を収容することが多くなったのである。

　摘発された家族の多くは収容に耐えられず、やむなく帰国を選択した。しかし、S君の母親は、中国に帰っても前途は絶望的であり、子どもの未来がないので司法に訴えた。その頃の裁判所の実情といえば、入管訴訟は開かずの門であり、「法務大臣の自由裁量権」「違法状態の積み重ね（在留期間が長いことを不利に考慮する）」「子どもの可塑性（送還しても適応できる）」のキーワードで切り捨てられるのが普通であった。

　案の定S君家族の場合も、裁判が終わるまで退去強制を執行しないようにとの執行停止の申し立てが、地裁・高裁ともに却下されたので、いつでも送還されかねない状態で本訴を続けることとなった。仮放免中は原則働くことができなかったが、母親は子どもたちの生活を維持するために昼も夜も働き、S君もアルバイトをした。妹は平日は児童相談所に預けられた。

　2002年の一審判決は予想通りの敗訴だった。子どもの権利条約の子どもの最

善の利益と自由権規約の家族の保護を中心に訴えたが、裁判所はこれらは法務大臣が裁量権行使のなかで考慮する1つの事由に過ぎないとして、裁判規範性を認めなかった。判決後、入管は家族全員を送還しようとした。父親もいったんは家族全員の帰国のための渡航証発行に同意をしてしまった。しかし、学校の先生やNGOの人たちが何とかS君だけでも残そうと懸命に支援した。同じ集合住宅の日本人のおばさんがS君の面倒を見てくれることになり、中国領事館の領事は、S君の帰国後の前途を憂慮してS君だけには渡航証は発行しなかった。家族が送還された後にS君だけ収容されたまま裁判になるのか、という状況になった。家族送還の直前、S君も入管に出頭を命じられた。支援の人たちは心臓が凍る思いで待った。幸い、S君は収容されなかったが、両親と妹は送還されてしまった。S君はそのとき高校2年生になっていた。

　S君は、学校の先生やクラスの同級生、柔道部の監督や部員などたくさんの人に支えられて裁判を続け、最高裁の判決（敗訴）が出たときは高校3年生になっていた。その後大学に合格したが、入管側がいったんは帰国してもらわないと困るというので、留学の在留資格認定証明書を申請したうえで、大学の入学式に出た後、黒竜江省に帰ると、6月になって入管の留学許可が下りた。S君は再び来日し、大学を卒業して大学院に進み、現在は会社を設立して働いている。

　S君のことがリーディングケースとなり、子どもの権利ネットワークが関西で結成され、牧師、教師、国際交流協会職員、国会議員、弁護士などさまざまな人が同じような境遇にある子どもたちのサポートに関わってきた。

■L君の話

　L君は1996年に日本で生まれた。中国籍の両親は2人とも在留資格がなかった。父親は当初留学の在留資格があったがまもなく不法残留となり、母親は偽造パスポートで入国していた。両親は退去強制を恐れてL君の出生届を出さなかったが、2011年に家族全員が入管に出頭した。その時点で父親の在留期間は約23年、母親は約19年に達していた。自ら出頭したが、入管は警察に通報、同年11月に両親は逮捕され、14歳のL君は児童相談所に預けられた。母親は11月末起訴され、父親は起訴されず入管に収容された。弁護士に相談があったのはその時だ。

　話をはじめて聞いて驚いたのは、L君がその歳まで学校に行ったことがないこ

とだった。父親から買ってもらった本で家で自習をするだけだった。日本での在留を希望するのにこのままでいいのか、まず学校に入らないといけないと思った。父親はまもなく仮放免となって、L君を引き取り、母親もその年末に保釈されて家族3人が無事に正月を迎えることができた。そこで、すぐに近くの中学校に相談に行った。運がよかったのか、L君の年齢だと、ぎりぎり中学校に入学することができた。学校の先生が言うには、15歳になると夜間中学以外は入学できないということだった。

　L君と両親との親子関係も証明できなかったので、家庭裁判所のDNA鑑定で親子関係の確認を行い、無事出生届が受理された。母親の刑事裁判は執行猶予となった。L君は、一所懸命勉強して、2年少しで中学校を卒業し、公立高校に進学できた。

　この時点で、入管が公表する在留特別許可ガイドラインが改定され、許可の積極的考慮事項として、在留期間が20年を超えていることと、日本で生まれて10年が経過して日本で教育を受けていることが記載されていた。

　両親ともに在留期間が20年を超え、日本生まれのS君が高校に入学できたこともあって、2013年6月、家族3人に入管から在留特別許可が付与された。S君は現在大学に進学している。

■在留資格のない子どもの保護

　在留資格がない場合、子どもは保護されず、家族とともに強制送還されていた。その後、S君のような大学生について、日本での在留が認められるようになり、裁判でも一部保護されるように変わった。しかし、親も含めて家族全員に在留特別許可が出されるのはまだ数えるほどしかない。子どもが本国に送還されても、よりよい未来を切り開く可能性があるのならよいのだが、日本で長期間在留し、小学校高学年以上の教育を日本で受けている場合、言語学の見地からも本国での教育に適応するのは著しく難しい。そうしたとき、日本での在留が認められるよう保護することが求められるが、さまざまな困難が待ち受けている。社会の雰囲気もやや寛容さを欠くようになってきているのではないかと気がかりなところがあり、各方面からの強い援助が求められている。

（空野佳弘）

*

第9章

子ども支援の現場

本章は、主に子どもたちに寄り添い支援を重ねている人びとからのレポートである。学校、児童福祉施設などの公的サポートだけでなく、外国人集住地域での民間支援も含まれている。どのような援助が行われ、どのような援助が必要とされているのか。現場での課題は何なのか。さらに、現場では子どもたちのいまが、どのように映っているのか。

いじめの克服における教育の対応

■「中国は悪い国だ！」

中学1年の英語の教科書で、登場人物の1人が中国出身という設定であった。「China」という単語を導入すると、突然1人の男子が「俺、チャイナ大っ嫌い！中国は悪い国だ」と叫んだ。彼の所へ行き一言「あのね、お母さんやお父さんが中国人という人がいるよ。その人が今の言葉を聞いたら悲しいでしょ。やめなさい」「そうなの。知らなかった」。放課後、彼を呼んで「なぜ、あんなことを言ったの」と聞くと「なんとなく」「じゃあ、無意識なんだね」「うん」「意識しなくちゃいけない。例えば、あなたの家族に障害のある人がいるとする。先生があなたの前で、障害のある人の悪口言ったらどんな気持ちがする？」「嫌な気持ち」「そうだね。だから、これからは気をつけてね」。事実、そのクラスには祖母が中国残留孤児で母親が中国つながりという生徒がいた。彼の差別発言をその場で的確に指導できるかが、周囲の友人や当事者の中国つながりの生徒への支援につながっていく。子どもたちは幼ければ幼いほど、自分の思ったことをすぐに口にする。それが良いか悪いかを周りの大人から注意されていなければ、無意識になる。

■日本のいじめの構造

日々さまざまな人が、発言権をもった有名人とマスメディアに一体となってバッシングされている。ある有名人の不倫騒ぎの時に、「まるで、いじめていい人を探してるみたいだね」と生徒が言った。即座に「いじめていい人なんて、いないんだよ」と返した。しかし、制度や政策や法律によって、アイヌ・同和地区・ハンセン病患者・障害者・外国人等にされてきた差別の歴史を見れば、「いじめていい人」を意識的につくり出し、それを意識させないことを教育してきたことは明白である。

教室で起こるいじめは、自分に対する自信のなさから、他人を攻撃し低めることによって自分を保とうとする心理によるものが多い。容姿、成績、運動能力、

家の貧富、センスなどの「違い」をうらやみ、ねたむ。リーダー格になった者の少しの過ちを許さずに叩く。強者が弱者になり、弱者が強者になる瞬間である。根底にあるのは自尊感情の低さとジェラシー。子どもたちは「あなたは、あなたのままでいい」と受け入れられてきた体験がなんと少ないことか（渡辺雅之『いじめ・レイシズムを乗り越える「道徳」教育』高文研、2014年）。

■外国人に対する意識に変化をもたせる

　日本にいる外国につながる子どもたちのほとんどは、いじめられた体験をもっている。言葉、見た目、名前が日本風でないこと、それは「いじめてよい存在」として疑わない多くの日本人にとって、罪の意識をもたずに加害してよい存在ととらえられる。いじめの克服には、いじめる側の意識改革が必要である。学校において教員が（またはさまざまな場面で大人が）いじめる側にアプローチする手法として考えられるのは以下の3点である。

（1）自分のことに置き換えさせる（冒頭の中国人発言の生徒への指導）。

（2）みんなが同じ場所で同じ話を聞くことで、「何がいけないことなのか」を確認し、共通理解を得る。

（3）「『違う』ことは『悪い』ことではない」と繰り返し言って聞かせる。

（4）マイクロアグレッション（自覚のない差別）に対して適切に対応する。

■集会における確認事項

　上記の（2）について補足する。いじめの問題が起こった時、学校では、関係生徒に複数の大人で聞き取りを行った後、学年集会や全校集会を開く。そして、何がしてはいけないことなのかを、きちんと整理し子どもたちが納得するように説明し、いじめをされた側の「気持ち」を伝える。「悲しかった」「嫌だった」「学校に来るのが嫌になった」と具体的な言葉を全員で聞く。そして、同じことが繰り返されないようにと指導する。いじめられた対象が外国につながる子どもだった場合は、つながる国についての知識や、その子どもがここにいる理由や経緯を共有することも大切である（「外国につながる子どもたちの物語」編集委員会編『まんが クラスメイトは外国人』明石書店、2009年）。

（大谷千晴）

川崎市における外国につながる子どもの権利保障に向けた取組

■川崎市における外国人市民の現況

　川崎市に登録している外国籍の住民は、2020年6月現在、137の国籍・地域の約4万4千人で、市民全体の約2.9%を占めている。

　川崎市の外国人住民は、1980年代に入るまで、その多くは韓国・朝鮮籍であった。しかし、1980年代後半以降、さまざまな国から就労や留学、国際結婚など多様な背景や理由で来日する人が増え、その数はこの35年で約4倍に増加した。さらに、国際結婚によって生まれたり、海外から帰国したりするなど、日本国籍であっても外国につながりのある人びとも増えている。

　本市では、国籍にかかわらず外国につながる人びとも含めて地域社会を構成するかけがえのない一員と考え、「外国人市民」という言葉を使用して、すべての外国人市民が国籍や文化、言語の違いなどによって不利益を受けないよう、さまざまな施策に取り組んできた。

図　川崎市の外国人住民人口の推移

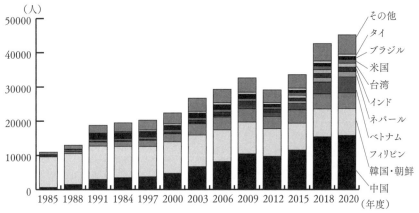

出典：川崎市

■川崎市外国人教育基本方針

川崎市において、外国につながる子どもたちの権利保障への取組が最も早く始まったのは、教育の分野である。1986年に制定した「川崎市在日外国人教育基本方針——主として在日韓国・朝鮮人教育」では、「差別を排除し、人権尊重の精神を貫くことは、人間が人間として生きるための不可欠な事柄であるとともに、民主主義社会を支える基本原理である」とし、人権尊重という観点から外国につながる子どもたちへの取組の必要性を謳っている。なお、主として在日韓国・朝鮮人への差別の解消や権利保障を念頭に制定した基本方針ではあるが、その後、本市における国際化の状況を踏まえ、より広く、あらゆる人の人権尊重と国際理解そして多文化共生の社会を目指すために、1998年「川崎市外国人教育基本方針——多文化共生の社会をめざして」に改定している。

■川崎市子どもの権利に関する条例

さらに、川崎市では全国に先駆けて2001年4月に「川崎市子どもの権利に関する条例（以下、「条例」という）」を施行し、子どもの権利保障を図る施策を総合的かつ計画的に推進している。条例を所管しているのはこども未来局子どもの権利担当だが、局内はもちろん、人権・多文化共生教育担当をはじめとした教育委員会事務局の関係各課の他、各種相談窓口を持つ区役所地域みまもり支援センター（川崎市には7つの行政区がある）や、相談・救済機関を所管する人権オンブズパーソン担当とも密に連携を取り、全庁的に推進体制を整えている。

条例では「子ども」を「市民をはじめとする市に関係のある18歳未満の者」と定義しているが、当然、外国につながる子どももここに含まれる。

条例では、子どもの権利の1つとしてあげられている「個別の必要に応じて支援を受ける権利（第16条）」を保障するため、「子ども又はその家族の国籍、民族、性別、言語、宗教、出身、財産、障害その他の置かれている状況を原因又は理由とした差別及び不利益を受けないこと」「違いが認められ、尊重されるなかで共生できること」「国籍、民族、言語等において少数の立場の子どもが、自分の文化等を享受し、学習し、又は表現することが尊重されること」などを規定している。

また、第30条では、同じく子どもの権利の1つである「参加する権利」を保障するために「川崎市子ども会議」を設置し、子どもが市民として意見を表明す

る機会を確保するとともに、市長その他の執行機関はその意見等を尊重するとしている。さらに、本市では第35条において、子どもは権利の侵害があった場合に「人権オンブズパーソン」に相談や救済を求めることができることと規定するとともに、児童相談所をはじめとする関係機関及び関係団体との連携体制も整備することで、権利がより確実に保障されるよう努めている。

■個別の必要に応じた具体的支援

子どもとその保護者に対しては、子育てや就学などさまざまな場面で状況に応じた配慮がなされることが重要である。

例えば保健分野において、希望者への外国語版母子健康手帳の配布や通訳ボランティアの派遣などにより、外国人母子も日本人母子と同様に保健サービスが受けられるよう配慮されている。また、言葉の壁や文化の違いに戸惑いがちな外国人母子に向けて、安心して育児ができるよう育児教室なども実施している。

教育分野では、就学前支援として就学ハンドブックの多言語化や外国につながる子どもとその保護者を対象としたプレスクールを開催している。入学後は、子どもの母語が話せる日本語指導初期支援員を一定期間配置すると共に、国際教室担当教員や非常勤講師の巡回による日本語指導を一人ひとりの実態に応じて進めている。また、多文化共生ふれあい事業として、外国人市民等を講師に日本人と外国人が互いの違いを認め合い尊重し合える多文化共生教育を推進している。これらの事業は、子どもの就学保障や学習支援にも資するものであろう。

■多様な文化的背景をもつ子どもの権利保障

外国につながる子どもは、豊かな文化的背景をもつ一方で、文化の違いから誤解や偏見、差別にさらされることも少なくない。また、自らのルーツの文化に触れ、学び、自信をもって表現する機会は決して多いとは言えない現実もある。

行政をはじめ、子どもを取り巻く大人が、一人ひとりの子どもが置かれている個別の状況に応じて、必要な支援を常に工夫し、配慮することが求められている。

川崎市では、子どもの権利条例があるまちとして子どもの権利の保障を進めることが、多様な文化的背景をもつ子どもを含めた、「子どもにやさしいまちづくり」の実現にとって重要なことと考えている。 （大田祈子）

児童福祉施設と外国人の子どもたち

■外国の子どもたちの権利擁護

　日本では、社会的養護のもとで生活する子どもは約4万5千人といわれており、児童養護施設に入所する被虐待児の割合は65.6%と半数を超えている（厚生労働省「社会的養育の推進に向けて」2021年）。

　その社会的背景として、貧困問題やひとり親家庭の増加による経済的な問題、精神的疾患を抱えている保護者による養育、愛着障害や発達障害など目に見えづらい障害によって育てにくさを抱えているなど、虐待問題の根本は多様化、複雑化している。

　そのような現状の中、児童福祉施設（以下、施設とする）にも外国籍を有する子ども・国籍を有しない子どもが入所してくるケースもあり、日本の社会保障制度や福祉制度を受けることができない子どもたちも少なくない。児童の権利に関する条約では、第7条で名前・国籍を得る権利を有すると明記されている。また児童福祉法は、国籍の有無・外国籍に関わらず、全ての児童に生活保障と権利擁護の必要性を明記している。

　子どもの最善の利益とは、子どもが安全な環境の中で権利が護られ、安心して生活できることであり、日本人の子ども同様、外国の子どもたちも護られるべきである。

■外国の子どもたちの施設入所の現状

　施設における外国の子どもたちに関する直近の実態調査は、みずほ情報総研株式会社（2021年）が「児童養護施設等における外国籍等の子ども・保護者への対応等に関する調査研究報告書」を公表している。また東京都児童相談所（2020年）も「事業概要」の中で継続的な調査を実施し、外国人の相談状況として報告している。

　東京都児童相談所の調査によると、令和元年度に東京都児童相談所に寄せられ

た一般相談（3万6190件）の内、外国人ケースの相談件数は2331件で、その多くは虐待相談であった（1594件）。また、相談対応として施設に入所している件数は81件、里親委託8件、一時保護199件、委託一時保護133件となっており、421件（18%）が親子分離を行い対応にあたっている。

　さらにみずほ情報総研株式会社（2021年）が行った全国規模の実態調査では、1人以上の外国籍等の入所児童数（2020年10月時点）は乳児院：38.7%、児童養護施設：39.8%、児童心理治療施設：34.3%、児童自立支援施設：34.0%、自立援助ホーム：15.1%、母子生活支援施設：44.9%であり、少なからず外国籍の子ども（もしくは父母が外国にルーツを持つ子ども）が在籍していることが明らかになっている。

　このように、児童福祉施設に入所している外国人の子どもたちの入所理由自体は、虐待やDVなど日本の養護問題とあまり変わりないが、入所に至る手続きに時間がかかったり、入所後の生活に自国の風習や文化が生活に支障をきたしたりと、外国人の子ども特有の課題が浮き彫りになっている。

■外国の子どもたちの課題

　みずほ情報総研株式会社（同調査）によると、施設で生活する外国の子どもたちの課題として「施設での日本語のコミュニケーションに支障がある」「子どもの文化・宗教的背景を踏まえた配慮事項（食事、行事等）が分からない」「将来の進路等重要な事項の相談・調整が難しい」が挙げられており、外国人の子どもたちが施設で安心して生活していく上で、様々な課題を解決していかなければならないことが分かる。

　例えば、言語や生活習慣の問題が挙げられる。言葉が通じなければ、コミュニケーションも上手くいかず支援につなげていく事も困難になるし、生活習慣の違いは、施設生活あるいは集団生活への大きな課題となり、子ども同士の人間関係にも影響を及ぼす場合もある。さらに文化・宗教上の問題からいえば、イスラム教やヒンズー教などを信仰している場合食べ物に制限があったり、（女性の場合）男性との接触を禁止しているという場合もあるため、生活支援上の支障をきたす可能性は十分考えられる。

　一方、保護者との面会や帰省の場面では、子どもの細かな成長の様子を伝える

場面であっても、日本文化・日本語ならではの表現により伝わることも、言語が違えばニュアンスの違いで伝わらないこともあるだろう。

　保護者の理由による家庭引き取りや帰国（強制送還）となった後、親子で対面しても関係が取りづらく苦慮した事例もある。外国籍の母親は幼少期から施設で生活した子どもが「日本語を使うようになった」と言い、母国語を話せなくなった子どもに対して嫌悪感を示したケースもあった。

■外国の子どもたちへの適切な支援につなげていくために

　1991年の「出入国管理及び難民認定法」の改正・施行以降、日本の在留外国人は増加傾向にあり、2019年4月の同法改正により新たな在留資格の創設を受け、今後さらなる在留外国人及び外国籍等の子どもの増加が見込まれるだろう。

　このような状況の下、日本の社会的養護は社会的養育推進計画を基に、施設単位の小規模化、地域分散化が進められており、外国の子どもたちが施設入所した際もより家庭的な養育環境の下で生活することになる。今後も外国人の子どもの入所が途切れることがないとすれば、施設職員が求められる役割や対応も多岐にわたるであろう。

　具体的な支援として東京都では、専門知識を有する児童福祉専門員（学識経験者や法律専門家等）等からの助言を得て適切な援助を図っていたり、外国籍等困難事例のカンファレンスを実施しながら質の高い支援を展開する動きがある。このような行政と民間が一体的なネットワークを形成し、必要な支援を協議することは重要である。また日本の福祉制度を理解できるような多言語での情報発信、学習・就労支援、法的支援など、福祉的支援を始める際に行政の手続きや入所後の生活、退所後支援まで、家族を含めた支援プロセスをトータルに協議できるシステムが必要であるといえる。

　そして、外国の子どもたちが安全に安心して施設で暮らせるように、まずはその子ども自身を受け入れ、その国の文化や慣習に触れ思いを巡らせながら、私たち自身もその生活の多様性に柔軟に対応できるよう、努力していく必要があるだろう。

（藤田哲也）

第9章　子ども支援の現場

04 必要な多文化ソーシャルワーク

■多文化ソーシャルワークとはなにか

　「多文化ソーシャルワーク」という言葉は、2005年頃より日本社会福祉士会や自治体や国際交流協会などが主催する研修でも使われている。「多文化ソーシャルワーク」は、「多様な文化的背景をもつクライエントが、自分の文化と異なる環境で生活していることにより生じる心理的、社会的問題に対するソーシャルワーク」であり、「クライエントとワーカーが異なる文化に属する援助関係において行われるソーシャルワーク」と定義される（石河久美子『多文化ソーシャルワークの理論と実践』明石書店、2012年）。

　生活に課題を抱える本人を取り巻く社会構造的な状況は、課題の出現に影響を与える。ゆえに、課題解決のためには、本人への働きかけに加え、「インフォーマルサポートネットワーク」「フォーマルサポートネットワーク」、そして「社会制度・文化」等、環境的な側面にも働きかけることが重要である、という考えに基づくのがソーシャルワークである。多文化ソーシャルワークは「多様な文化的背景をもつことで（子どもや家族が）経験する困難に対し、異なる文化背景をもつことで起きる状況をふまえ、とりまく環境との関係に着目しながら行う支援」といえる。

■多文化ソーシャルワークの視点から捉える外国人の子どもの問題

　ここでは、ある事例をもとに多文化ソーシャルワークの必要性についてみていきたい。

　Aくんは、学校で周囲の子どもとうまくなじめず、授業中も集中力を欠いた言動をとるために、先生に注意を受けることが度々ある。担任が保護者に連絡したが、親は昼夜交代制の勤務らしく、数回連絡をし続けた結果、やっと父親と話をすることができた。父親の話では、「夫婦では母国語で会話することも多く、Aは母国語を多少理解できるが、日本語も苦手。学校では話をずっと座って聞くこ

とが苦痛のようで、最近は登校を渋ることがある。Aの母親は、母国の実母が病気になったという連絡を受け、母国に帰国したいという気持ちが強くなり、不安定になってよく泣いている。夫婦喧嘩も増えて、Aに関わる時間はほとんどない」とのことであった。

学校でのAくんの言動、そして親と直接話せるまでに時間がかかった、という現象だけをみていたならば、「Aくんは勉強を頑張ろうとせず、保護者もAくんの問題に関わろうとする意欲が低いように見受けられる。親にはもっとAくんに関わるよう伝え、Aくんに対してもしっかり指導すべきではないか」というとらえ方になってしまったかもしれない。しかし、子どものやる気や、保護者の姿勢に帰結するだけの見方や対応は、表面的な現象への対応にすぎない。実は、Aくんの日本語修得に向けた個別支援の欠如、両親が移住労働者として来日しており、母国の家族扶養のために昼夜働くことは珍しくないという環境、母親の親密な人びととの分離状態への不安などが、Aくんの現在の状況につながっているのかもしれない。そしてそれらの背景には、Aくんの保護者の就労環境に対応した日本語教室が地域に存在しない、母親が安心して話せるネットワークとの接点がない、そして学校に外国人の子どもに対応する経験をもつ人が少ない、といった地域社会での環境的要因があるかもしれない。多文化ソーシャルワークは、文化が異なる子どもや家族が抱えやすい問題に対し、「子どもを取り巻く環境にはどのような課題があるのか」を把握したうえで、そこにアプローチすることになる。

■外国人の子どもの問題に対し環境が与える影響に着目する重要性

子どもは、さまざまな社会の制度やサービス、そしてさまざまな人とのネットワークのなかで育つ。親は、子育てや教育に関する制度やネットワークの枠組みを理解したうえで、子どもの発達段階や個々の状況に応じ、それらを活用しながら子育てをしていくことになる。その意味で、子育ては私的な営みであるものの、「日本の制度や文化の知識、そして他者とつながる力」の影響も大きく受ける。外国人の保護者は、母国と日本の文化的価値や制度に対する知識が十分ではなかったり、日本語理解が困難であったりして、子育て支援制度や関連福祉サービスを活用できないことがある。そして、そのような課題を抱えることで親の役割を担うことが困難となり、そのことが子どもの学校適応への困難、不就学や学業不

振につながることもある。さらに、子どもの健康や発達に課題があっても、福祉制度等について親が十分に理解していないために、必要な社会福祉制度や支援者にたどり着くことが困難になることもある。

　子ども、そして家族が抱える課題に接する際には、「個々の背景や文化の違いによってうまれている障壁は何によるものなのか」を理解したうえで、それらを改善、解決するような支援を提供したり、改善に向けた提案を社会に向けて行ったりすることが求められる。

■エンパワメントとストレングス視点

　国際ソーシャルワーカー連盟によるソーシャルワークのグローバル定義では、「（ソーシャルワークは）社会変革と社会開発、社会的結束、および人びとのエンパワメントと解放を促進する、実践に基づいた専門職であり学問である。（抜粋）」（訳：社会福祉専門職団体協議会国際委員会）としている。「エンパワメント」を重視する背景には、生活課題を抱えやすい人びとは、問題解決において無力な立場におかれやすいという状況がある。マイノリティとして社会のなかで不利な立場におかれると、人は時に「行動を起こしても無駄だ」「話しても理解してくれないだろう」という無力感、あきらめを感じ、問題解決に向けて行動を起こすことに消極的になってしまうことがある。子どもにとっても、他者と異なることで注意を受けたり、うまく自分の悩みを説明できなかったりする状況であれば、そこであきらめの気持ちが生まれることがある。そうした心理に対し、本人が状況に対処しようという気持ちをもてるようになるために、肯定的な関わり、つまり「エンパワメント」をしていくことが重要となるだろう。

　そして、ソーシャルワークが重視する視点の1つである「ストレングス視点」も重要となる。かつてソーシャルワークは「問題は個人に属する、だから個人の変容を促すことが問題解決につながる」という視点にたつ時代もあった。しかし現在は「本人や取り巻く環境にある強み、つまりストレングスに着目して、それらを活かす支援」を重視する。

　支援者が子どもや保護者と個別的に接するきっかけとなるのは、「子どもに何らかの課題があり、支援が必要である時」となることが多くなりがちだ。そうした状況下では、子どもや家族は「困った子（人）」という捉え方をされてしまう

ことも少なくない。外国人の子どもや家族は、社会でマイノリティとして扱われ、対人関係や学業の達成などでも不利的立場におかれやすい。しかし、異なる文化背景をもち、母国語・日本語両方を理解できる、といったことは、子どもの強みでもある。また、マイノリティとして扱われることで苦労を経験することがあるにもかかわらず、自分なりに社会での統合を果たすことができていることは、敬意と評価に値することでもある。彼ら固有の背景や努力を肯定的に捉え、子どもや家族がもつ資質や文化、そして彼ら固有のネットワークを活用しながら問題を解決していくという視点が大切となる。

■各領域における多文化ソーシャルワーク

　子どもをめぐる問題という点でいえば、学校生活のなかであらわれる子どもの問題の背景にある貧困や虐待、人間関係問題といった課題の解決に向けて、子どもや家族を取り巻く環境全体に対し、必要な機関と連携しながら関わる役割を担う、スクールソーシャルワーカーがキーパーソンとなるだろう。外国人の子どもの課題解決においては、保護者の就労状況、ネットワーク、必要とする支援機関などが関わる必要がある。外国にルーツをもつ家族ゆえに起きやすい困難を踏まえ、他機関と連携をしていく専門職の存在が不可欠であり、スクールソーシャルワーカーのような福祉専門職は、教育現場に留まらず、果たす役割は非常に重要となるだろう。保育・福祉関係機関でも他機関と連携することで多文化に関わる福祉課題の解決に取り組むことが求められている。

（南野奈津子）

第9章

子ども支援の現場

05 DV被害者の母と子ども

■外国籍の母・子家庭の自立支援

　母子生活支援施設「FAHこすもす」では、いわゆる「外国人労働者」として、あるいは日本人の配偶者や日系人、難民など多様な形で入国・滞在している外国籍女性のなかで、夫や内縁男性からのDVで逃れてきた母と子の支援を、1991年から続けてきた。そこから見える母と子の姿と自立支援の現実と課題を記す。

　「FAHこすもす」の役割は次の5点である。

①心身の癒しのための安全な場所の提供

②離婚等法的な問題、在留資格に関わる問題、家族関係等の問題解決への支援

③子の養育、家計管理、日本語学習及び日本の文化や習慣等の生活支援

④就労や転宅等、自立に向けた支援

⑤アフターケア

　以下、個別に見ていく。

①心身の癒しのための安全な場所の提供

　DV被害から逃れて日本での子育てを決意した女性（母）たちは、母として子の安全・安心を守り、子どもの自己実現を叶えてあげたいという強い願いをもつ。

表　「FAHこすもす」開設から2020年度末までの母親の国籍別入所世帯数

日本国籍	外国籍	
	フィリピン	87世帯
	中国	9世帯
	タイ	8世帯
71世帯（37.2%）	ベトナム	4世帯
	ブラジル	2世帯
	ガーナ	2世帯
	ラオス・台湾・韓国・ルーマニア・インドネシア・ボリビア・ケニア	各1世帯
	合計　120世帯（62.8%）	

一方加害者である夫は、子どもの獲得に執心し、行き先をつきとめて、近隣の学校や居住先に出向き、子どもを連れ去ろうとする事例があるため、安全確保は大事な役割である。

②離婚等法的な問題、在留資格に関わる問題、家族関係等の問題解決への支援

・離婚、親権、子の認知等、法的な問題の解決

　法的な問題には弁護士と協働して解決に取り組む。困難に直面することもあるが、十分な説明と自己決定というプロセスを経ながら乗り越えることで、エンパワメントにつなげられるよう意識して取り組んでいる。

・在留資格

　夫が妻の在留期間更新に非協力的で在留期限切れの状態であったり、離婚調停中等、身分関係が確定しない間の在留資格の更新など、入国管理庁（以下入管）での複雑な手続きを要することが多くある。その場合、書類作成や説明、同行支援は必須である。最終的には自分の力で在留資格を更新できるよう、システムや必要書類についての情報提供や実践を行う。

・家族関係の調整

　よりよい母子関係を構築するための支援や、離ればなれに生活している子との再統合を支援することも重要な役割である。子の父への思いを受けとめ面会交流を実施したり、夫の元へ戻ることを決めた際の調整等も可能な範囲で行う。

③子の養育、家計管理、日本語学習及び日本の文化や習慣等の生活支援

　母たちは、生活文化の違いや社会構造上の不利益などによるさまざまな不安やトラブルによるストレスを抱えながら、自国のスタイルをベースにし懸命に自己流の子育てをしている。そのような母たちに対し、子どもの養育、日本の習慣や日本語の習得、地域生活のルールや人間関係のあり方等、母たちの自国の文化を尊重しながら、一人ひとりに寄り添った支援を行う。家事、家計管理等、その世帯の必要性に応じた支援も行う。

④就労や転宅等、自立に向けた支援

　問題解決と同時並行し就労をすることで、日本での生活に自信をもてるようサポートしていく。転宅に関しては、不動産業者への同行や契約についての理解促進のための支援や、具体的な手続きを一緒に行う。母子家庭に対しては、県営住宅の入居に際し「特枠世帯」の設定がある。

⑤アフターケア

退所した世帯からの悩み事等の相談や、役所等からの支援要請があった場合、家庭訪問や同行支援（入管や学校、病院など）を行っている。

しっかり地域に根付いて自立していくために母たちが求めているのは、困った時にすぐ電話できる相談先である。そこで「FAHこすもす」では、子どもの成長とともに次々に発生する問題などの相談や、いつでも知りたい社会資源や公的制度などの情報が得られる、信頼できる「相談先（人）」としてあり続けたいと願っている。

■外国人である母へのDVが子どもに与える影響

「DV目撃も虐待である」と言われる通り、自分に向けられる暴力同様に母への暴力を目の当たりにすることは辛い体験である。日本人の父から外国人の母への暴言暴力は、母の血を引く自分への蔑みや否定でもあるという感覚に陥り、自己肯定感の低下につながることがある。

子どもたちは、母に暴言暴力を振るい、母を蔑む父を憎む気持ちと、父として慕う気持ちとの相反する感情をもっている。同様に、母への愛着がありながらも、父に蔑まれる母（「おまえが悪い」「おまえは馬鹿だ」などと言われ続ける母）への尊敬の念をもちにくい状態にある。このように、父と母、双方へのアンビバレントな感情をもっている。

■子どもの安定した成長に向けて

DV被害を受け母子家庭として日本社会で生きていくことになった母たちが求めているものは「気軽に相談できる場所（人）の存在」と「正確な情報の入手」である。そして何より隣人として受け止めてくれる地域住民の存在と、在住外国人支援に対するきめ細やかな国の施策である。日本語学習の機会を広く提供できる体制整備に加え、例えば日本名と日本国籍をもち、なんの疑いもなく日本人として対応されるような子どもたちにも、アイデンティティの確立の問題等、見えない問題があることを忘れてはならない。

母たちへの支援が子どもの安定した成長を支え、次世代を担う子どもたちの自己実現を可能にさせることにつながっていくのである。　　　　　　（花崎みさを）

子どもたちの〈格差〉と生活支援
——誰もが力いっぱい生きられるために

■もれなく制度につながるために

　川崎市の総人口は約154万人（2020年3月）、内、外国人総数は全体の約3%の4万5000人である。私たちの活動地域、川崎市川崎区の外国人総数は約1万6000人で川崎市の外国人全体の約37%を占める外国人多住地域である。

　日本語指導を必要とする児童生徒数（2021年6月）は、

〈小学校〉川崎市全体で547人、川崎区326人（60%）

〈中学校〉川崎市全体で177人、川崎区119人（67%）

と半数以上が川崎区に集中していることからもわかるように、日本語がよくわからない状態で生活する外国人家庭または外国につながる家庭が多く暮らす地域である。また、生活保護の受給率が川崎市のなかで一番高く、具体的な実効性のある貧困対策が求められる地域でもある。

　川崎区桜本地域で40年以上地域課題と向き合い、川崎市ふれあい館の設立を求め、その運営受託、指定管理を受けながら地域活動してきた私たち社会福祉法人青丘社の近年の課題は、「必要な人を1人ももれなく制度につなぐ」ことであり、そのための「直接支援」の実践を続けている。日本語がわからないために制度そのものを知らず、制度につながることができない家庭や、制度を知っていても申請書の記入ができず、制度につながることができない家庭など、非識字のために情報弱者になっている人びとも、もれなく社会保障制度につなげなくてはならない。そのために、児童手当の現況届の提出や、ひとり親家庭の医療証の申請、児童扶養手当の申請など、とりわけ支援が必要な子育て期の家庭に丁寧に呼びかけ、翻訳・通訳を行いながら申請の手伝いをしている。

　「必要ならば申請に行ってください」とのアナウンスだけでは、つながることはできない。書類の記入、窓口申請の同行等直接支援をしながら、相談し、支援を受けることで申請ができることを実感してもらい、その経験知を外国人コミュニティの自助互助活動につなげることを大切にし、実践している。また、支援が

第9章　子ども支援の現場

ないと制度につながらない非識字・情報弱者の家庭の現状を行政機関に伝え、翻訳・通訳の制度化を求め、その制度を受託し、行政機関と連携を取りながら支援を進めている。

■子どもたちの格差

　近年子どもたちの放課後の過ごし方に「格差」が明確に表れている。小学校高学年くらいになると、多くの子どもたちは、放課後に友人と待ち合わせをして、自転車に乗って駄菓子屋に行き、お菓子を買って公園やふれあい館で遊ぶようになる。しかし、友人と約束をせずに、時間をもてあまし、暇つぶしに、あるいは暑さ寒さしのぎにふれあい館にやってきて、面白くないから自分より小さな子に意地悪をしたり、スタッフに攻撃的になる子どももいる。彼、彼女たちは、たいていの子どもたちが1人1台買い与えられている自転車をもっておらず、日々の小遣いももらえないから、友人と余暇を過ごすことに積極的になれない。

　土曜日や長期休みになると、お弁当をもってきたりスーパーやコンビニエンスストアで買い弁をして食べる子どもたちと同じ部屋で、「はらへった」とふてくされている子どもの姿がある。保護者は日々の生活に精いっぱいで、学校のスケジュールや子どもの余暇にまで心を寄せる余裕がなく、子どもも親のしんどさを知っているから、昼ごはん代をくれと言い出せない。外国からきた母親は、仕事や子育てに追われて日本語を学ぶ余裕がなく、学校から配られるスケジュールを理解できない、あるいは給食そのもののシステムがよくわからないケースもある。個々の責任ということだけでは解決できない生活背景がそこにある。

■修学旅行に行かせなかった支援の希薄

　2010年の春、費用負担ができずに修学旅行に参加ができなかったある中学校生の「オレ修学旅行なんかに行かねえ」という一言から、私たちの就学援助申請の実践は始まった。私たちは、外国からきた母親が、一生懸命に生活を支えているけれど保育料金を滞納してしまっていること、自転車や小遣いがないこと、サッカーを習いたくてもお金がかかるから習うことができないこと、家の電話が時々料金の不払いによって止まってしまうことなど、彼が経験している貧困に触れてきた。中学校の先生の話では、修学旅行の積立金の納入が滞っているので何

度か就学援助の申請を勧めたけれど、母親が「大丈夫」と断ったとのことだった。大丈夫ではないのに母親が大丈夫と言ってしまった背景には、就学援助が何なのかよくわからず、自身が非識字であるために申請書が書けない、という事情があったが、その事情を表現することを支える支援が圧倒的に地域、学校に足りなかった。彼の家庭がつながるべき制度につながっていないために、「修学旅行に行かれなかった」のだ。「行かせなかった」支援の希薄さに、責任があると痛感した。その猛烈な反省から、「1人ももれなく制度につなぐ」実践をより強化した。

■学校・地域との連携

　年度初めからもれなく就学援助につながることができるよう、地域の学校とも連携をして、学校で就学援助の申請の案内が発送される4月上旬から5月第2週までを「就学援助サポート強化月間」とした。必要な人を1人ももれなく制度につなぐという目標を立て、「申請のサポートをします」と付記した多言語のチラシを作成し、外国につながる家庭への働きかけを続けている。

　年度初めは、学校では多くの書類が配付され、記入を求められる。個人調査票、家庭調査票、健康調査票、緊急時連絡票など、日本語の読み書きができない保護者にとってはとても困難である。入学サポートのプログラムを設定し、「お手伝いしますよ。もってきてください」と声をかけると、すぐに反応があり、母語による通訳をしながら申請書類に記入して、同時に就学援助の案内をした。外国につながる保護者たちの口コミで、「記入を手伝ってもらえる」と当事者間のネットワークのなかで広がり、サポート活動が展開されている。

　また、地域のなかで気になる家庭には、家庭訪問をして制度を説明し、申請のサポートをした。2011年度からの取り組みの継続が地域ネットワークのなかで周知され、毎年新学期にこちらからの働きかけがなくても、申請用紙をもって来る、あるいは困っている友人を連れて来てくれる自助互助活動の裾野が広がりを見せている。また、学校の先生方とも情報交換をしながら、もれなく制度につながるための協力をしている。つながるべき制度につながることができずに、修学旅行に行くことができない子どもを地域からもう2度と出さないという地域活動と学校の連携が、年度を重ねることにより強化されている。

■コロナ禍の影響

　コロナ禍により、職場のシフトが減らされてしまったり、外国人が多く働く地域のお弁当工場が廃業し、職を失い収入が大きく減った外国人家庭からのSOSがふれあい館に多く届き、他機関と連携し、お米や生活物資の配布を行った。この活動が地域のフードパントリーに発展し、3週間に一度の桜本フードパントリーには、多くの家庭が列を作る。その8割が外国につながる家庭だ。元々厳しい生活状況に置かれていた家庭がコロナ禍でより厳しさが増している。

■情報弱者の人権を守るために

　日本語や日本社会の仕組みがよくわからないまま外国から来て子育てをしている保護者にとって、保育園や学校が唯一の社会との窓口になる。外国につながる家庭が情報弱者であるがゆえの貧困や困難にある時に、精いっぱいの想像力をもって情報発信することが求められている。

　なによりも当事者に届く言葉で、易しく丁寧に情報発信することが大切だ。寄り添い、情報発信することは、情報弱者の人権を守ることにつながる。ただ発信するだけではなく、丁寧に寄り添い、ともに歩むことが私たちに求められている。

　子どもたちの生活に直接大きな影響を及ぼす就学援助申請へのサポートや、学校の配布物の理解、提出には適切な情報提供、通訳・翻訳サービスなどの直接支援が不可欠である。川崎市では、学校と保護者や児童生徒とのコミュニケーションを支援するために通訳を派遣する制度が2020年度から教育委員会の事業として全市対象に実施されている。学校に配布されている通訳機では対応できない教育相談などで活用されている。川崎区では、子どもにかかわる機関が利用できる「川崎区子ども支援機関通訳・翻訳支援事業」として、保健師との面談や、発達相談などの場面で、保護者が安心して母語での相談が実現している。

　このような取り組みに加え、適切な情報提供や、通訳・翻訳サービスなど生活全般にわたる支援の具現化ができる国際交流ラウンジなどの設置が、各自治体に求められる急務である。

（崔江以子）

子ども医療互助会制度で 子どもに安心の医療を

■川崎地域の外国人の子どもの現状

　川崎協同病院（以下、当院）がある川崎市における外国人の割合は、2.9％を超え、全国平均を上回っている。

　当院の診療圏は、もともと在日韓国・朝鮮人が多く暮らしてきた地域で、現在では、それに加え、中国、フィリピン、ベトナム、インド、南米出身者など多くの外国人が暮らしている。そういったなかで、無保険状態にある外国人の子どもたちは、安心して医療を受けることができない現状がある。医療費の支払いを危惧し、受診を控えるケースがあり、また、受診を控えたためにかえって病状が悪化するケースもあった。

　当院では、低所得者や無保険で生活困窮状態にある人、ドメスティックバイオレンス被害者などを対象に、無料または低額の自己負担で診療が受けられる「無料低額診療事業」を行っている。しかし、この事業を適用するには、一定の経済的な条件があり、また制度の適用は最大でも6か月であるため、子どもの成長に合わせ継続的に医療を受けることができる環境をつくることが難しい。

■子ども医療互助会設立経過

　「川崎市子どもの権利に関する条例」第10条5項（巻末資料Ⅳ）では「健康に配慮がなされ、適切な医療が提供され、及び成長にふさわしい生活ができること」と規定されている。しかし、現状は無保険状態にある子どもたちは、そのようになってはいない。

　地域の社会福祉法人青丘社の方から、経済的事情やビザの関係から保険に入れない外国人の子どもたちの多くは、けがや病気をしても、学校の保健室で応急処置したり、市販薬で治したりすることも少なくない、外国人をめぐる医療環境の整備について、子どもの権利に関する条例がある川崎市において、子どもだけでも安心して医療にかかれる体制をつくれないかと話をいただき、何度か協議を重

ねていった。青丘社の方たちとともに、すべての子どもが安心して生きられ、すべての子どもたちが等しく医療が受けられることを目的に、この趣旨に賛同する市民と当事者が互助会を結成する形で、「子ども医療互助会制度」を2011年4月に発足した。

■制度の概要

互助会のシステムとしては、制度を利用する子どもの保護者が会員となり、会員より入会金と毎月の会費を徴収する。また、運営資金として賛助会員（サポーター制度）を募集し、協力を得て運営している。

制度の対象は、外国人で無保険の0歳から18歳の子どもで、協力医療機関（当院と関連のクリニック）において、保険加入者と同様の、2割もしくは3割の自己負担で外来医療を受けることができる。残りの7割もしくは8割の医療費については、互助会が負担するシステムとなっている。

■すべての子どもたちが安心して医療を受けられる環境を

制度を開始してから10年が経過し、登録件数は10件程度と決して多くはないかもしれないが、「転倒してけがをしたが、治療費が心配で病院に行くのをためらっていたが、受診したことで腫れが引き、痛みが治った」「インフルエンザで高熱が出たが早期に受診できたことで重症化せずにすみ、家族への感染などが最小限に抑えられた」など、早期治療につながり病気が改善したケースはいくつもあり、一定の成果はあった。

しかし、経済的に困難を抱える人たちにとっては、負担が軽くなったとはいえ支払いが大変な状況はあり、予防接種も自費負担のため、負担が大きい。また、協力医療機関でしか制度が適用できないため、すべての疾患に対応できていない。まだまだ課題は多いが、今後も、この子ども医療互助会の取り組みを通して、当事者、市民、医療機関が1つになって、すべての子どもが安心してかかれる医療のあり方を考えていきたい。

（高橋靖明）

08 地域での支援・NPOによる居場所づくり

■多文化共生のまちづくりの拠点——たかとりコミュニティセンター

　外国にルーツをもつ住民が全体の約1割を占める兵庫県神戸市長田区のカトリックたかとり教会敷地内にNGOセンター「たかとりコミュニティセンター」がある。1995年の阪神・淡路大震災の際に救援ボランティアの活動の拠点として教会に設けられた「たかとり救援基地」をその前身とし、現在、ことば、文化、民族、国籍などが違っていても同じ住民としていっしょにまちづくりに取り組んでいくために、震災時の支援活動にきっかけをもつ10の団体がセンターに拠点を置いている。在日外国人への情報提供活動や外国人コミュニティ形成の推進など、多様な活動がセンター内で展開されており、各団体のスタッフやボランティア、教会の信徒、地域住民、ベトナム語やスペイン語の母語学習教室に通う子どもたちなど、国籍や老若男女を問わずさまざまな人びとが出入りし、にぎわいを見せている。

■表現活動「Re:C（れっく）」——映像づくりによる自己探求

　ことば、名前、家庭環境、文化、国籍など、誰でも自分について考え、語るときに前提となるもの。自分にとっては生まれ育つなかで当たり前であったことが、周りにとってはそうではないこと。例えば、お弁当箱のおかずを好奇の目で眺めてきたり、時には「不味そう」などとあからさまに侮蔑してはやし立てるクラスメートがいたりする。友達とおしゃべりしていると「何か発音がおかしいね」と笑われる。名前を揶揄される。そんな学校生活のなかで外国にルーツをもつ子どもたちは、萎縮して自分に引きこもりがちになったり、あるいは落ち着きなく振る舞うようになってしまうことが多い。

　たかとりコミュニティセンターでは、そうした子どもたちが、自らの思いを主体的に表現し発信していける機会創出のため、2002年度より多様性を認め合う教育環境の推進をテーマに活動に取り組む「ワールドキッズコミュニティ」を中

心としたセンター内の複数の団体が連携して、「Re:C（れっく）」という活動をはじめた。

　Re:Cでは、国籍の違いやことばのハンデを超えて、外国にルーツをもつ子どもたちが映像作品などをとおして、メッセージや感性を日本社会に届けていくことをその目的としている。これまでに活動に参加した、主に高校生や大学生年齢の若者たちによって、自らのルーツを見つめ、家族の歩みをたどり、マイノリティを蔑ろにする現状を訴え、その変化の必要を強く発信する印象的な作品がいくつか発表されている。

　また、「自分」をテーマとした作品づくりとして、「自分は何？」と問いかけ続ける自らを記録し、作品として完成させた中学生もいる。「自分はナニ人なのか？」「何をしたいのか？」「何になりたいのか？」「家族や友達は自分を何だと思っているのか？」「そもそも自分は何を悩んでいるのか？」など、際限なく続く問いに出口は見出しにくく、人に相談してもなかなか満足のいく答えが得られない。しかし、何とか答えを考えて、伝えようとしてくれるスタッフやボランティア、NGOで活動する大人、問うこと自体に共感してくれる同世代の仲間たちがいつも制作者のそばにいるのが、Re:Cという活動であり、たかとりコミュニティセンターという場である。

■多文化な子どもたちの居場所——創造空間づくり

　Re:Cでは、2004年ごろから主に小学生から高校生まで地元に暮らす子どもたちが集まる土曜日の居場所づくり、通称「Re:Cサロン」が、その活動の主軸となっていった。映像表現活動を続けていくために、たかとりコミュニティセンターという場を共有していける子どもたちの存在が不可欠という考えから、子どもたちが気兼ねなく出入りできる居場所づくりの活動は始められた。サロンでは、特に決められたことをするわけではなく、子どもたちは慣れ親しんだスタッフといっしょにサッカーやドッジボール、トランプ、バドミントンなどをして過ごしている。子どもたちからの提案でクリスマス会や遠足、畑体験などを行ったり、映像ワークショップやアニメーション教室、ヒップホップ講習など、表現活動につながっていきそうな企画も状況に応じて実施している。

　小学校から高校までの多感な時期を過ごす子どもたちにとって、Re:Cは、学

校でもなく、家庭でもなく、決してまだ強くはないありのままの自分でいられる大切な居場所として機能している。国籍やルーツの違い、ことばが上手く話せなかったり、勉強ができなかったり、家庭が貧しかったり、名前がカタカナであったりすることを、冷やかされたり、心配されたり。周りから寄せられるそんな偏見や同情に気を張りつめながら、うまく立ち回ることもできない自分に、歯がゆさや情けなさが募り、どうしようもない宙ぶらりんな気持ちが広がっていく日常。仲間とともに、そんな宙ぶらりんの自分の状態を、気負いや気取りなく見つめつづけることができる時間と空間がRe:Cにはある。

■地域での活動現場から──子どもたちと私たちの解放に向けて

　Re:Cサロンに集う子どもたちの何気ない会話のなかに、喜びや悲しみ、ときめきや憤りなどいろんな感情があふれている。活動をともにするスタッフや大学生を中心としたボランティアも、日々接する子どもたちの笑顔や涙、か弱さや勇気、やさしさから、多くの力と学びを与えられてきた。

　「いっしょに遊ぶんなら日本人の子とがいい。外国人の子はわがままだし、行儀悪いし、正直イヤ！」。良識的な大人なら、「差別してはいけない」と毅然として叱るであろうそんな言葉を発していたのは、小学4年生のベトナムルーツの女の子である。彼女が、家族や親類、ルーツ、文化に否定的になり、自分は何とかそのなかから抜け出したいと願う気持ちに追い込まれているのなら、本当の意味で差別を責められるべきなのは、マジョリティである私たちである。

　自らが置かれた状況からの解放を求めながら、ことば、文化、民族、国籍などの違いを超えた「自分は何？」という普遍的な問いに挑み続ける多文化な背景をもつ子どもたち。彼／彼女らが表現し、発信していくことが、「差別する側」であることからの解放を求める私たちの想いを引き出していく。社会を変える力の源泉はそこにあることは間違いない。Re:Cは現在、活動を休止しているが、その理念は形を変えて受け継いでいきたい。

（村上桂太郎）

第9章　子ども支援の現場

09 地域での支援
——フィリピンコミュニティ支援

■**フィリピンにつながる女性と子どものエンパワメントをめざして**

「カラカサン」は、移住（外国人）女性と子どものエンパワメント支援をめざして2002年に設立された、神奈川県川崎市を拠点に活動するNGOである。カラカサンとは、タガログ語で力を意味する。支援の主な対象は、出稼ぎや国際結婚のために日本に移住したフィリピン国籍の女性とその子どもたちであり、その多くが、日本人男性や同国男性との結婚や同居のなかでの暴力（DV）から逃れてきた母子であるという特徴をもつ。

カラカサンは、次の4つの柱、①母国語による相談・カウンセリング、②DVの被害をうけた女性の被害からの回復や自立に向けた支援、③多文化背景をもつ子どもたちへの支援、④関連する法制度改善のためのアドボカシーで活動してきた。また、エンパワメント支援の方法として、相談・カウンセリングなどの個別のエンパワメントと同時に、同じ境遇を経験した女性や子どもたちのコミュニティづくりというコレクティブ・エンパワメントに力を入れてきたことや活動の中心に複数のフィリピン人スタッフがいることが特徴である。

■**カラカサンに集う子どもたちの特徴**

カラカサンに集うフィリピンルーツの子どもたちの多くは、外国につながる子どもたちに共通する、社会や学校での差別やいじめなどの疎外経験、経済的な貧困の経験をもつ。父親から母親へのDVの目撃や虐待の経験をもつ子どもたちも多く、抱える困難は複雑で深刻であった。社会にも家庭にも居場所がないなかでアイデンティティが不安定であったり、フィリピンのルーツを受け入れられず、自尊心が著しく低い子どもたちが多く、心身の不調や学習面での困難から不登校になり、学校や社会からドロップアウトしていく子どもたち、将来展望や高校進学のモチベーションがもてない結果進学しない子どもたちも少なくなかった。また日本人の父親からの認知がなくオーバーステイ状態の子どもたちの場合、住む

場所を転々としていたり、食べ物も十分にないなどの極貧生活を経験したりしていた。カラカサンでこうした子どもたちの支援を本格的にスタートしたのは2004年のことである。

■子どもプログラムのスタートと拡大

子ども支援のためのプログラムを始めた時、子どもたちの多くは自尊心が極端に低く、積極的に人間関係をつくることが難しかった。カラカサンでは、さまざまな疎外経験から自信をなくしている子どもたちが、多文化の豊かさに気づき自尊心を高めていけるような場、そして、同じ境遇の子どもたち同士が安心して集えるような場づくりをめざし、活動を広げていった。もちつき、いちご狩り、キャンプ、バーベキュー、みかん狩り、クリスマス会など、季節にあわせた子どもたちの交流活動や、料理やダンス教室などフィリピンの文化にふれる活動が定例化していった。また、活動に参加できない子どもたちのための自宅への訪問や小さなフリースペースの運営も行われた。さらに2007年ごろからは、高校進学支援のための学習支援にも力を入れて取り組むようになった。

■子どもたちの変化

カラカサンの活動に参加した子どもたちにどのような変化が見られたか。1つには、安心して集える居場所をえて、子どもたち同士のつながりが形成されていったこと。もともと人間関係がスムーズでなかった子どもたちも、同じ境遇の子どもたちと接するなかでお互いの共感をもって、悩みを相談しあうような関係が築かれていった。また、母親の文化的なルーツを徐々に受け入れられるようになっていき、自らのアイデンティティについてより肯定的に受け入れられるようになった。自分や人を大切に思う気持ちが育っていった。さらに、自尊心を回復しつつ人間関係を築けるようになった子どもたちは、以前に比べて、将来に夢や展望をもてるようになっていった。目に見えて変化したのは、高校に行きたいとはっきりと進学を希望する子どもたちが増えたことである。

■支援の課題

上記のようにカラカサンという居場所の存在によって、そこにかかわる子ども

たちに変化は見られたものの、深刻な引きこもりや不登校、非行、母子関係の不安定さなどの問題を抱え続けている子どもも多く存在する。

カラカサンでの支援の課題として、多文化ルーツに加え貧困や虐待経験などの複合的な困難を抱える子どものケアに関する専門的な知識やスキルをもったスタッフやボランティアの圧倒的な不足、家庭環境、とくに母親との関係の修復の困難などに加え、中学や高校に通う子どもたちが集まれる時間を確保することの難しさがあげられる。とくにグループでの活動、コミュニティ形成の活動の継続には多くの壁もたちはだかる。

■川崎での事件から考える

2015年2月、カラカサンが拠点とする川崎市で起きた中学1年生の上村遼太さんが殺害された事件は、カラカサンに集うフィリピンにつながる母子に大きな衝撃を与えた。被害者の上村さんが母子世帯の少年であり、加害者のうちの2人がフィリピンルーツの少年であったことから、カラカサンに集う母子らには、自身に起こりうる事件としての切迫感があったからだ。

その年の4月、この事件を考える集会がカラカサンの主催で開かれ、当事者の母子、支援者、専門家ら130人が集い、さまざまな観点からこの事件をともに考え、あらためて外国にルーツをもつ子ども、母子世帯の子どもが置かれている困難な状況について共有し、そしてその困難を支えていくためにできることについて話し合った。このような事件が起こった背景の1つに、複雑な困難を抱えている子どもたちの現実と、支援の圧倒的な不足があることを痛感する一方で、それでもなお、教育や福祉、教会やNGOなどのさまざまな立場の人びとが、地域で力を出し合い、子どもたちとその家庭にかかわっていくこと、子どもたちが安心して生きる場をつくっていくことの重要性を痛感した。

小さな一つひとつの試みが、子どもたちの生きる力の回復につながっている。こうした支援の一つひとつが有機的につながり、子どもたちのエンパワメントを支える大きな支援の輪となることを心から願う。

（山岸素子）

10 教育からのドロップアウトを日本社会からのドロップアウトにしないために

■青少年自立援助センターにおける外国につながる若者支援

　東京都福生市に拠点を置くNPO法人青少年自立援助センター（Youth Support Center、以下YSC）は、1977年から私塾としての活動を開始し、社会的に困難を有する子ども・若者の自立と就労支援を目的に、1999年に法人化された団体である。2021年7月現在、ひきこもり・ニート状態にある若年無業者、障害者、定住外国人の子ども・若者を対象とした包括的なサポートを提供している。

　そのなかでもっとも新しく設立されたのが、外国につながる子ども・若者を支援する「定住外国人支援事業部」であり、2010年度からは教育支援事業として専門家による日本語教育機会の提供や、不就学・不登校状態にある子どもたちの伴走支援を実施。現在までに約1000名を支えてきた。また、2013年度からは外

図　青少年自立援助センターにおける外国につながる若者就労支援

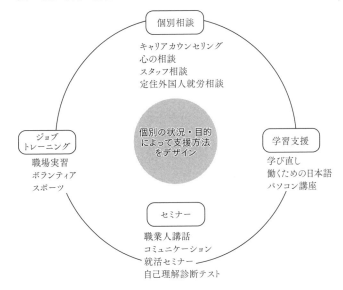

国につながる若者の自立・就労支援事業をスタートさせており、YSC内のニート等若年無職者を支援する部署と連携し、厚生労働省認定事業である地域若者サポートステーション内の自主事業として、働くことを目的とした日本語教育や就労セミナー、キャリア相談を実施するとともに、2015年度より教育支援事業の枠組みにおいても高校中退予防の観点から、定期的なキャリア教育を実施している。

■低い高校進学率と高い中退率

　当法人が、外国につながる若者支援事業をスタートさせるきっかけとなったのは、こうした外国につながる子どもたちの高校進学段階における壁の高さに加え、高校進学後も1年たたないうちに中退するケースが現場で相次いだことにある。

　日本人の高校進学率が90％を超える日本社会において、外国人の進学率は地域間および国籍間の格差が大きく、低い場合は60％を下回っている（是川夕『日本における外国人の定住化についての社会階層論による分析』内閣府経済社会総合研究所、2012年）。当法人が2010～2015年度までの5年間に高校進学を支援した外国につながる子どもの数は120名を超えるが、そのうちの18％が現在までに中途退学している。近年、文部科学省が初めて日本語指導を必要とする高校生の中途退学率について調査を行った。それによると、日本語指導を必要とする高校生の中退率は9.7％に上り、一般生徒の7倍を超えることが明らかとなった。外国につながる子どもたちにとって、高校は進学しづらく、卒業することも困難な高い壁となっている。

　上述のような高校進学率の低さや中途退学リスクの高さは行政からも注目され、日本語の力が十分でない子どもたちが高校進学しやすい合理的配慮の拡充や、高校進学後の日本語指導の必要性、高校卒業後の就職や大学・専門学校進学を支えるためのキャリア教育の推進など、教育段階における取り組みは今後一定レベルで前進するものと見られる。しかしながら、高校進学できなかった／しなかった40％の若者や高校中退後の外国につながる若者への支援の必要性に言及する声は小さく、民間による取り組みも乏しく、施策上「見えない存在」となっている。

■教育と就労の狭間の支援が求められている

　現在、日本国内には行政・民間双方において若者を支援するための施策や事業

が多数実施されており、15 〜 34歳（厚生労働省関連施策では〜 39歳が多い）の自立と就労に困難を抱える若年無業者、約60万人が主な対象となっている。こうしたいわゆる「若者支援」の分野においては、ハローワークなどにおいて自ら求職行動を起こす前段階にある若者の生活習慣の改善からキャリア相談、学びなおしや資格取得支援、実際の就職時に必要な面接、対人コミュニケーションスキル等の獲得や職場実習など、自立・就労を出口としたさまざまなレベルでの支援が提供されている。例えば16歳の高校中退の若者の支援では、高卒認定資格取得や高校への復学のための学習支援を行うこともあり得るが、それは「自立・就労の1つのプロセス」と捉えられており、必ずしも「教育の継続」を目標とするものではなく、教育か就労かを決めかねている（あるいはまったく空白である）状況自体も支援の対象となるのである。

　一方、外国につながる16歳の高校を中退した若者が利用可能な支援は、現時点では教育を継続するための学習支援か、就職を前提とした支援（厚生労働省による外国人就労・定着支援研修や民間の介護資格取得関連支援など）のいずれかが中心となっており、教育か就労か決められない状態の若者や、働く必要性を感じない、働いても仕事が長続きしないなど、職業レディネスが不十分な段階にある若者が利用可能な支援はまだほとんど例を見ない状況である。

■次世代への悪循環を継承させないために

　外国人の定住・永住志向の高まりが全国的な傾向として見られるようになった現在、こうした外国につながる若者たちも同様に、日本国内で生活し続け、近い将来には家庭を築き、子育てを始めることになる。当法人で支援をしている若者のなかには10代で妊娠・出産し、高校を中退してシングルマザーとして子育てを始めるケースも複数存在する。子どもの父親は、同じ状況にある外国につながる若者であることが多い。

　このように、日本語の力や情報などの不足から高校に進学できなかったり、高校を中退したりした若者たちは、教育キャリアを積み重ねた外国につながる若者と比較して不安定就労や失業、貧困など生活上のリスクが高く、次世代への悪循環の継承はすでに起こり始めている。教育からのドロップアウトが日本社会からのドロップアウトに直結することがないよう、こうしたリスクを抱えやすい若者の支援を、予防を含め実施していくことが急務である。　　　　　（田中宝紀）

第9章　子ども支援の現場

11 少年院における外国人処遇——外国人 非行少年の改善更生と社会復帰支援

■久里浜少年院における「国際科」

　少年院は少年法及び少年院法に基づき、非行のある少年を収容し、改善更生及び円滑な社会復帰に向けた矯正教育その他の必要な処遇を施す施設である。神奈川県横須賀市にある久里浜少年院は、全国に52（分院含む）ある少年院のうちの1つであり、「国際科」の課程を設け「外国人等で日本人と異なる処遇上の配慮を要する者（以下「外国人少年」という）」を収容している。外国籍の少年であっても、日本での生活が長く日本人と異なる処遇上の配慮を要しない少年は国際科には編入されず、日本人を対象とした課程に入ることになる。すなわち、国際科に所属している外国人少年は日本語の習得や日本文化への理解が明らかに不足しており、日本社会で生きていくうえで非常に大きなハンディキャップを負った少年ということができる。

　久里浜少年院の国際科には、2017年1月1日時点で9名の外国人少年が在籍している。彼らは通常約1年の期間を少年院で過ごし、矯正教育を受けることになる。国際科は1993年9月に設置されて以降、20年以上にわたって運営を継続しており、現在までに300人以上の外国人少年に対し矯正教育を施し社会復帰をさせている。

　数多くの外国人少年を処遇することで、以下に述べるように一定のノウハウが蓄積されている一方で、近年外国人少年をめぐる情勢は目まぐるしく変化しており、これまで行ってきたものとは全く異なる処遇が必要な少年もいる。

■国際科に入院する外国人少年はどのような少年か

　国際科に入院してくる少年の人員は、外国人犯罪全体の動向とおおむね連動しており、2008年頃から現在にかけて大きく減少している。国籍別では、それまで大半を占めていたブラジル国籍少年が2008年頃を前後して急減し、現在は一桁台で推移している。これにより、ほぼ毎年入院しているフィリピン国籍少年が

現在ではブラジル国籍少年とほぼ同数となっている。また、最近の動向としてクルド人少年や、フィリピン少数言語であるビサヤ語を母語とする少年が入院しており、いわゆる多国籍化の様相を呈している。

国際科の平均的な少年像は、10代半ばで親族等を頼る、または親族に連れられて来日し、来日後はいわゆる外国人コミュニティ内で生活をしてきたというイメージである。日本語を片言ですら話せないといった少年も入院してきており、来日後に言語を習得する機会もなく生活していた様子が想像される。

非行別では、窃盗、強盗、性犯罪など共犯を伴うものが相変わらず多い。最近ではSNSなどの影響もあり、地理的に明らかに離れた場所で生活していた者であっても知己関係にあるということがままある。

多くの外国人少年は、少年院を出た後もそれぞれの母国ではなく、日本で暮らし定住することを望んでいる。一方で、少年院出院後すぐに国外への退去強制となる少年もいる。

■社会復帰に向けてどのような矯正教育を施すか

外国人少年に関しては、上記のような特徴から、日本語の習得状況と非行の関係は小さくなく、まずもって日本語能力を向上させることが、円滑な日本社会への復帰と矯正教育上の最大の課題といえる。言語習得には、多くの時間を要する。少年院の強みは、学校などと違い、起居動作の時間などを除き、ほとんどの時間を矯正教育に費やせる点にある。この利点を生かして、久里浜少年院では徹底して日本語教育を行うことができる。

ワークブックを用いた教官による指導及び自主学習を軸にして、生活言語を学習するために、スピーチ、カルタ、俳句、新聞、漢字学習、社会適応訓練（SST）など多種多様な題材・方法を用いた学習を行っている。また、日本文化を理解させるために大河ドラマやアニメなどの教材を使用した指導を行っているほか、茶道教室にも参加している。

このような学習もさることながら、少年院という生活共同体では何よりも生活上のコミュニケーション、ルールの確認や他少年・職員との対人関係が、言語力をより実践的なものにすることに寄与している。国際科では、あえて日本語で日本語を教える「直接教授法（ダイレクト・メソッド）」を採用し、日本語習得を促

している。

　外国人少年の日本語能力の伸びは著しいものがある。少年院の日課である日記の記載を見れば、標準的な在院期間である1年間で日本語能力が格段に上達するとともに、言語能力の伸長に伴って思考力もついてきていることが分かる。

　また、上記の指導効果を高めるために、少年の保護者や家族に対する助言などの働きかけも行っている。特に外国人少年は、親族間のつながりが日本人と比べて強固な場合が多く、遠方であっても家族総出でたびたび面会に訪れることが少なくないことから、家族に対する働きかけが有効である。例えば、面会の前に家族に対し、少年の矯正教育の進捗状況等を説明しながら、社会復帰に向けた課題について話し合い、少年院の指導に理解を求めるとともに、社会復帰を支える家族の視点から面会時に指導を行ってもらうこともある。対人関係でたびたび失敗をしてしまう少年や日本語学習のモチベーションが低い少年なども、家族からの指導を励みにして自己改善に取り組み始めるケースもある。社会復帰後の家族による援助は必要不可欠であることから、少年院にいる間から良好な関係を構築するための働きかけを行うことは重要である。

■改善更生に向けて

　少年院は非行のある者を収容する矯正施設でありながらも、法務教官と少年が手を取り合って社会復帰に向けた矯正教育を進めていくことになる。その過程では、当然のことながら日々さまざまな問題が発生する。少年院に入ってくる少年は、社会で数々のシビアな経験はしてきているものの、問題を解決するという経験をほとんどしてきていない。少年院にいる1年間で、彼らの身の回りに起こるさまざまな問題を解決していくことを通して日本語能力が備わり、社会でまっとうに生きていく術を身につけていく。国籍は違えど、人と人との人間的で地道な関わり合いのなかで、彼らは改善更生に向かって一歩一歩進んでいるのである。

（菱木順一）

支援にとどまらず
権利をあたりまえに

裵明玉
（名古屋北法律事務所・弁護士）

　私は、在日朝鮮人2世の父と、朝・日ダブルの母の間に生まれ、小学校から大学まで朝鮮学校で学んだ。大学入学時に朝鮮大学校に新設された法律学科で学び、多くの方の尽力によって、大学まで民族教育を受けた学生としては初めての弁護士となることができた。登録後は、朝鮮高校生への就学支援金不支給国賠訴訟や、非正規滞在の子どもたちの在留特別許可を求める訴訟、外国人学校の支援などに取り組んできた。

　日本の学校を経て朝鮮大学校で出会った両親は、朝鮮人である自分に自信をもつことが人生を切り開くうえで大切だと考えていたので、私も幼いときから本名で生活し、通学に往復3時間かかる朝鮮小学校に入学した。朝鮮語はそれまで、オンマ（お母さん）、アッパ（お父さん）くらいしか話せなかったが、授業も日常会話もすべて朝鮮語の生活に次第に慣れた。植民地と戦争の歴史を学び、社会問題にも関心をもつようになり、特に米兵による沖縄少女暴行事件から受けた衝撃は、弁護士を志すきっかけになった。

　ロースクールへ進んでわかったことは、朝鮮学校は、社会の偏見や差別から守られた世界で、そのためにのびのびとした子ども時代を送ることができたということだった。その頃は、日朝会談で日本人拉致事件への謝罪がなされた後の北朝鮮バッシングが最も厳しかった時代で、基本的な在日朝鮮人の歴史も知らない人びとに、朝鮮人としての立ち位置を「審判」されるような緊張感のある日々が続いた。ロースクール合格後は、インターネット上のヘイトスピーチのターゲットにもされた。就職や結婚でもハードルがあったが、それでも自分の運命に対して積極的になることができたのは、朝鮮学校で得た友人の存在と、自分自身のルーツについて学んだ日々が支えてくれたからだ。自分がしっかりと立っていたから、心から通じ合える日本人の友人を得ることもできた。

　そのため、多民族・多文化教育の権利保障に関わる仕事をしたいと思うようになり、今の取り組みにつながっている。この仕事をしていて、アイデンティティに悩む在日コリアンの若者たちの苦しみに触れる機会も増え、ますますそう思うようになった。

　近年はヘイトスピーチが猛威を振るい、朝鮮学校の生徒や非正規滞在の子どもたちにもその矛先が向けられている。朝鮮学校に関しては、国や行政までが就学支援金の不支給、補助金の廃止、防犯ブザーの配布中止などに及んでおり、差別してもよい“特例”的な存在になりつつあるように感じる。

　それがヘイトスピーチの隆盛を生んだ社会の意識とも無縁ではないことを、被害を受けた子どもたちは敏感に感じ取っている。子どもたちが、大切な子ども時代にしっかり自分を見つめ伸ばしていけるように、差別被害からの回復を支援するだけではなく、マジョリティ側の意識に働きかけていくことも、大人としての自分の責任であると感じる。

異質な者として
日本を生きる

チューブ サラーン
（日本大学大学院・研究員）

　私は1989年に家族と一緒にタイの難民キャンプからインドシナ難民として来日しており、世代区分すると日本育ちの難民1.5世代にあたる。2016年、私たち家族は在日27年を迎えるが、家族はみな、当面日本での生活を望んでいる永住外国人である。

　私たちのような2国の文化をもつ者に対し、日本では「ニューカマー」や「外国人」あるいは「外国につながる～」などと付言されるので、私が自分のルーツを自己紹介するときは、簡潔に「在日カンボジア人」と言うようにしている。しかし、私たちのような外国人に対して興味がある人には、丁寧にルーツを説明するように心がけている。

　私は幼少時代から外国人多住地域で育ってきた。地域で生活するような外国人たちはみな似たような生活レベルだったように記憶している。父親たちは車関係の工場で働き、母親たちもパートでパソコンやテレビ、携帯などの基板をつくるような工場で働きながら生計を立てていた。両親の共働きが普通であった。つまり、当時から外国人家庭は父親の収入だけでは不十分で、母親の就労でその不足分を補い、家計をやりくりしている家庭が多かった。そうした事情をもちながらも親たちの楽しみは、一所懸命働いて貯めたお金で母国を訪問し、両親や親族に再会することだった。一方、カンボジアが母国であるとの意識が薄かった当時の私は、親に連れられ母国に帰ることは「異国に行く」ようなもので、それは今も変わらない。つまり、私はどこにいても「異質な私」で、それは昔からいろいろな場面で表出していたのである。

　先述したように、私が暮らしている地域は外国人が多いため、日本に馴染めないあるいは定着が難しい人をサポートしてくれる日本人ボランティアがいて、彼らが開催する支援教室があった。私もそのような教室に参加し、日本人ボランティアや研究者と出会うきっかけができた。その場に通い続けなければ今の私はないだろう。私が日本の義務教育や高等教育を経て、今や大学院にまで進学しているのは、こうした沢山の方々の支援を受けたからなのである。そしてそれらの出会いを通じて、その方々に触発され、異質者として日本に存在することが承認される社会を目指す活動を立上げることになったのだ。高校時代より始めた当事者団体「すたんどばいみー」の活動では、私たち外国人が日本で自立して生きられるように取り組み、それも今年で15年目を迎える。今や活動に参加する子どもたちの大半が日本生まれの外国につながる子どもたちである。日本で生まれ育つことで、日本にいることが当たりまえとなる一方で、異質者として存在することが難しくなっている昨今の状況ではあるが、それでも私はこの「すたんどばいみー」の活動を守っていきたいと思っている。

第10章

幼児の国際移動と
子どもの権利

自分の意志によらず国際養
子として海を渡る幼児たち、
貧しさのため未成年で国外
に働きに出る少年少女たち。
彼・彼女らの場合ほど、人
権、そして子どもの最善の
利益への配慮が求められる
ものはない。果たして保護
や監視の公的制度は機能し
ているのか。国際離婚（別）
に伴う「子の奪取」に介入
するハーグ条約も、子の最
善の利益の観点からどう捉
えられるか。

国際養子縁組と子どもの権利
—— 「子どもの最善の利益」は
どう考慮されているのか

■**日本の現状**

近年、日本においても「特別養子縁組」をめぐる法案が熱心に論議されている。これに付随して、「国際養子縁組」という言葉がメディアで取り上げられる機会も少しずつ増えてきている。例えば、2015年7月5日付の朝日新聞に「日本に生母、47年ぶり再会 国際養子縁組で渡米の男性」という記事が掲載された。これは、かつて日本から米国へ養子として渡った現・ハワイ州議会上院議員のグレン・ワカイ氏が、産みの親と47年ぶりに再会した経緯を取り上げたものである。またこの記事にも記されており、筆者がワカイ氏と面会した際にも繰り返し語られていたことであるが、彼は養家庭で愛情に包まれて何不自由なく育ったと回想する一方で、日本の社会的養護の現状——約4万6000人もの公的支援の対象児童の大半が養護施設に収容されていること（厚生労働省「社会的養護の現状について（参考資料）平成28年7月版」、2016年）——を憂い、今後は彼の立場から可能な限りの働きかけを日本社会に行っていきたいと話していた。では、養子縁組された子どもたちの幸福を享受する権利はどうなっているのであろうか。

日本は未だ批准に至ってはいないものの、国際養子縁組は主に「ハーグ国際養子縁組条約（国際養子縁組に関する子の保護及び協力に関する条約）」（1993年、以降「ハーグ条約」と略）に則り行われることが、多くの送出国・受入国の双方で了解されている。この条約で一番強調されているのが、国際養子縁組は「子どもの最善の利益のために行われる」点である。しかしこの「子どもの最善の利益」の解釈をめぐり、養子縁組の当事者たちは未だ混乱状態にある。

■**各国で異なる「子どもの最善の利益」の解釈**

解釈の相異点の第一は、子どもが出身家庭、さらには出身国において適切な家庭環境を得られない場合、代替として国外の養家庭へ養子縁組することができると同条約は定めているが、この「適切な家庭環境」については国際養子縁組の各

受入国で異なる解釈がなされている点である。

　多文化状況にある米国の教育では、それぞれの子どもたちの文化的背景を尊重する。しかし国際養子縁組家庭では、養子の文化的背景を教える活動（「カルチャー・キーピング」）を養親が十分に担えるのか、という疑問が投げかけられてきた。とくに国際養子縁組の世界では古参である韓国養子たちからは、米国人の養親は養子の母国文化を表面的にのみ理解し教えることしかできない、という指摘がなされてきた（芝真里「多文化共生への実践と問い」『コロキウム　現代社会学理論・新地平』第5号、新泉社、2010年、117〜154頁）。またスウェーデンの国際養子縁組取次機関によれば、「子どもに家庭的な環境を与えることが国際養子縁組の第一義であるのだから、自分で産んだ子と同様に自らの文化（スウェーデン文化）を伝えるべきである」と同国では一般的に了解されており、あくまでスウェーデン人として育てる傾向にある。これは米国とは逆に多民族・多文化状況になかった同国において、国際養子たちがマジョリティとは異なる外見によってアイデンティティ不安を引き起こすことにもつながると指摘されている（芝真里「文化とアイデンティティ・コンフリクト」『名古屋大学社会学論集』33号、名古屋大学大学院社会学研究室、2013年、1〜20頁）。

　第二に、同条約の「子どもの最善の利益」が第一の当事者である養子自身の思いを十分に掬えているかどうか、という点である。養子たちの多くは幼児期もしくは幼少期に縁組され、強制的に移動させられる身であるから、彼ら自身がその生育環境を決めることはできない。もちろん養子取次団体や養親は「子どもの最善の利益」を念頭に、より良い家庭環境を与えようとするが、それは時として養子本人たちの受け止め方とは異なる。確かに、豊かな養家庭で育ち、高度人材として国際的に活躍する養子も少なくない。しかし、なかには不運にも養家庭で折り合いが悪く、早めに自立したと語る養子もいる。最近では、米国の養家庭で過酷な扱いを受けたロシア養子のケースも報道されている。また別の養子では、縁組の際の手続きが不十分で未だ米国市民となっていない事実が成人後に判明し、とたんに言葉も分からない母国に送還される危機に瀕する事例も報告されている。

■国際養子たち自身が考える「子どもの最善の利益」とは

　このような状況に鑑み、国際養子たちが当事者の権利を訴える動きが出てきて

いる。国際養子縁組はハーグ条約に依拠して行われる一方で、国際養子の「権利」は子どもの権利条約に準拠する傾向にある。同条約では、代替的監護下にある子どもに対し、養育の継続性ならびに子どもの「種族的、宗教的、文化的及び言語的な背景」について十分な配慮をすること（第20条）が定められている。しかし前述のとおり、母国文化を学ぶ環境にない養子たちもいる。そこで養子自ら自助組織を立ち上げ、母国文化や自らの立ち位置を学ぶ動きが出てきた。その基となったのが、今から約30年前、スウェーデンに設立されたAKFという世界初の韓国養子自助団体である。現在では世界各地にさまざまな国際養子自助団体が存在し、グローバル・レベルでの連携を図っている。

　また2006年には、オランダの若い世代の国際養子たちを中心に「国際養子連合（United Adoptees International：UAI、http://uai-sti.blogspot.jp/）」という組織が設立された。同団体は各国出身の国際養子と連繋し、養子の人権問題の改善を目指している。同団体は、依然として国際養子縁組周辺の法整備が不十分であり、いかなる国際人権法規においても「養子の権利」については明言されていない点を指摘している。彼らの権利は「子どもの権利条約」に依拠しつつも、実は同条約はもともと国際養子縁組を想定していなかった。また彼らの特殊な背景に関する問題は、同条約等の一般的な人権規定に基づき判断されがちであり、結局は養子たち自身の裁量によって解決を図らざるを得ない。そこで法的根拠に則った養子への社会的サポートや縁組後のケアが大切になってくると同団体は主張している。

　すべての子どもが居場所にかかわらず幸福を享受できるよう、当事者である国際養子たちの声にも耳を傾け、「子どもの最善の利益」についてさらに成熟した議論が進められるべき時が来ている。

（芝真里）

国際養子縁組の行われる社会文化的背景

■国際養子縁組の今昔、その背景とは

　前節冒頭でも紹介した国際養子のワカイ氏の場合、出生当時、日本の実母が若く未婚であったため、周囲の強い説得により彼を手放し渡米することになった、という経緯がある。彼を迎えたハワイの養親はともに日系人で年齢が高く、同じく日本から迎えられた姉を含め、一家は誰もが血のつながりはない。しかし愛情豊かに暮らし、傍から見れば全くの日系人家庭として、ハワイの日系人社会に受け入れられてきた。このケースは、まさに日本から欧米へ養子が送り出される背景を象徴するものである。

　国際養子縁組は――西欧から見て――非西欧諸国からの養子が西欧諸国の養親のもとへと移動することと定義づけられている（Hubinette, T., "From Orphan Trains To Babylifts: Colonial Trafficking, Empire Building, And Social Engineering," In J.J. Trenka, J.C. Oparah & S.Y. Shin (Eds.), *Outsiders Within: Writing On Transracial Adoption.* Cambridge, MA: South End Press, 2006）。その数は2004年の年間4万5000人超をピークに減少し、2013年は1万7000人弱に留まった。国際養子縁組の主なプッシュ要因は、戦争や貧困、そして送り出し国における社会福祉の欠如とされ、プル要因は、西洋諸国における出産時期の高齢化に伴う不妊症の増加や国内養子縁組の難しさ等が挙げられる。このような特殊な文化・政治要因によることから、ウェイルは国際養子たちを「静かなる移民（The Quiet Migration）」と名付けている（Weil, R.H., "International Adoption: The Quiet Migration," *International Migration Review,* 18 (2), 276-93, 1984）。例えば20万人以上とも言われる韓国養子の歴史は、朝鮮戦争時の戦争孤児が西欧に引き取られたことを発端としている。日本でも第二次世界大戦後の戦争孤児や混血児の存在が大きな社会問題となり、1952年には日米孤児救済合同委員会が発足し、当時の日本社会が受け入れに消極的であった子どもたちを、米国の養家族の元へ送り出す活動を行った。

■東アジアにおける国際養子縁組の現在

では、現在はいかなる要因で子どもが海外に送り出されているのだろうか。菊池は、海外における養親認定制度やアフターケアの充実、そして障害児受け入れの積極性を挙げている（菊池緑「民間の養子縁組斡旋事業に関する調査結果と考察」湯沢雍彦編著『要保護児童養子斡旋の国際比較』日本加除出版、2007年）。また、実親側が親子の縁を断ち切るために、なるべく遠くへ手放そうとする心理的要因も指摘されている。これは実母が未成年や望まぬ妊娠をした場合はなおさらであろうし、最近は「0日虐待死」も問題となっていることから、「それよりは海外の温かな家庭で幸せに育ってほしい」と願うことも理解できる。

しかし、韓国では異なる視点も提示されている。筆者が面会した未婚母の自助組織は、実母に対する経済的・社会的支援が同国では不十分であることが、子どもを養子に出す要因であると指摘している。未婚で妊娠した女性の多くは、家族や社会から助けを得られず、仕方なく養子取次団体が運営するシェルターに「産んだ子どもを手放すことを前提に」身を寄せるという。また1人で産み育てることを決意した場合でも、里親や養親よりもはるかに少ない支援金しか受給できない。現在、実母自助組織、未婚母自助組織、そして養子自助組織が連携し、このような「子どもを手放す心の痛み」の抜本的な解決を同国社会へ働きかけている。

■日本出自の国際養子たちへの支援を考える

受け入れられた養子の状況把握も重要だ。米国西海岸の取次組織関係者によると、韓国や中国からの養子がさまざまな養家庭に引き取られるのに比べ、日本からの養子は日系人家庭もしくは養親のいずれかが日系人である家庭に引き取られる傾向にある。その場合、養子縁組を公表しないことも可能だが、養子の特殊な出自に由来する問題が見えづらくなり、予防的対処が困難になるリスクもある。

現在日本で議論されている「養子縁組あっせん法案」は、「子どもの最善の利益」のために今後の養子先は可能な限り国内にする点も盛り込んでいる。しかし同時に送出国の責任として、これまでに送り出された養子に対する追跡調査および支援——養子・養親・実親・民間取次団体らのローカルな視点に基づいたきめ細やかなケア——のさらなる検討も望まれるのではないだろうか。

（芝真里）

日本・アジアからの国際養子はいま

■国際養子縁組の動向

　国際養子縁組は、第2次世界大戦後に、戦争などで親を失った子どもたちがアメリカ合衆国に養子として渡ったことから始まり、その後も、戦争や震災のほかにも貧困、婚外子、障害児、女児などの理由で、国内での監護が難しい場合の代替的養護手段として用いられてきた。一方、先進国では国内に養子候補の子どもの数が不足し、独身者による養子縁組希望者も増え、国際養子縁組の需要が高まってきた。先進国のニーズの増加とともに、国際養子縁組が子どもの出身国の余剰人口問題を解決し、外貨をもたらす手段として活用された側面もあった。

　このような状況のなか、国際養子縁組が子どもの権利を奪うことへの懸念は早くから認識され、国内法による規制のみならず、国際的な枠組みが形成されてきた。1957年の国際養子縁組に関するヨーロッパ専門家会議を皮切りに、幾度の条約や宣言を経て、1993年にハーグ条約が採択された。この条約は出身国と受入国の中央当局・認可斡旋機関等関係者の協力によって、養子縁組の手続きが子どもの福祉の観点に即して進められるように規定したもので、国際養子縁組の実行におけるいわば世界標準モデルとなっている（床谷・清末・梅澤「国際養子縁組をめぐる世界の動向と日本の課題」『戸籍時報』No.674、2〜23頁、2011年）。

　養子の受入国は、アメリカを筆頭に、スペイン、フランス、イタリア、カナダ、オランダなどであり、主要な出身国は韓国、ベトナム、タイや中南米、アフリカの開発途上国に加え、90年代には中国および、東欧の急激な政治変革に伴う混乱によってルーマニア、ポーランド、ロシアから多数の養子が流出することになった。2004年に4万5000人だった国際養子は、その後減少傾向に転じ、2012年には2万人以下に減少した（Peter Selman, "The rise and fall of intercountry adoption in the 21st century" *International Social Work* 52(5): pp.575-594, Sage Publication, 2009）。その背景には、ハーグ条約批准国の増加とともに、国際養子よりも国内養子縁組が優先され、未婚の母など家族への支援の強化により、子ど

もが生まれた家庭で暮らせる環境が整うようになったことがあげられる。世界で最も多くの国際養子を受け入れているアメリカも、2008年にハーグ条約を批准し、条約に加盟していない国からの国際養子が困難になっており、2019年の国際養子縁組は2971件という状況である。出身国は多い順に中国、ウクライナ、コロンビア、インドとなっている（Travel.State.Gov, *"Annual Report on Intercountry Adoption"*, 2020）。

■日本・アジアからの国際養子

アジアの国々は長い間アメリカやヨーロッパの国々に国際養子を送ってきた。朝鮮戦争後から国際養子縁組が始まった韓国をはじめ、1960年代にはフィリピン、1970年代にはインドとベトナムで国際養子が始まった。1980年代は韓国、インド、スリランカが中心となっていたが、1990年代に入ってから中国が最も重要な出身国として浮上した（Peter Selman, 前掲書）。以下に日本、韓国、中国の国際養子について概観する。

【日本】1953〜1961年に米国に入国した日本人孤児は3029人に上り、終戦直後の混乱期には国際養子縁組が要保護児童対策として重要な役割を果たしていた。しかし、連合軍統治が1952年に終結し進駐軍が撤退を開始したため、国際養子縁組が政府の児童福祉政策に包摂されることはなく、規模はそれ以上拡大することはなかった（姜恩和・森口千晶「日本と韓国における養子制度の発展と児童福祉」『経済研究』6（1）24〜46頁、岩波書店、2016年）。日本はハーグ条約を批准しておらず、国際養子縁組に関わる法制度の不備から、国外に送り出される子の実態も十分に把握できておらず、子どもの福祉が守られているとは言えない状況にある。読売新聞によると、2011年から2019年9月まで日本からの養子を受け入れていたのは、米国とカナダ、フランス、イタリア、ベルギーの5か国であり、最多の米国とカナダだけで全体の98％を占めている（読売新聞2021.7.19『【独自】日本から海外へ養子、9年で336人…政府は把握しておらず』）。

【韓国】1958年から2016年現在までの国際養子の合計は16万人以上に上る。とりわけ80年代は国際養子縁組の全面開放の時期であり、韓国の歴史上最も多くの

子どもが国際養子となった。しかし、ソウルオリンピックをきっかけとして海外からの非難が高まり、徐々に国際養子縁組への制限がかけられるようになった。2007年からはクォータ制の実施によって、初めて国内養子縁組件数が海外を上回るようになり、2015年以降海外養子縁組は300件台で推移している。2013年5月にハーグ条約に署名し、現在はハーグ条約批准に向けての体制作りが行われている。

【中国】国際養子は、中華人民共和国養子縁組法（1991年）により規定されている。1992年から2010年まで、国外に養子に出された中国人の孤児は12万人を超えるようになったが、その大部分は女の子である。その理由は、古来から女の赤ん坊が見捨てられてきたという慣習、また性的知識の欠如が経済的急成長に伴った自由化の波と組み合わさったこと、さらに、1979年に制定された一人っ子政策により第2子が制限されるなか、男尊女卑を背景とした女児の遺棄が主な原因とされる（シンランXinran、佐藤美奈子訳『中国、引き裂かれる母娘』明石書店、2013年）。1992年から2005年までの国際養子は15万2000人に上ったが（Peter Selman, "International Adoption from China and India 1992–2018" *Social Welfare in India and China*: pp.393-415, 2020）、同年にハーグ条約への批准が行われ、国内養子縁組の需要の高まりも相まって、国際養子縁組は減少傾向に転じた。

　国際養子縁組をめぐっては、子どもを利用した国の外貨稼ぎ、人身売買とみる批判的な見方がある一方で、親が育てられない子どもに家庭的環境を与えるものとして捉える見解もあり、意見が分かれている。国内養子縁組とは異なり、子どもの福祉が国をまたがって受入国に託されるため、相手国の法・制度や民族、宗教、文化を尊重しながら、子どもの権利を擁護する必要がある。ハーグ条約は国際養子縁組に関して国際間で取り決めをし、本当に養子縁組が必要な子どもに限定していくための共通ルールとして世界の標準モデルとなっている。批准のためには、生まれた家庭で育つようにするための支援や国内養子縁組を優先するための枠組みが必要であり、国際養子縁組に限らず子どもの福祉全般への波及効果も大きい。日本も将来的にはハーグ条約批准を目指し、養子縁組制度のみならず社会的養護システム全般を整備することによって、子どもの福祉を担保していくことが求められる。

（姜恩和）

第10章　幼児の国際移動と子どもの権利

04 国際人身売買と子ども

■世界の人身売買における子どもの状況

　人身売買は別名、人身取引（Human-Trafficking）とも呼ばれ、日本政府はこの語を使用している。歴史的には奴隷貿易に関わる言葉として使われていたが、今や人身売買は年齢、性別、地域を問わず世界各地で起こっている。

　2020年の世界人身売買報告書によると、COVID-19により人身売買の状況は悪化している。過去3年間に世界で人身売買の被害に遭ったことが確認された子どもの数は3倍に増えたが、特に18歳未満の少年は5倍に増えた。2018年には148カ国で5万人の人身売買被害者が確認されたが（実際にはそのはるかに多い数の人が被害に遭っている）、その内訳は、成人女性46％、成人男性20％、少女19％、少年15％（成人は18歳以上）となっている。認知された被害者のうち50％が性的搾取目的、38％が強制労働目的、6％が強制的犯罪行為目的、1％が物乞い強要であった（UNODC, Global Report on Trafficking in Persons, 2020）。

　世界で180万人の子どもが性的に搾取されているが、その多くが性産業に売られた人身売買の被害者である（ECPAT, https://ecpat.be/en/category/actualites-en/）。

　2000年11月、国連総会において国際組織犯罪禁止条約と人身取引禁止議定書が採択された。そこで初めて国際的に包括的な人身取引の定義がなされ、人身取引の目的、手段、行為の3点が明示された（次頁図）。ただし、子どもの場合は、暴力や脅迫、詐欺などのあらゆる不当な手段が用いられなくても、搾取のために図示したような行為が行われた場合、「人身取引」となる。

　1990年代に入り、人身売買が急速に広がったのは、麻薬、銃の取引より発覚しづらく、巨利を生むからだといわれている。人身取引業者はIT技術を駆使し、自然災害の際も情報を瞬時に得て、親を失った子どもたちの存在をつかむ。

　国境を越えて売られた子どもは、ブローカーから「不法入国だから、訴えても警察に逮捕され、ひどい目に遭う」と脅され、助けを求められない。さらにコロナ禍において、ブローカーたちは、ステイホームしている子どもたちを狙い、イ

図　人身取引（人身売買）の定義

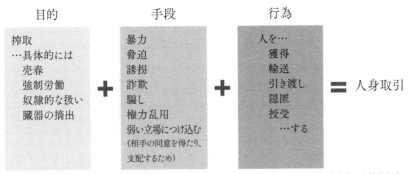

出所：国際組織犯罪防止条約人身取引議定書より筆者作成

ンターネットを利用した戦略に変わってきている。受入国の社会はその手口や
ルートを知り、被害に遭った子どもたちを救出する手立てを認識する必要性がある。

■人身売買・人身取引における現代の日本の状況

　毎年、米国国務省は人身売買報告書を発表し、世界各国・地域を人身売買対策
の達成度に応じて4段階に分類している。日本は、例年、上から2番目の「政府
の対策が不十分」という評価をされているが、これはG7では唯一の国である
（UN State department, TIP Report, 2021）。同報告書は、「（日本の）法執行機関は、
引き続き、商業的性産業において搾取を受けた何百人もの子どもを、公式に人身
取引被害者として認知せず、ほとんどの場合、保護支援サービスや損害賠償請求
権の利用を不可能にしている」と指摘している（米国大使館東京、「2021年人身売
買報告書（日本に関する部分）」https://jp.usembassy.gov/ja/trafficking-in-persons-report-
2021-japan-ja/）。

　同報告書によると、人身取引犯によって、十代の家出した少年少女たちが性的
搾取を目的とした「JK」ビジネスと呼ばれる人身取引の被害に遭っているが、
日本人のみならず、中国、韓国、ラオス、フィリピン、シンガポール、ベトナム
出身の未成年もこれらのビジネスで搾取されている。

　新型コロナ感染拡大によって失業と家庭内暴力が急増したことで、とりわけ家
出した子どもが、SNSによって人身取引犯から連絡を受け、このビジネスに巻
き込まれるリスクが高まっている。

第10章　幼児の国際移動と子どもの権利

　2021年3月に警視庁が発表した人身取引の検挙に関する資料によると、2020年の被害者数37人のうち外国人は、7人のフィリピン人である。内訳は、性的搾取目的が25人、労働搾取目的が12人であった。

　これまで、外国人の子どもが人身売買の被害にあったケースとして、コロンビアの16歳の少女がストリップ劇場で働かされていたり、13歳のタイの少女が伊香保温泉で売春を強要されていたケースが摘発されている。また、2017年には、外国人の少年が暴力団によって露天商で働かされていたケースも摘発された（吉田容子「人身取引とは　日本の課題」、天理大学人権問題研究室紀要第21号）。表面化していなくても18歳未満の少女たちが、年齢詐称をして成人女性として働かされている可能性も否定できない。

■人身売買の危機にさらされるJFC

　2015年2月に、岐阜県と愛知県のパブなどで大掛かりな家宅捜索が行われ、その際、不当に働かされ、搾取を受けていた母親とその子どもであるJFC（ジャパニーズ・フィリピノ・チルドレン　1章02）が保護されて人身売買が明るみになった（「新日系フィリピン人：不法就労で容疑のブローカー逮捕へ」毎日新聞2015年2月14日付）。

　新日系フィリピン人と呼ばれる人びとが人身売買のブローカーに狙われるようになった背景の1つに国籍法の改正がある。2009年1月の国籍法改正後、出生後に日本人の父親から認知を受け、20歳までに手続きをすれば、両親が結婚していなくても日本国籍を取得できるようになった。

　母子家庭として経済的に困難な生活を送り、「ジャピーノ」として差別されてきたJFCは、「日本の父親に会いたい」「日本国籍をとりたい」という気持ちにつけこまれ、ブローカーから簡単に騙されやすくなる。ウエイトレスの仕事をあっせんすると言われた後、過度の債務を負わされて日本に渡航し、実際はホステスの仕事をさせられ、逃げ出したJFCのケースも報告されている。

　来日したばかりの外国ルーツの子どもたちは、頼れる人的ネットワークにつながっていないことが多い。そのような子どもたちを人身売買から守るためには、法の整備と執行力の強化だけでなく、社会全体でこうした子どもたちに対する関心を高めていくことが重要だろう。

（甲斐田万智子・南雲勇多）

国際的な子の奪取に関する ハーグ条約と子どもの人権

■ハーグ条約と日本

1980年にハーグ国際私法会議において採択された「国際的な子の奪取の民事上の側面に関する条約」(「ハーグ条約」)は、国境を越えて不法に連れ去られた子の常居所地国への迅速な返還の確保と、面会交流権の効果的な尊重の確保を目的として、そのための国家間の協力について定めた条約である。ハーグ条約が対象とするのは、国境を越えて不法に連れ去り・留置された16歳未満の子であり、子の常居所地国の法令に基づき監護権を侵害する連れ去り・留置は「不法」とされる。子が連れ去り・留置された先の国の裁判所は、返還申立がなされると、返還拒否事由が認められない限り、直ちに子の返還を命じなければならない。2016年11月現在、世界で95か国が同条約を締結している。

2005年頃から、監護権を有するもう一方の親の同意を得ずに、あるいは、裁判所の命令に違反して、欧米諸国から日本人親が子を日本に連れ帰り、子と外国に住む親との関係が断絶する事案が増え、日本に対する批判と日本のハーグ条約締結を求める声が国際的に高まったことを背景として、日本のハーグ条約締結の是非をめぐる議論が始まった。

日本は、1989年に国連で採択された「児童の権利に関する条約」(「子どもの権利条約」)を1994年に締結したが、同条約は、子の親からの不分離・親との交流(9条)や、国境を越える不法な移送や誘拐からの子の保護(11条、35条)を定め、特に11条2項は、国境を越える不法な移送の防止と帰還のための措置を講ずるために、二国間・多数国間協定の締結の促進を締約国に義務付けている。ハーグ条約は、同項にいう多数国間協定の1つであり、日本の同条約の締結は、子どもの権利条約からの要請でもある。しかし、一方で、子の常居所地国への原則返還は、かえって子の利益に反するとして、日本のハーグ条約締結に対する慎重・反対の意見も見られた。こうした議論を経て、日本は、2014年1月にハーグ条約を締結し、同年4月1日から同条約が日本について発効し、実施されている。

■子どもの最善の利益と常居所地国への返還

　ところで、近年、欧州人権裁判所やイギリス最高裁判所において、ハーグ条約における「子どもの最善の利益」（子どもの権利条約3条1項）の捉え方について、活発な議論と裁判例の蓄積が見られる。そもそも、ハーグ条約は、子の監護に関する事項における「子の利益」の至高性を基本原理とすることを前文で謳っている。ハーグ条約が子の常居所地国への迅速な返還を原則として義務付けるのは、子が一方的にそれまで住んでいた国から不法に他国に連れ去られることによって生ずる有害な影響から、子を国際的に保護するためである。すなわち、ハーグ条約においては、国境を越えて不法に連れ去られた子を常居所地国に迅速に返還することは、一般的に「子の利益」に適うものであるとの考え方に立ち、具体的な事案における子の監護状況、それぞれの親の子との関係や監護能力、監護者としての適格性等の諸事情を審理・考慮して、子の常居所地国への返還・不返還のどちらが当該子の利益に適うかという判断は行わない。このような判断は、子を返還したうえで、子のそれまでの生活地である常居所地国の裁判所が監護権の本案の審理においてなすべきだからである。

　しかしながら、個別の事案において、常居所地国への子の返還が、明らかに「子の利益」に反すると考えられる場合がある。そのため、ハーグ条約は、子を返還すべきでない場合を類型的に返還義務の例外として規定することにより、具体的な子の利益の確保を図ろうとしている。特に、条約13条1項（b）は、「子が心身に害悪を受け、又は他の耐え難い状態に置かれることとなる重大な危険があること」を返還拒否事由と定め、この解釈を通じて、子の常居所地国への返還は一般的に「子の利益」に適うものであり、子の具体的利益の保護は常居所地国に委ねるというハーグ条約の基本理念・一般的政策を堅持しながらも、子の所在地国による返還拒否という例外措置の発動により、具体的な「子の利益」を条約の一般的政策に優先させることを可能としている。

■ハーグ条約の実効性

　ハーグ条約に基づく子の常居所地国への迅速な返還が行われるのは、実際に、子が国境を越えて他国に連れ去り・留置された場合である。しかし、このようなハーグ条約の仕組みは、親の一方による不法な子の連れ去り・留置を防止・抑制

する効果をもたらす。また、ハーグ条約は、外国にいる親と子との面会交流の確保を目的の1つとしている点で、国境を越えて別々の国に住む親子の交流の実現を促進する重要な役割を有する。

ハーグ条約は対象となる子の国籍を問わないが、日本における外国人の子どもとの関連で見れば、日本に居住する外国人の子どもが不法に外国に連れ去り・留置されることを防止・抑制するだけでなく、そうした事態が起きた場合には条約の下で子どもの日本への迅速な返還を求めることが可能であることから、外国人の子どもが他の条約締約国に住む親を訪問することについて他方親の同意を得やすくなるという効果が期待できる。

実際、日本における外国人のいる世帯は、1995年の約64万世帯から2015年には約117万世帯へと増加し、このうち、子どものいる核家族世帯は約55万世帯に達している。日本に居住する外国人の子どもを、国境を越える不法な連れ去り・留置による有害な効果から保護し、また、外国に住む親との面会等のために安全に外国を訪問できる環境を整えたという意味で、日本がハーグ条約を締結したことの意義は大きい。

（大谷美紀子）

＊ 資　料

本資料について

1. 「2010 年国勢調査における 18 歳未満人口の国籍別高校及び幼稚園・保育所在籍率」は、本書編者の申請によって取得した「オーダーメイド集計」の結果である。オーダーメイド集計は、2009 年の統計法改正により可能になったもので、研究者等が統計センターを通じて必要なクロス表を依頼し、集計したファイルを取り寄せられる制度（有料）である。年齢別・国籍別の在籍率を知ることができるのが大きなメリットだが、法務省在留外国人統計に比べ、国勢調査の外国人の捕捉率（回答率）が低いこと、そのことが結果（在籍率）にも反映されている可能性があることが考慮されねばならない。

2. 「II 地方自治体等による調査結果から」については、最近実施されたもののうち、外国人の家族、子ども、就学などに関する質問項目を含むもので、母集団の比較的大きなものの中から選択し、掲載した。なお、II-18〜20 は地方自治体のホームページに公開されているものから抜粋し、転載した。

3. 「III 日本語を母語としない生徒のための高校入試措置一覧」の年度について
   本書の編集の時期が都道府県の 2016 年度生徒募集要項公表時と重なったため、それらを掲載する可能性もあったが、都道府県により公表の時期のずれがあるため、正確さを優先し、実施ずみの 2015 年度の資料を使用した。

4. 政府訳「児童の権利に関する条約」の「児童」の語について
   政府訳では child に「児童」の語が充てられている。本書では「児童」の語は用いず、一貫して「子どもの権利に関する条約」（略して「子どもの権利条約」）と表現している。その理由については、条約の冒頭に付した注を参照されたい。

5. 「V 在日外国人の教育基本方針指針等」について
   在日外国人の教育指針等を定めている地方自治体教育委員会の内から、歴史的背景・経緯、及び地域を考慮し、関西、中部、関東から各 1 を選択し、その指針を掲載した。

I　全国的な統計及び調査結果

1　在留外国人数の推移

1-1　国籍・地域別在留外国人数の推移

国籍・地域	2007 年末	2008 年末	2009 年末	2010 年末	2011 年末	2012 年末	2013 年末
（計）	2,069,065	2,144,682	2,125,571	2,087,261	2,047,349	2,033,656	2,066,445
中国	593,993	644,265	670,683	678,391	668,644	652,595	649,078
ベトナム	36,131	40,524	40,493	41,354	44,444	52,367	72,256
韓国・朝鮮	582,754	580,760	571,598	560,799	542,182	-	-
韓国	-	-	-	-	-	489,431	481,249
フィリピン	182,910	193,426	197,971	200,208	203,294	202,985	209,183
ブラジル	313,771	309,448	264,649	228,702	209,265	190,609	181,317
ネパール	8,417	11,556	14,745	17,149	20,103	24,071	31,537
インドネシア	55,487	26,190	24,777	24,374	24,305	25,532	27,214
台湾	-	-	-	-	-	22775	33,324
米国	50,858	51,704	51,235	49,821	49,119	48,361	49,981
タイ	34,547	36,560	37,812	38,240	41,316	40,133	41,208
その他	241,438	250,249	251,608	248,223	244,677	284,797	290,098

国籍・地域	2014 年末	2015 年末	2016 年末	2017 年末	2018 年末	2019 年末	2020 年末
（計）	2,121,831	2,232,189	2,382,822	2,561,848	2,731,093	2,933,137	2,887,116
中国	654,777	665,847	695,522	730,890	764,720	813,675	778,112
ベトナム	99,865	146,956	199,990	262,405	330,835	411,968	448,053
韓国・朝鮮	-	-	-	-	-	-	-
韓国	465,477	457,772	453096	450663	449,634	446,364	426,908
フィリピン	217,585	229,595	243,662	260,553	271,289	282,798	279,660
ブラジル	175,410	173,437	180,923	191,362	201,865	211,677	208,538
ネパール	42,346	54,775	67,470	80,038	88,951	96,824	95,982
インドネシア	30,210	35,910	42,850	49,982	56,346	66,860	66,832
台湾	40,197	48,723	52,768	56,724	60,684	64,773	55,872
米国	51,256	52,271	53,705	55,713	57,500	59,172	55,761
タイ	43,081	45,379	47,647	50,179	52,323	54,809	53,379
その他	301,627	321,524	345,189	373,339	396,946	424,217	418,019

出典：法務省「在留外国人統計」

注 1）平成 23 年末の統計までは，当時の外国人登録者数のうち，現行の出入国管理及び難民認定法第 19 条の 3 に規定する「中長期在留者」に該当し得る在留資格をもって在留する者及び「特別永住者」の数であり，平成 24 年末の統計からは，「中長期在留者」及び「特別永住者」の数である。

注 2）「国籍・地域」は在留カード又は特別永住者証明書（以下「在留カード等」という。）の国籍・地域欄の表記である。

注 3）「韓国・朝鮮」について，平成 23 年末の統計までは，外国人登録証明書の「国籍等」欄に「朝鮮」の表記がなされている者と「韓国」の表記がなされている韓国籍を有する者を合わせて「韓国・朝鮮」として計上していたが，平成 24 年末の統計からは，在留カード等の「国籍・地域」欄に「韓国」の表記がなされている者を「韓国」に，「朝鮮」の標記がなされている者を「朝鮮」に計上している。

注 4）「台湾」について，台湾の権限ある機関が発行した旅券等を所持する者は，平成 24 年 7 月 8 日までは外国人登録証明書の「国籍等」欄に「中国」の表記がなされていたが，同年 7 月 9 日以降は，在留カード等の「国籍・地域」欄に「台湾」の表記がなされており，平成 24 年末の統計からは「台湾」の表記がなされた在留カード等の交付を受けた者を「台湾」に計上している。

1-2 在留資格別在留外国人数の推移

在留資格	2012 年末	2013 年末	2014 年末	2015 年末	2016 年末	2017 年末	2018 年末	2019 年末	2020 年末
計	2,033,656	2,066,445	2,121,831	2,232,189	2,382,822	2,561,848	2,731,093	2,933,137	2,887,116
特別永住者	381,364	373,221	358,409	348,626	338,950	329,822	321,416	312,501	304,430
中長期在留者	1,652,292	1,693,224	1,763,422	1,883,563	2,043,872	2,232,026	2,409,677	2,620,636	2,582,686
永住者	624,501	655,315	677,019	700,500	727,111	749,191	771,568	793,164	807,517
技能実習	151,477	155,206	167,626	274,225	228,588	274,233	328,360	410,972	378,200
技能実習 1 号イ	4,121	3,683	4,371	4,815	4,943	5,971	5,128	4,975	1,205
技能実習 1 号ロ	59,160	57,997	73,145	87,070	97,642	118,101	138,249	164,408	74,476
技能実習 2 号イ	2,869	2,788	2,553	2,684	3,207	3,424	3,712	4,268	4,490
技能実習 2 号ロ	85,327	90,738	87,557	98,086	122,796	146,729	173,873	210,965	258,173
技能実習 3 号イ	-	-	-	-	-	-	220	605	707
技能実習 3 号ロ	-	-	-	-	-	8	7,178	25,751	39,149
技術・人文知識・国際業務	111,994	115,357	122,794	137,706	161,124	189,273	225,724	271,999	283,380
留学	180,919	193,073	214,525	246,679	277,331	311,505	337,000	345,791	280,901
定住者	165,001	160,391	159,596	161,532	168,830	179,834	192,014	204,787	201,329
家族滞在	120,693	122,155	125,992	133,589	149,303	166,561	182,452	201,423	196,622
日本人の配偶者等	162,332	151,156	145,312	140,349	139,327	140,839	142,381	145,254	142,735
特定活動	20,159	22,673	28,001	37,175	47,039	64,776	62,956	65,187	103,422
永住者の配偶者等	22,946	24,649	27,066	28,939	30,972	34,632	37,998	41,517	42,905
技能	33,863	33,425	33,374	37,202	39,756	39,177	39,915	41,692	40,491
経営・管理	12,609	13,439	15,184	18,109	21,877	24,033	25,670	27,249	27,235
高度専門職	-	-	-	1,508	3,739	7,668	11,061	14,924	16,554
高度専門職 1 号イ	-	-	-	297	731	1,194	1,576	1,884	1,922
高度専門職 1 号ロ	-	-	-	1,144	2,813	6,046	8,774	11,886	13,167
高度専門職 1 号ハ	-	-	-	51	132	257	395	570	676
高度専門職 2 号	-	-	-	16	63	171	316	584	789
特定技能	-	-	-	-	-	-	-	1,621	15,663
特定技能 1 号	-	-	-	-	-	-	-	1,621	15,663
特定技能 2 号	-	-	-	-	-	-	-	0	0
企業内転勤	14,867	15,218	15,378	15,465	15,772	16,486	17,328	18,193	13,415
教育	10,121	10,076	10,141	10,670	11,159	11,524	12,462	13,331	12,241
教授	7,787	7,735	7,565	7,651	7,463	7,403	7,360	7,354	6,647
宗教	4,051	4,570	4,528	4,397	4,428	4,402	4,299	4,285	3,772
医療	412	534	695	1,015	1,342	1,653	1,936	2,269	2,476
興行	1,646	1,662	1,967	1,869	2,187	2,094	2,389	2,508	1,865
介護	-	-	-	-	-	18	185	592	1,714
研究	1,970	1,910	1,841	1,644	1,609	1,596	1,528	1,480	1,337
文化活動	2,320	2,379	2,614	2,582	2,704	2,859	2,825	3,013	1,280
芸術	438	432	409	433	438	426	461	489	448
報道	223	219	225	231	246	236	215	220	215
研修	1,804	1,501	1,427	1,521	1,379	1,460	1,443	1,177	174
法律・会計業務	159	149	143	142	148	147	147	145	148

出典：法務省「在留外国人統計」

注1) 平成 27 年 4 月 1 日の改正出入国管理及び難民認定法の施行に伴い，在留資格「投資・経営」は「経営・管理」へ改正され，「技術」及び「人文知識・国際業務」は「技術・人文知識・国際業務」へ一本化され，「高度専門職 1 号イ，ロ，ハ」及び「高度専門職 2 号」が新設された。

注2) 平成 29 年 9 月 1 日から在留資格「介護」が新設された。

注3) 平成 29 年 11 月 1 日から在留資格「技能実習 3 号イ及び 3 号ロ」が新設された。

資料

2 19歳以下の在留外国人数

2-1 19歳以下の在留外国人数 主な国籍別
2020年末現在

国籍・地域	総　数（0歳～19歳）		
		男	女
総数	341,586	176,016	165,570
1 中国	112,198	59,117	53,081
2 ブラジル	45,906	23,699	22,207
3 韓国	34,802	17,439	17,363
4 フィリピン	32,272	15,387	16,885
5 ベトナム	30,310	15,483	14,827
6 ペルー	11,378	6,128	5,250
7 ネパール	10,621	5,426	5,195
8 インドネシア	6,765	3,449	3,316
9 インド	5,548	2,869	2,679
10 米国	5,454	2,794	2,660
11 パキスタン	5,030	2,771	2,259
12 台湾	3,646	1,836	1,810
13 バングラデシュ	3,599	1,827	1,772
14 タイ	2,839	1,510	1,329
15 朝鮮	2,564	1,267	1,297
16 スリランカ	2,520	1,327	1,193
17 モンゴル	2,153	1,134	1,019
18 ミャンマー	1,789	942	847
19 ボリビア	1,657	843	814
20 ロシア	1,390	669	721

出典：法務省「在留外国人統計」

2-2 19歳以下の在留外国人数 在留資格別
2020年末現在

在留資格	総　数（0歳～19歳）		
		男	女
総数	337,786	174,117	163,669
永住者	106,137	55,082	51,055
家族滞在	91,453	47,694	43,759
定住者	65,468	33,026	32,442
留学	24,554	13,298	11,256
特別永住者	20,783	10,633	10,150
永住者の配偶者等	15,509	8,011	7,498
日本人の配偶者等	2,764	1,413	1,351
特定活動	2,562	1,424	1,138
技能実習1号イ	23	16	7
技能実習1号ロ	7,421	3,019	4,402
技能実習2号イ	18	17	1
技能実習2号ロ	977	388	589
技能実習3号イ	-	-	-
技能実習3号ロ	-	-	-
宗教	55	50	5
興行	38	27	11
特定技能1号	6	3	3
特定技能2号	-	-	-
文化活動	6	6	-
技術・人文知識・国際業務	5	5	-
企業内転勤	4	4	-
研修	3	1	2
教授	-	-	-
芸術	-	-	-
報道	-	-	-
高度専門職1号イ	-	-	-
高度専門職1号ロ	-	-	-
高度専門職1号ハ	-	-	-
高度専門職2号	-	-	-
経営・管理	-	-	-
法律・会計業務	-	-	-
医療	-	-	-
研究	-	-	-
教育	-	-	-
介護	-	-	-
技能	-	-	-

出典：法務省「在留外国人統計」

3 住民基本台帳に基づく人口・世帯数（日本人、外国人、複数国籍別）

2021 年 1 月 1 日

都道府県名	日本人人口			外国人人口			総人口	世帯数			
	男	女	計	男	女	計		日本人	外国人	複数国籍	計
合計	60,408,305	63,434,396	123,842,701	1,389,602	1,421,941	2,811,543	126,654,244	57,378,423	1,642,469	476,464	59,497,356
北海道	2,453,444	2,737,194	5,190,638	17,569	20,525	38,094	5,228,732	2,762,076	27,976	5,519	2,795,571
青森県	594,651	659,307	1,253,958	2,385	3,724	6,109	1,260,067	588,969	4,241	1,249	594,459
岩手県	585,551	627,922	1,213,473	2,885	4,847	7,732	1,221,205	523,714	5,098	1,988	530,800
宮城県	1,102,406	1,157,156	2,259,562	10,703	11,841	22,544	2,282,106	997,317	15,029	4,266	1,016,612
秋田県	457,410	510,016	967,426	1,527	2,651	4,178	971,604	421,964	2,485	1,249	425,698
山形県	514,582	547,710	1,062,292	2,669	5,056	7,725	1,070,017	411,768	4,209	2,730	418,707
福島県	908,124	939,756	1,847,880	6,374	8,523	14,897	1,862,777	779,033	8,932	4,079	792,044
茨城県	1,420,367	1,416,254	2,836,621	38,152	32,905	71,057	2,907,678	1,218,413	42,733	11,619	1,272,765
栃木県	956,710	955,864	1,912,574	21,867	20,961	42,828	1,955,402	815,682	25,149	7,484	848,315
群馬県	939,411	957,313	1,896,724	32,048	29,413	61,461	1,958,185	819,436	34,486	8,398	862,320
埼玉県	3,598,144	3,600,186	7,198,330	98,549	96,970	195,519	7,393,849	3,258,180	104,031	35,750	3,397,969
千葉県	3,070,616	3,085,099	6,155,715	82,436	84,746	167,182	6,322,897	2,838,858	90,915	34,346	2,964,119
東京都	6,537,442	6,759,647	13,297,089	267,877	278,559	546,436	13,843,525	6,932,810	315,851	92,826	7,341,487
神奈川県	4,485,143	4,508,336	8,993,479	112,228	114,538	226,766	9,220,245	4,268,556	114,789	46,616	4,429,961
新潟県	1,068,305	1,127,536	2,195,841	7,363	10,149	17,512	2,213,353	892,501	10,389	4,769	907,659
富山県	499,843	528,785	1,028,628	9,380	9,705	19,085	1,047,713	412,661	11,862	3,045	427,568
石川県	541,180	576,008	1,117,188	8,182	7,286	15,468	1,132,656	479,284	10,960	2,107	492,351
福井県	369,636	389,223	758,859	7,104	8,633	15,737	774,596	286,879	10,040	2,570	299,489
山梨県	395,203	409,175	804,378	7,790	8,926	16,716	821,094	352,711	8,989	3,436	365,136
長野県	997,334	1,039,099	2,036,433	15,688	20,098	35,786	2,072,219	852,274	19,087	9,026	880,387
岐阜県	955,197	1,003,512	1,958,709	28,110	30,049	58,159	2,016,868	796,557	34,141	6,913	837,617
静岡県	1,775,092	1,814,223	3,589,315	48,097	48,923	97,020	3,686,335	1,546,348	52,242	13,717	1,612,307
愛知県	3,653,037	3,638,873	7,291,910	133,815	133,147	266,962	7,558,872	3,186,218	144,481	38,438	3,369,137
三重県	854,034	891,878	1,745,912	28,641	26,203	54,844	1,800,756	768,227	32,121	5,942	806,290
滋賀県	683,239	702,565	1,385,804	17,833	15,249	33,082	1,418,886	572,579	19,349	4,239	596,167
京都府	1,181,989	1,287,611	2,469,600	30,552	30,457	61,009	2,530,609	1,182,536	38,803	9,938	1,231,277
大阪府	4,137,164	4,451,541	8,588,705	124,829	125,998	250,827	8,839,532	4,201,171	149,611	40,528	4,391,310
兵庫県	2,590,441	2,819,837	5,410,278	56,205	57,144	113,349	5,523,627	2,490,004	65,652	19,212	2,574,868
奈良県	631,432	699,655	1,331,087	6,758	7,107	13,865	1,344,952	589,874	8,430	2,891	601,195
和歌山県	444,505	493,060	937,565	2,988	4,197	7,185	944,750	435,969	4,255	1,954	442,178
鳥取県	264,836	287,210	552,046	1,845	3,068	4,913	556,959	234,910	3,149	1,111	239,170
島根県	319,559	344,503	664,062	4,196	4,721	8,917	672,979	286,152	5,549	1,267	292,968
岡山県	900,232	962,735	1,862,967	15,303	15,604	30,907	1,893,874	833,590	22,003	4,337	859,930
広島県	1,337,948	1,419,389	2,757,337	28,222	26,918	55,140	2,812,477	1,285,554	36,888	7,420	1,329,862
山口県	636,865	702,205	1,339,070	8,168	8,906	17,074	1,356,144	646,599	11,715	2,539	660,853
徳島県	349,231	379,278	728,509	2,495	4,066	6,561	735,070	331,629	4,672	1,177	337,478
香川県	464,054	495,758	959,812	7,422	6,688	14,110	973,922	433,613	10,395	1,739	445,747
愛媛県	637,842	705,180	1,343,022	6,704	6,617	13,321	1,356,343	644,483	10,526	1,640	656,649
高知県	329,171	367,611	696,782	2,451	2,298	4,749	701,531	347,056	3,425	932	351,413
福岡県	2,396,939	2,647,138	5,044,077	42,000	38,182	80,182	5,124,259	2,405,321	55,609	12,378	2,473,308
佐賀県	386,119	425,105	811,224	3,117	3,910	7,027	818,251	332,887	5,246	1,028	339,161
長崎県	625,407	700,821	1,326,228	4,637	5,158	9,795	1,336,023	624,724	7,161	1,665	633,550
熊本県	827,254	913,987	1,741,241	7,498	10,076	17,574	1,758,815	776,858	13,388	2,704	792,950
大分県	537,428	591,315	1,128,743	6,319	6,722	13,041	1,141,784	529,874	9,813	1,901	541,588
宮崎県	511,809	567,890	1,079,699	3,184	4,489	7,673	1,087,372	522,396	5,910	1,200	529,506
鹿児島県	759,904	845,877	1,605,781	4,337	7,732	12,069	1,617,850	799,631	8,915	2,271	810,817
沖縄県	722,075	744,053	1,466,128	11,100	8,256	19,356	1,485,484	660,569	11,763	4,311	676,643

出典：総務省「住民基本台帳に基づく人口、人口動態及び世帯数」

資料

4　夫婦の国籍別の婚姻件数の推移

年次	総数	夫婦ともに日本	夫婦の一方が外国	夫日本・妻外国（妻の国籍）総数	韓国・朝鮮	中国	フィリピン	タイ	米国	英国	ブラジル	ペルー	その他	妻日本・夫外国（夫の国籍）総数	韓国・朝鮮	中国	フィリピン	タイ	米国	英国	ブラジル	ペルー	その他
1995	791,888	764,161	27,727	20,787	4,521	5,174	7,188	1,915	198	82	579	140	990	6,940	2,842	769	52	19	1,303	213	162	66	1,514
1996	795,080	766,708	28,372	21,162	4,461	6,264	6,645	1,760	241	88	551	130	1,022	7,210	2,800	773	56	25	1,357	234	199	58	1,708
1997	775,651	747,400	28,251	20,902	4,504	6,630	6,035	1,688	184	90	488	156	1,127	7,349	2,674	834	61	31	1,374	225	233	99	1,818
1998	784,595	754,959	29,636	22,159	5,143	7,036	6,111	1,699	215	65	417	138	1,335	7,477	2,635	787	81	38	1,299	240	204	122	2,071
1999	762,028	730,128	31,900	24,272	5,798	7,810	6,414	2,024	198	81	333	128	1,486	7,628	2,499	836	101	64	1,318	228	222	123	2,237
2000	798,138	761,875	36,263	28,326	6,214	9,884	7,519	2,137	202	93	347	145	1,792	7,937	2,509	878	109	67	1,483	249	279	124	2,239
2001	799,999	760,272	39,727	31,972	6,188	13,936	7,160	1,840	175	93	284	142	2,091	7,755	2,477	793	83	55	1,416	267	243	135	2,286
2002	757,331	721,452	35,879	27,957	5,353	10,750	7,630	1,536	163	85	295	126	2,030	7,922	2,379	814	104	45	1,488	317	231	137	2,407
2003	740,191	704,152	36,039	27,881	5,318	10,242	7,794	1,445	156	65	256	139	2,427	8,158	2,235	890	117	62	1,529	334	265	125	2,601
2004	720,417	680,906	39,511	30,907						64		137	2,589	8,604	2,293	1,104	120	75	1,500	343	268	122	2,783
2005	714,265	672,784	41,481	33,116	6,066	11,644	10,242	1,637	177	59	311	121	2,859	8,365	2,087	1,015	187	60	1,551	386	261	123	2,738
2006	730,971	686,270	44,701	35,993	6,041	12,131	12,150	1,676	215	79	285	117	3,299	8,708	2,335	1,084	195	54	1,474	372	292	115	2,773
2007	719,822	679,550	40,272	31,807	5,606	11,926	9,217	1,475	193	67	288	138	2,897	8,465	2,209	1,016	162	68	1,485	363	341	127	2,685
2008	726,106	689,137	36,969	28,720	4,558	12,218	7,290	1,338	215	59	290	116	2,636	8,249	2,107	1,005	165	51	1,445	367	322	133	2,658
2009	707,734	673,341	34,393	26,747	4,113	12,733	5,755	1,225	179	56	273	93	2,320	7,646	1,879	986	156	58	1,453	316	290	90	2,367
2010	700,214	670,007	30,207	22,843	3,664	10,162	5,212	1,096	223	51	247	90	2,098	7,364	1,982	910	138	38	1,329	292	270	100	2,281
2011	661,895	635,961	25,934	19,022	3,098	8,104	4,290	1,046	202	53	239	95	1,895	6,912	1,837	850	130	45	1,375	299	299	106	1,978
2012	668,869	645,212	23,657	17,198	3,004	7,166	3,517	1,089	179	52	209	80	1,902	6,459	1,823	820	139	33	1,159	286	273	92	1,834
2013	660,613	639,125	21,488	15,442	2,734	6,253	3,118	981	184	38	212	70	1,852	6,046	1,689	718	105	31	1,158	247	286	107	1,705
2014	643,749	622,619	21,130	14,998	2,412	6,019	3,000	965	201	50	221	80	2,050	6,132	1,701	776	118	27	1,088	236	329	117	1,740
2015	635,156	614,180	20,976	14,809	2,268	5,730	3,070	938	199	44	277	83	2,200	6,167	1,566	748	167	36	1,127	235	344	115	1,829
2016	620,531	599,351	21,180	14,851	2,031	5,526	3,371	970	246	55	216	87	2,349	6,329	1,627	790	151	32	1,059	248	315	95	2,012
2017	606,866	585,409	21,457	14,795	1,836	5,121	3,629	974	235	58	291	98	2,553	6,662	1,690	812	216	40	1,072	222	325	131	2,154
2018	586,481	564,629	21,852	15,060	1,779	5,030	3,676	988	266	66	302	109	2,844	6,792	1,641	847	269	29	1,061	239	346	89	2,271
2019	599,007	577,088	21,919	14,911	1,678	4,723	3,666	986	286	52	318	103	3,099	7,008	1,764	917	265	37	989	233	332	114	2,357

出典：厚生労働省「人口動態統計」

5　夫婦の国籍別の離婚件数の推移

年次	総数	夫婦とも日本	夫妻の一方が外国	夫日本・妻外国（妻の国籍）										妻日本・夫外国（夫の国籍）									
				総数	韓国・朝鮮	中国	フィリピン	タイ	米国	英国	ブラジル	ペルー	その他の国	総数	韓国・朝鮮	中国	フィリピン	タイ	米国	英国	ブラジル	ペルー	その他の国
1995	199,016	191,024	7,992	6,153	2,582	1,486	1,456	315	53	25	47	15	174	1,839	939	198	43	8	299	40	20	7	285
1996	206,955	198,860	8,095	6,171	2,313	1,462	1,706	320	67	19	52	18	221	1,924	912	203	66	14	298	39	23	15	354
1997	222,635	213,486	9,149	7,080	2,185	1,901	2,216	362	67	27	66	19	237	2,069	983	237	53	15	328	43	26	17	367
1998	243,183	232,877	10,306	7,867	2,146	2,318	2,440	435	76	29	71	27	325	2,439	1,091	286	48	14	383	57	33	41	486
1999	250,529	239,479	11,050	8,514	2,312	2,476	2,575	540	75	29	91	25	391	2,536	1,096	320	59	20	356	42	39	35	569
2000	264,246	251,879	12,367	9,607	2,555	2,918	2,816	612	68	41	92	40	465	2,760	1,113	369	66	19	385	58	59	41	650
2001	285,911	272,244	13,667	10,676	2,652	3,610	2,963	682	69	31	101	41	527	2,991	1,184	397	62	38	359	59	54	52	786
2002	289,836	274,584	15,252	12,087	2,745	4,629	3,133	699	76	33	91	45	636	3,165	1,167	447	77	36	364	58	78	57	882
2003	283,854	268,598	15,256	12,103	2,653	4,480	3,282	678	75	17	101	57	760	3,153	1,098	411	84	43	371	79	72	57	938
2004	270,804	255,505	15,299	12,071	2,504	4,386	3,395	685	75	21	103	65	837	3,228	966	502	84	46	367	63	81	56	1,047
2005	261,917	246,228	15,689	12,430	2,555	4,363	3,485	782	76	28	116	59	966	3,259	971	492	86	30	398	86	81	68	1,063
2006	257,475	240,373	17,102	13,713	2,718	4,728	4,065	867	60	27	90	59	1,099	3,389	927	499	105	39	393	84	98	73	1,171
2007	254,832	236,612	18,220	14,784	2,826	5,020	4,625	831	68	15	100	49	1,250	3,436	916	568	112	50	374	61	100	70	1,185
2008	251,136	232,362	18,774	15,135	2,648	5,338	4,782	795	64	29	96	56	1,327	3,639	899	608	128	40	413	92	111	63	1,285
2009	253,353	233,949	19,404	15,570	2,681	5,814	4,714	823	79	21	92	46	1,300	3,834	982	660	127	44	379	80	150	77	1,335
2010	251,378	232,410	18,968	15,258	2,560	5,762	4,630	743	74	23	103	59	1,304	3,710	977	632	119	45	397	77	140	70	1,253
2011	235,719	217,887	17,832	14,224	2,275	5,584	4,216	665	66	14	96	49	1,259	3,608	915	632	126	37	397	98	112	70	1,221
2012	235,406	219,118	16,288	12,892	2,003	4,963	3,811	652	64	18	92	47	1,242	3,396	811	610	109	42	415	71	120	74	1,144
2013	231,383	216,187	15,196	11,887	1,724	4,573	3,547	649	63	21	93	38	1,179	3,309	747	568	109	32	384	71	133	73	1,192
2014	222,107	207,972	14,135	10,930	1,619	4,093	3,245	603	67	22	101	29	1,145	3,205	791	582	106	37	356	60	130	62	1,081
2015	226,215	212,540	13,675	10,440	1,450	3,884	3,200	563	67	19	79	37	1,141	3,235	791	471	127	36	390	84	142	55	1,122
2016	216,798	203,853	12,945	9,782	1,313	3,602	2,989	525	58	17	89	39	1,150	3,163	747	471	143	39	382	80	107	47	1,147
2017	212,262	200,603	11,659	8,754	1,174	3,192	2,712	429	43	17	106	39	1,042	2,905	628	467	122	27	352	68	109	56	1,076
2018	208,333	197,289	11,044	8,089	1,044	2,887	2,507	464	65	14	80	42	986	2,955	691	432	121	35	340	78	129	64	1,065
2019	208,496	197,849	10,647	7,681	960	2,678	2,392	442	65	22	87	47	988	2,966	658	458	126	39	327	78	117	53	1,110

出典：厚生労働省「人口動態統計」

資料

6　夫婦の国籍別の子どもの出生数の推移

年次	総数	父母ともに日本	父母の一方が外国 総数	母の国籍 総数	母:韓国・朝鮮	母:中国	母:フィリピン	母:タイ	母:米国	母:英国	母:ブラジル	母:ペルー	母:その他	父の国籍 総数	父:韓国・朝鮮	父:中国	父:フィリピン	父:タイ	父:米国	父:英国	父:ブラジル	父:ペルー	父:その他
1995	1,187,064	1,166,810	20,254	13,371	3,519	2,244	5,488	851	178	55	406	105	525	6,883	3,281	716	83	22	1,171	183	130	76	1,221
1996	1,206,555	1,185,491	21,064	13,752	3,550	2,376	5,551	827	202	87	439	109	611	7,312	3,418	678	88	34	1,212	204	165	64	1,449
1997	1,191,665	1,170,140	21,525	13,580	3,440	2,667	5,203	859	165	56	430	111	649	7,945	3,469	772	100	52	1,353	212	207	84	1,696
1998	1,203,147	1,181,126	22,021	13,635	3,389	2,734	5,137	852	165	73	429	106	750	8,386	3,529	822	126	58	1,356	204	250	93	1,948
1999	1,177,669	1,156,205	21,464	13,004	3,208	2,850	4,645	836	150	59	358	116	782	8,460	3,479	769	138	49	1,361	245	241	140	2,038
2000	1,190,547	1,168,210	22,337	13,396	3,345	3,040	4,705	736	142	51	397	85	895	8,941	3,427	913	151	77	1,380	256	305	135	2,297
2001	1,170,662	1,148,486	22,176	13,177	3,204	3,056	4,586	742	142	55	339	112	941	8,999	3,437	820	138	65	1,402	296	294	145	2,402
2002	1,153,855	1,131,604	22,251	13,294	3,141	3,338	4,539	670	132	62	309	109	994	8,957	3,177	861	143	82	1,451	273	297	145	2,528
2003	1,123,610	1,102,088	21,522	12,690	2,911	3,133	4,309	638	146	66	289	96	1,102	8,832	2,965	833	130	72	1,480	318	305	137	2,592
2004	1,110,721	1,088,548	22,173	13,198	2,749	3,510	4,558	579	122	50	290	105	1,226	8,975	2,791	873	143	77	1,559	307	362	160	2,703
2005	1,062,530	1,040,657	21,873	12,872	2,583	3,478	4,441	509	130	47	217	92	1,383	9,001	2,604	952	131	89	1,547	340	345	157	2,836
2006	1,092,674	1,069,211	23,463	14,040	2,593	3,925	4,998	512	141	51	256	99	1,476	9,423	2,680	949	145	75	1,635	362	334	141	3,102
2007	1,089,818	1,065,641	24,177	14,474	2,530	4,271	5,140	507	124	53	268	98	1,552	9,703	2,679	1,140	155	105	1,779	351	389	141	3,345
2008	1,091,156	1,067,200	23,956	13,782	2,439	4,203	4,623	446	116	62	249	84	1,560	10,174	2,554	1,221	166	91	1,640	458	402	158	3,329
2009	1,070,036	1,047,525	22,511	12,707	2,285	4,209	3,815	427	135	45	235	93	1,482	9,804	2,543	1,120	168	82	1,754	420	374	128	3,269
2010	1,071,305	1,049,339	21,966	11,990	2,129	4,109	3,364	380	104	46	230	103	1,494	9,976	2,502	1,225	180	98	1,598	441	362	145	3,055
2011	1,050,807	1,030,496	20,311	10,922	2,005	3,796	2,820	394	148	46	268	101	1,388	9,389	2,391	1,128	161	83	1,635	424	418	131	3,051
2012	1,037,232	1,016,696	20,536	10,825	2,057	4,041	2,474	325	130	40	229	103	1,402	9,711	2,467	1,316	169	80	1,618	473	391	146	3,032
2013	1,029,817	1,010,285	19,532	10,019	1,850	3,872	2,138	346	133	44	245	107	1,291	9,513	2,384	1,223	227	79	1,583	470	395	120	3,051
2014	1,003,609	983,960	19,649	9,847	1,819	3,932	1,862	349	146	41	238	94	1,376	9,802	2,343	1,359	205	83	1,635	430	407	151	3,189
2015	1,005,721	986,642	19,079	9,459	1,823	3,477	1,773	389	132	41	270	100	1,440	9,620	2,387	1,247	234	73	1,480	395	432	172	3,200
2016	977,242	958,118	19,124	9,374	1,686	3,672	1,734	318	119	44	270	93	1,428	9,750	2,250	1,429	253	77	1,559	427	447	143	3,165
2017	946,146	928,011	18,135	8,675	1,463	3,220	1,611	311	135	49	260	109	1,533	9,460	2,197	1,257	278	76	1,532	355	448	153	3,164
2018	918,400	900,522	17,878	8,436	1,397	2,994	1,574	317	177	44	268	100	1,565	9,442	2,150	1,238	319	68	1,449	409	485	161	3,163
2019	865,239	847,836	17,403	8,111	1,245	2,748	1,566	310	147	35	294	107	1,659	9,292	2,078	1,355	328	81	1,467	317	430	139	3,097

出典：厚生労働省「人口動態統計」

7 外国人の子ども及び父母の一方が外国人である子どもの出生数の推移

年	[A] 日本における出生総数 1) [B]+[D]	[B] 日本人出生数	[C] 父母とも日本	[D] 父母とも外国 2)	[E] 父母の一方が外国 [F]+[G]	[F] 母外国/父日本	[G] 父外国/母日本	[H] 母親外国 [D]+[F]	[I] 親外国人総数 3) [D]+[E]	[J] 親外国人の子どもの割合 ([D]+[E])/[A]（%）
1987	1,354,232	1,346,658	1,336,636	7,574	10,022	5,538	4,484	13,112	17,596	1.3
1988	1,321,619	1,314,006	1,302,832	7,613	11,174	6,615	4,559	14,228	18,787	1.4
1989	1,253,981	1,246,802	1,234,626	7,179	12,176	7,390	4,786	14,569	19,355	1.5
1990	1,229,044	1,221,585	1,207,899	7,459	13,686	8,695	4,991	16,154	21,145	1.7
1991	1,231,382	1,223,245	1,207,827	8,137	15,418	10,027	5,391	18,164	23,555	1.9
1992	1,218,265	1,208,989	1,191,219	9,276	17,770	11,658	6,112	20,934	27,046	2.2
1993	1,197,900	1,188,282	1,169,650	9,618	18,632	12,412	6,220	22,030	28,250	2.4
1994	1,248,850	1,238,328	1,217,952	10,522	20,376	13,414	6,962	23,936	30,898	2.5
1995	1,197,427	1,187,064	1,166,810	10,363	20,254	13,371	6,883	23,734	30,617	2.6
1996	1,217,925	1,206,555	1,185,491	11,370	21,064	13,752	7,312	25,122	32,434	2.7
1997	1,203,888	1,191,665	1,170,140	12,223	21,525	13,580	7,945	25,803	33,748	2.8
1998	1,215,754	1,203,147	1,181,126	12,607	22,021	13,635	8,386	26,242	34,628	2.8
1999	1,189,774	1,177,669	1,156,205	12,105	21,464	13,004	8,460	25,109	33,569	2.8
2000	1,202,761	1,190,547	1,168,210	12,214	22,337	13,396	8,941	25,610	34,551	2.9
2001	1,182,499	1,170,662	1,148,486	11,837	22,176	13,177	8,999	25,014	34,013	2.9
2002	1,165,466	1,153,855	1,131,604	11,611	22,251	13,294	8,957	24,905	33,862	2.9
2003	1,134,767	1,123,610	1,102,088	11,157	21,522	12,690	8,832	23,847	32,679	2.9
2004	1,122,344	1,110,721	1,088,548	11,623	22,173	13,198	8,975	24,821	33,796	3.0
2005	1,073,915	1,062,530	1,040,657	11,385	21,873	12,872	9,001	24,257	33,258	3.1
2006	1,104,862	1,092,674	1,069,211	12,188	23,463	14,040	9,423	26,228	35,651	3.2
2007	1,103,247	1,089,818	1,065,641	13,429	24,177	14,474	9,703	27,903	37,606	3.4
2008	1,105,232	1,091,156	1,067,200	14,076	23,956	13,782	10,174	27,858	38,032	3.4
2009	1,082,385	1,070,036	1,047,525	12,349	22,511	12,707	9,804	25,056	34,860	3.2
2010	1,083,616	1,071,305	1,049,339	12,311	21,966	11,990	9,976	24,301	34,277	3.2
2011	1,062,225	1,050,807	1,030,496	11,418	20,311	10,922	9,389	22,340	31,729	3.0
2012	1,050,716	1,037,232	1,016,696	13,484	20,536	10,825	9,711	24,309	34,020	3.2
2013	1,042,814	1,029,817	1,010,285	12,997	19,532	10,019	9,513	23,016	32,529	3.1
2014	1,018,606	1,003,609	983,960	14,997	19,649	9,847	9,802	24,844	34,644	3.4
2015	1,020,036	1,005,721	986,642	14,315	19,079	9,459	9,620	23,774	33,394	3.3
2016	994,285	977,242	958,118	17,043	19,124	9,374	9,750	26,417	36,161	3.6
2017	962,816	946,146	928,011	16,670	18,135	8,675	9,460	25,345	34,804	3.6
2018	935,287	918400	900,522	16,887	17,878	8,436	9,442	25,323	34,765	3.7
2019	883,566	865239	847,836	18,327	17,403	8,111	9,292	26,438	35,730	4.0

出典：厚生労働省「人口動態統計」

1) 日本における総出生数：日本人出生数（父母とも日本、父日本／母外国、父外国／母日本の総数）＋父母とも外国人（母親の国籍）

2) 父母とも外国人：母親の出生数

3) 親外国人総数：父母共外国（母親の国籍）＋父日本／母外国＋父外国／母日本

8　日本の学校における外国人児童生徒在籍者数

学校種別		区分	2005 年度	2010 年度	2015 年度	2018 年度	2020 年度
小学校		在籍総数	7,197,458	6,993,376	6,543,104	6,427,867	6,300,693
		外国籍児童数	42,715	43,187	45,721	59,747	71,163
		比率	0.59%	0.62%	0.70%	0.93%	1.13%
中学校		在籍総数	3,626,415	3,558,166	3,465,215	3,251,670	3,211,219
		外国籍生徒数	20,404	23,276	22,281	23,963	27,878
		比率	0.56%	0.65%	0.64%	0.74%	0.87%
高等学校		在籍総数	3,605,242	3,368,693	3,319,114	3,235,661	3,092,064
		外国籍生徒数	11,956	12,338	12,979	15,217	14,959
		比率	0.33%	0.37%	0.39%	0.47%	0.48%
義務教育学校		在籍総数	-	-	-	34,559	49,677
		外国籍生徒数	-	-	-	326	615
		比率	-	-	-	0.94%	1.24%
中等教育学校	前期	在籍総数	4,776	14,486	16,624	16,277	17,085
		外国籍生徒数	56	72	106	119	125
		比率	1.17%	0.50%	0.64%	0.73%	0.73%
	後期	在籍総数	2,680	9,273	10,247	16,048	15,341
		外国籍生徒数	19	47	78	163	157
		比率	0.71%	0.51%	0.76%	1.02%	1.02%
特別支援学校	小学部	在籍総数	31,677	35,889	38,845	42,928	46,273
		外国籍生徒数	105	304	276	421	516
		比率	0.33%	0.85%	0.71%	0.98%	1.12%
	中学部	在籍総数	22,653	27,662	31,088	30,126	30,649
		外国籍生徒数	80	200	142	177	242
		比率	0.35%	0.72%	0.46%	0.59%	0.79%
	高等部	在籍総数	45,586	55,085	66,462	68,885	66,572
		外国籍生徒数	134	552	316	310	343
		比率	0.29%	1.00%	0.48%	0.45%	0.52%

出典：文部科学省「学校基本調査」

資料

9 国勢調査における18歳未満人口の国籍別高校及び幼稚園・保育所在籍率（2010年）

9-1 国籍別 高校在籍率（%）

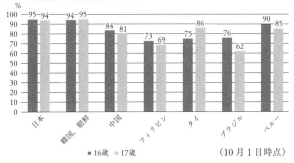

■16歳 □17歳　　　　　　　　（10月1日時点）

出典：2010年国勢調査オーダーメイド集計により、山野良一及び西口里紗が作成。行政機関等が作成・公表しているものではない。

9-2 国籍別 幼稚園・保育所在籍率（%）

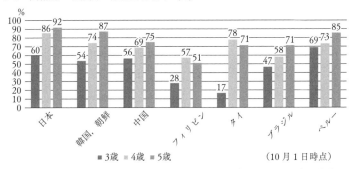

■3歳 ■4歳 ■5歳　　　　　　　（10月1日時点）

出典：2010年国勢調査オーダーメイド集計により、山野良一及び西口里紗が作成。行政機関等が作成・公表しているものではない。

10 公立学校における日本語指導が必要な外国人児童生徒の在籍人数別学校数

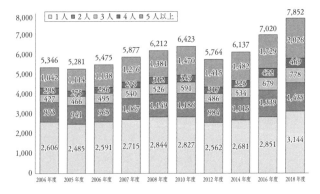

出典：文部科学省「日本語指導が必要な児童生徒の受入状況等に関する調査」（2018年度）

11　公立学校における日本語指導が必要な外国人児童生徒数（学校種別、母語別）

資料

2018 年度

	小学校	構成比(%)	中学校	構成比(%)	高等学校	構成比(%)	義務教育学校	構成比(%)	中等教育学校	構成比(%)	特別支援学校	構成比(%)	合計	構成比(%)
ポルトガル語	7,257	27.6	2,594	25.3	415	11.3	3		2	4.9	133	48.0	10,404	25.5
中国語	5,775	21.9	2,652	25.8	1,153	31.4	91	49.5	20	48.8	21	7.6	9,712	23.8
フィリピノ語	4,709	17.9	2,046	19.9	1,095	29.8	19	10.3	5	12.2	45	16.2	7,919	19.4
スペイン語	2,592	9.8	915	8.9	250	6.8	0	0.0	1	2.4	30	10.8	3,788	9.3
ベトナム語	1,305	5.0	439	4.3	90	2.4	1	0.5	0	0.0	10	3.6	1,845	4.5
韓国・朝鮮語	411	1.6	126	1.2	34	0.9	15	8.2	6	14.6	3	1.1	595	1.5
英語	849	3.2	183	1.8	56	1.5	5	2.7	2	4.9	11	4.0	1,106	2.7
その他	3,418	13.0	1,305	12.7	584	15.9	50	27.2	5	12.2	24	8.7	5,386	13.2
合　計	26,316	100.0	10,260	100.0	3,677	100.0	184	100.0	41	100.0	277	100.0	40,755	100.0

2016 年度

	小学校	構成比(%)	中学校	構成比(%)	高等学校	構成比(%)	義務教育学校	構成比(%)	中等教育学校	構成比(%)	特別支援学校	構成比(%)	合計	構成比(%)
ポルトガル語	6,037	27.2	2,184	24.8	436	15.0	1	0.6	4	7.7	117	44.8	8,779	25.6
中国語	4,747	21.4	2,363	26.9	967	33.2	88	55.3	17	32.7	22	8.4	8,204	23.9
フィリピノ語	3,805	17.2	1,659	18.9	758	26.0	18	11.3	8	15.4	35	13.4	6,283	18.3
スペイン語	2,477	11.2	874	9.9	217	7.4	0	0.0	1	1.9	31	11.9	3,600	10.5
ベトナム語	1,056	4.8	384	4.4	66	2.3	2	1.3	0	0.0	7	2.7	1,515	4.4
韓国・朝鮮語	360	1.6	204	2.3	36	1.2	17	10.7	4	7.7	6	2.3	627	1.8
英語	727	3.3	163	1.9	58	2.0	7	4.4	11	21.2	16	6.1	982	2.9
その他	2,947	13.3	961	10.9	377	12.9	26	16.4	7	13.5	27	10.3	4,345	12.7
合　計	22,156	100.0	8,792	100.0	2,915	100.0	159	100.0	52	100.0	261	100.0	34,335	100.0

2014 年度

	小学校	構成比(%)	中学校	構成比(%)	高等学校	構成比(%)	中等教育学校	構成比(%)	特別支援学校	構成比(%)	合計	構成比(%)
ポルトガル語	5,811	30.8	2,160	27.7	295	13.0	5	8.9	69	39.0	8,340	28.6
中国語	3,325	17.6	2,204	28.2	847	37.3	19	8.5	15	8.5	6,410	22.0
フィリピノ語	3,162	16.7	1,377	17.6	575	25.3	8	14.3	31	17.5	5,153	17.6
スペイン語	2,576	13.6	792	10.1	180	7.9	1	15.3	27	15.3	3,576	12.2
ベトナム語	848	4.5	280	3.6	80	3.5	0	0.0	7	4.0	1,215	4.2
韓国・朝鮮語	408	2.2	165	2.1	31	1.4	3	5.4	7	4.0	614	2.1
英語	606	3.2	111	1.4	36	1.6	14	25.0	10	5.6	777	2.7
その他	2,148	11.4	720	9.2	228	10.0	6	10.7	11	6.2	3,113	10.7
合　計	18,884	100.0	7,809	100.0	2,272	100.0	56	100.0	177	100.0	29,198	100.0

2012 年度

	小学校	構成比(%)	中学校	構成比(%)	高等学校	構成比(%)	中等教育学校	構成比(%)	特別支援学校	構成比(%)	合計	構成比(%)
ポルトガル語	6,207	36.2	2,277	30.1	299	14.0	3	12.5	62	44.3	8,848	32.8
中国語	2,548	14.9	2,101	27.8	846	39.6	14	58.3	6	4.3	5,515	20.4
フィリピノ語	2,772	15.9	1,314	17.4	437	20.4	3	12.5	19	13.6	4,495	16.6
スペイン語	2,476	14.4	782	10.3	189	8.8	0	0.0	33	23.6	3,480	12.9
ベトナム語	700	4.1	290	3.8	104	4.9	0	0.0	10	7.1	1,104	4.1
韓国・朝鮮語	505	2.9	108	1.4	30	1.4	0	0.0	1	0.7	644	2.4
英語	375	2.2	184	2.4	61	2.9	2	8.3	2	1.4	624	2.3
その他	1,621	9.4	502	6.6	171	8.0	2	8.3	7	5.0	2,303	8.5
合　計	17,154	100.0	7,558	100.0	2,137	100.0	24	100.0	140	100.0	27,013	100.0

2010 年度

	小学校	構成比(%)	中学校	構成比(%)	高等学校	構成比(%)	中等教育学校	構成比(%)	特別支援学校	構成比(%)	合計	構成比(%)
ポルトガル語	6,908	37.6	2,259	28.2	258	13.0	0	0.0	52	39.4	9,477	33.2
中国語	2,888	15.7	2,407	30.0	838	42.3	11	50.0	10	7.6	6,154	21.6
フィリピノ語	2,666	14.5	1,263	15.8	393	19.8	5	22.7	23	17.4	4,350	15.3
スペイン語	2,548	13.9	809	10.1	168	8.5	1	4.5	21	15.9	3,547	12.4
ベトナム語	722	3.9	335	4.2	86	4.3	0	0.0	8	6.1	1,151	4.0
韓国・朝鮮語	425	2.3	246	3.1	72	3.6	4	18.2	4	3.0	751	2.6
英語	570	3.1	124	1.5	17	0.9	0	0.0	6	4.5	717	2.5
その他	1,638	8.9	569	7.1	148	7.5	1	4.5	8	6.1	2,364	8.3
合 計	18,365	100.0	8,012	100.0	1,980	100.0	22	100.0	132	100.0	28,511	100.0

出典：文部科学省「日本語指導が必要な児童生徒の受け入れ状況等に関する調査」

12　公立学校における日本語指導が必要な日本国籍の児童生徒数（学校種別、言語別）

2018 年度

	小学校	構成比(%)	中学校	構成比(%)	高等学校	構成比(%)	義務教育学校	構成比(%)	中等教育学校	構成比(%)	特別支援学校	構成比(%)	合計	構成比(%)
ポルトガル語	439	5.7	125	6.0	12	2.4	1	2.4	0	0.0	4	7.7	581	5.6
中国語	1,542	20.1	486	23.5	97	19.6	11	26.2	6	14.3	7	13.5	2,149	20.7
フィリピノ語	2,427	31.6	752	36.3	176	35.6	12	28.6	0	0.0	17	32.7	3,384	32.6
スペイン語	354	4.6	89	4.3	23	4.6	3	7.1	1	2.4	1	1.9	471	4.5
ベトナム語	166	2.2	23	1.1	3	0.6	0	0.0	0	0.0	1	1.9	193	1.9
韓国朝鮮語	157	2.0	60	2.9	17	3.4	2	4.8	0	0.0	1	1.9	237	2.3
英語	915	11.9	198	9.6	35	7.1	5	11.9	9	21.4	11	21.2	1,173	11.3
日本語	954	12.4	139	6.7	73	14.7	4	9.5	23	54.8	8	15.4	1,201	11.6
その他	715	9.3	199	9.6	59	11.9	4	9.5	3	7.1	2	3.8	982	9.5
合 計	7,669	100.0	2,071	100.0	495	100.0	42	100.0	42	100.0	52	100.0	10,371	100.0

2016 年度

	小学校	構成比(%)	中学校	構成比(%)	高等学校	構成比(%)	義務教育学校	構成比(%)	中等教育学校	構成比(%)	特別支援学校	構成比(%)	合計	構成比(%)
ポルトガル語	389	5.4	129	7.2	23	5.0	0	0.0	0	0.0	11	18.3	552	5.7
中国語	1,534	21.2	406	22.5	104	22.8	10	43.5	6	31.6	5	8.3	2,065	21.5
フィリピノ語	2,292	31.6	593	32.9	139	30.4	4	17.4	2	10.5	12	20.0	3,042	31.6
スペイン語	311	4.3	92	5.1	18	3.9	0	0.0	0	0.0	7	11.7	428	4.5
ベトナム語	101	1.4	21	1.2	3	0.7	0	0.0	0	0.0	3	5.0	128	1.3
韓国朝鮮語	125	1.7	50	2.8	16	3.5	0	0.0	0	0.0	3	5.0	194	2.0
英語	797	11.0	184	10.2	46	10.1	5	21.7	2	10.5	10	16.7	1,044	10.9
日本語	981	13.5	171	9.5	51	11.2	3	13.0	8	42.1	2	3.3	1,216	12.7
その他	720	9.9	157	8.7	57	12.5	1	4.3	1	5.3	7	11.7	943	9.8
合 計	7,250	100.0	1,803	100.0	457	100.0	23	100.0	19	100.0	60	100.0	9,612	100.0

2014 年度

	小学校	構成比(%)	中学校	構成比(%)	高等学校	構成比(%)	中等教育学校	構成比(%)	特別支援学校	構成比(%)	合計	構成比(%)
ポルトガル語	295	5.0	89	5.6	4	1.2	0	0.0	6	12.2	394	5.0
中国語	1,035	17.5	374	23.6	85	26.6	3	9.7	4	8.2	1,501	19.0
フィリピノ語	1,695	28.7	432	27.2	116	34.9	3	9.7	7	14.3	2,253	28.5
スペイン語	238	4.0	70	4.4	6	1.8	0	0.0	2	4.1	316	4.0
ベトナム語	73	1.2	15	0.9	4	1.2	0	0.0	0	0.0	92	1.2
韓国・朝鮮語	107	1.8	52	3.3	10	3.0	0	0.0	1	2.0	170	2.2
英語	504	8.5	152	9.6	29	8.7	12	38.7	9	18.4	706	8.9
日本語	1,437	24.4	255	16.1	51	15.4	11	35.5	16	32.7	1,762	22.3
その他	515	8.7	147	9.3	35	10.5	2	6.5	4	8.2	703	8.9
合 計	5,899	100.0	1,586	100.0	332	100.0	31	100.0	49	100.0	7,897	100.0

出典：文部科学省「日本語指導が必要な児童生徒の受け入れ状況等に関する調査」

13　外国人学校及び児童生徒数の推移

外国人学校	年 (5月1日現在)	学校数	子ども				
			総数	うち高等部	うち中等部	うち初等部	うち幼稚部
英語系	2015	33	10,722	2,728	2,454	4,157	1,383
	2016	34	11,893	2,972	2,731	4,658	1,532
	2019	37	13,739	3,240	2,992	5,778	1,729
	2020	37	13,714	3,291	3,113	5,828	1,482
	2021	37	13,388	3,296	3,117	5,526	1,389
南米系	2015	15	2,555	730	729	909	187
	2016	15	2,458	751	721	812	174
	2019	15	2,602	844	851	756	151
	2020	15	2,348	826	811	700	11
	2021	15	2,304	878	736	679	11
欧州系	2015	4	1,555	153	472	599	331
	2016	4	1,677	164	508	649	356
	2019	4	2,004	204	590	841	369
	2020	4	2,082	211	626	874	371
	2021	4	2,003	217	618	829	339
中華系	2015	5	2,322	90	555	1,581	96
	2016	5	2,389	97	583	1,597	112
	2019	5	2,430	119	604	1,611	96
	2020	5	2,410	112	595	1,612	91
	2021	5	2,327	125	582	1,609	11
朝鮮系	2015	68	6,420	1,447	1,481	2,771	721
	2016	66	6,185	1,389	1,422	2,688	686
	2019	64	5,223	1,084	1,209	2,337	593
	2020	64	4,903	1,037	1,108	2,201	557
	2021	63	4,565	977	1,041	2,060	487
韓国系	2015	1	1,289	268	314	707	－
	2016	1	1,346	294	336	716	－
	2019	2	1,420	347	358	715	－
	2020	2	1,400	327	358	715	－
	2021	2	1,373	314	347	712	－
合計	2015	126	24,863	5,416	6,005	10,724	2,718
	2016	125	25,948	5,667	6,301	11,120	2,860
	2019	127	27,418	5,838	6,604	12,038	2,938
	2020	128	26,857	5,804	6,611	11,930	2,512
	2021	126	25,960	5,807	6,501	11,415	2,237

出典：文科省調べを元に作成

ここでいう外国人学校は、学校教育法第1条による学校に属さないが、同法134条により各種学校の認可を受けている、全日制で、主として外国人児童生徒を対象とする教育施設をさす。

なお、コリア国際学園、インディア・インターナショナルスクール、トルコ系のホライゾン・インターナショナルスクールは、英語系に含まれる。

14 被保護外国人世帯数、世帯主の国籍・世帯類型別（2019年度）

[単位：世帯数]

	総　数	韓国・朝鮮	中　国	フィリピン	ベトナム	カンボジア	アメリカ合衆国	ブラジル	ブラジル以外の中南米	その他
総　数	44,852	29,109	5,496	4,968	592	82	176	1,415	968	2,046
高齢者	23,052	19,544	2,080	171	144	33	58	453	237	332
母　子	5,296	797	597	2,635	149	15	16	268	267	552
障　害	3,434	2,360	416	201	42	4	25	124	76	186
傷　病	5,793	3,392	1,076	498	79	10	41	220	132	345
その他	7,277	3,016	1,327	1,463	178	20	36	350	256	631

出典：厚生労働省「被保護者調査」

15 世帯主が外国籍の被保護世帯の人員数及び19歳以下の子ども数、世帯主の国籍別（2019年度）

[単位：人員数]

	総　数	韓国・朝鮮	中　国	フィリピン	ベトナム	カンボジア	アメリカ合衆国	ブラジル	ブラジル以外の中南米	その他
総　数	65,096	34,848	8,968	11,352	1,234	138	235	2,514	1,989	3,818
～19歳	12,536	1,940	1,193	5,839	448	41	42	831	790	1,412

出典：厚生労働省「被保護者調査」

16　就学不明及び不就学の外国人

16-1　学齢相当の外国人の子供の住民基本台帳上の人数

2019 年 5 月 1 日現在

区分	計（人）
小学生相当	87,033
中学生相当	36,797
小学生相当＋中学生相当	123,830

出典：文部科学省「外国人の子供の就学状況等調査」

16-2　学齢相当の外国人の子供の就学状況の把握状況

2019 年 5 月 1 日現在

区分	就学者数		③不就学	④出国・転居（予定含む）	⑤就学状況確認できず	計（人）	⑥（参考）1-1. 計との差（人）
	①義務教育諸学校	②外国人学校等					
小学生相当計	68,237	3,374	399	2,204	5,892	80,106	6,960
（構成比）	85.2%	4.2%	0.5%	2.8%	7.4%	100.0%	
中学生相当計	28,133	1,649	231	813	2,766	33,592	3,223
（構成比）	83.7%	4.9%	0.7%	2.4%	8.2%	100.0%	
合計	96,370	5,023	630	3,017	8,658	113,698	10,183
（構成比）	84.8%	4.4%	0.6%	2.7%	7.6%	100.0%	

出典：文部科学省「外国人の子供の就学状況等調査」

①国公私立小・中・義務教育学校・中等教育学校（前期課程）、特別支援学校（小・中学部）を指す。
②国内在住外国人を対象とした義務教育諸学校に相当する教育施設（各種学校認可の有無を問わない）。
③上記①②に就学していない者。
④住民基本台帳に記載があり、既に転居・出国している又はその予定がある者。
⑤不在や連絡不通により就学状況の確認ができなかった者。
⑥⑤に含まれない「教育委員会が就学状況確認の対象とせず、就学状況が不明な者」等

17 外国人少年による非行・犯罪の動向

17-1 外国人犯罪少年の家庭裁判所送致人員の推移

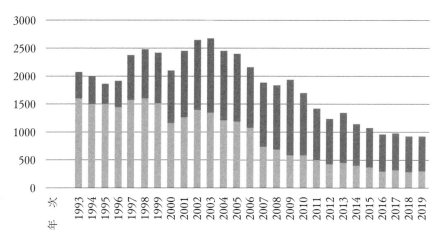

■ その他の外国人少年　　■ 来日外国人少年

注）1 検察統計年報による。
　　2 過失運転致死傷等及び道交違反を除く。
　　3 無国籍の者を含み，国籍不祥の者を含まない。
　　4 来日外国人とは我が国にいる外国人のうち，特別永住者，永住者，在日米軍関係者及び在留
　　　資格不明者以外の者をいう。

資料

17-2　外国人犯罪少年　家庭裁判所送致人員・非行名別構成比（2019 年）

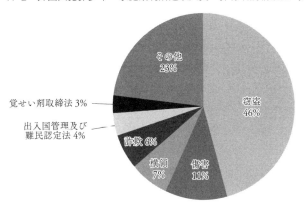

注）1　検察統計年報による。
　　2　過失運転致死傷等及び道交違反を除く。
　　3　無国籍の者を含み，国籍不祥の者を含まない。

17-3　外国人犯罪少年　家庭裁判所送致人員・国籍別構成比（2019 年）

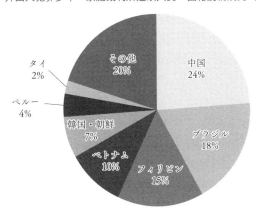

注）1　検察統計年報による。
　　2　過失運転致死傷等及び道交違反を除く。
　　3　無国籍の者を含み，国籍不祥の者を含まない。

280

17-4 外国人少年院入院者の人員の推移（国籍別）

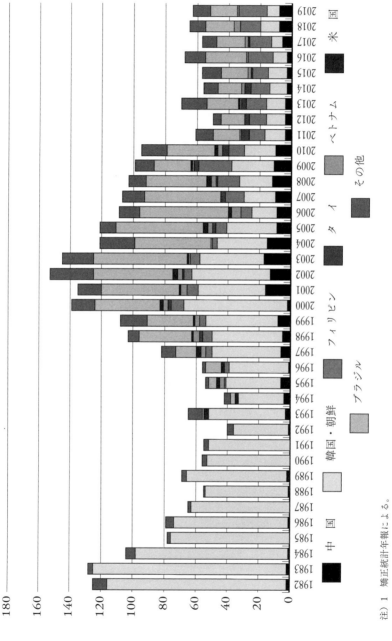

注) 1 矯正統計年報による。
2 平成5年8月31日以前の「フィリピン」、「タイ」、「ベトナム」、「米国」及び「ブラジル」の人員は「その他」の人員に含まれる。

II 地方自治体等による調査結果から

18 川崎市外国人市民意識実態調査（2020年3月）

18-1 出産・育児で困った経験（MA、N = 414）

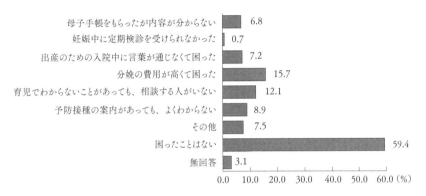

母子手帳をもらったが内容が分からない	6.8
妊娠中に定期検診を受けられなかった	0.7
出産のための入院中に言葉が通じなくて困った	7.2
分娩の費用が高くて困った	15.7
育児でわからないことがあっても、相談する人がいない	12.1
予防接種の案内があっても、よくわからない	8.9
その他	7.5
困ったことはない	59.4
無回答	3.1

18-2 家庭で話す言語（N = 403）

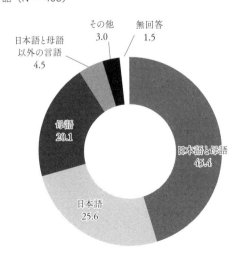

- その他 3.0
- 無回答 1.5
- 日本語と母語以外の言語 4.5
- 母語 20.1
- 日本語と母語 45.4
- 日本語 25.6

18-3 子どもが学校で困っていること（MA、N = 218）

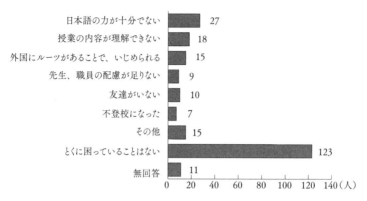

注：数値は実数。

18-4 保護者として学校と進路について困っていること（MA、N = 218）

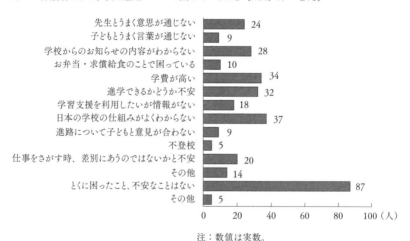

注：数値は実数。

19　横浜市外国人意識調査（2020年3月）

19-1　中学校を卒業したあとどのような進路に進ませたいか（SA、N = 352）

> 「日本の高校に通学させたい」は全体の84.0%

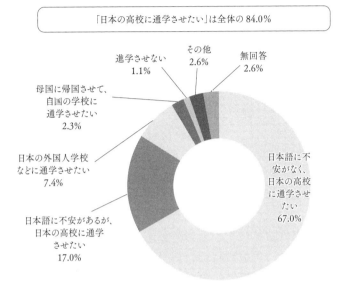

進学させない
1.1%

その他
2.6%

無回答
2.6%

母国に帰国させて、自国の学校に通学させたい
2.3%

日本の外国人学校などに通学させたい
7.4%

日本語に不安があるが、日本の高校に通学させたい
17.0%

日本語に不安がなく、日本の高校に通学させたい
67.0%

19-2　6歳〜14歳の子どもは日本語がどのぐらいできるか（SA、N = 338）

> 「日本語での授業を十分理解できる」57.1%

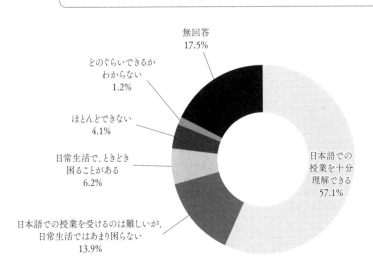

無回答
17.5%

どのぐらいできるか
わからない
1.2%

ほとんどできない
4.1%

日常生活で、ときどき
困ることがある
6.2%

日本語での授業を受けるのは難しいが、
日常生活ではあまり困らない
13.9%

日本語での
授業を十分
理解できる
57.1%

19-3　子育てや子どもの教育に関してあったらよい支援（MA、N = 582）（%）

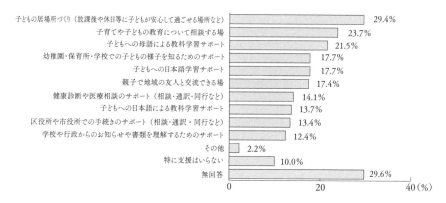

- 子どもの居場所づくり（放課後や休日等に子どもが安心して過ごせる場所など）　29.4%
- 子育てや子どもの教育について相談する場　23.7%
- 子どもへの母語による教科学習サポート　21.5%
- 幼稚園・保育所・学校での子どもの様子を知るためのサポート　17.7%
- 子どもへの日本語学習サポート　17.7%
- 親子で地域の友人と交流できる場　17.4%
- 健康診断や医療相談のサポート（相談・通訳・同行など）　14.1%
- 子どもへの日本語による教科学習サポート　13.7%
- 区役所や市役所での手続きのサポート（相談・通訳・同行など）　13.4%
- 学校や行政からのお知らせや書類を理解するためのサポート　12.4%
- その他　2.2%
- 特に支援はいらない　10.0%
- 無回答　29.6%

20　浜松市における日本人市民及び外国人市民の意識実態調査（2018 年 12 月）

20-1　学齢期の子どもの日本語能力　　　　　　　　1 番上の子ども　n=126
　　　　　　　　　　　　　　　　　　　　　上から 2 番めの子ども　　n=68

	1 番上の子ども		上から 2 番目の子ども	
	度数	割合	度数	割合
日本語での授業を十分理解できる	91	72.2%	44	64.7%
日本語での授業を理解するのは難しいが、日常生活ではあまり困らない	14	11.1%	11	16.2%
日常生活で、ときどき困ることがある	0	0.0%	4	5.9%
ほとんどできない	7	5.6%	1	1.5%
どのぐらいできるかわからない	4	3.2%	2	2.9%
無回答	10	7.9%	6	8.8%
合計	141	100.0%	79	100.0%

20-2　学齢期の子どもの今後の進路希望　　　　　　　　　　　　　n=137

	度数	割合
日本の高校に進学させたい	104	75.9%
外国人学校やインターナショナルスクールに進学させたい	9	6.6%
帰国させて、母国の高校に進学させたい	2	1.5%
就職させたい	4	2.9%
その他	5	3.6%
無回答	13	9.5%
合計	137	100.0%

20-3　15 歳以上の子どもの就学状況（最後在籍学校を含む）　　　1 番上の子ども　n=84

上から 2 番めの子ども　　n=90

	1 番上の子ども		上から 2 番目の子ども	
	度数	割合	度数	割合
日本の高校	24	28.6%	21	23.3%
日本の短大・高専・専門学校	9	10.7%	9	10.0%
日本の大学・大学院	15	17.9%	6	6.7%
外国人学校（高校）	13	15.5%	3	3.3%
高校に進学していない	3	3.6%	5	5.6%
その他	9	10.7%	8	8.9%
無回答	11	13.1%	38	42.2%
合計	84	100.0%	90	100.0%

資料

21　大阪市外国籍住民の生活意識についての調査（2001 年 12 月）

韓国・朝鮮籍者の民族名（本名）の使用状況について

いつも民族名	7.9%
民族名が多い	7.5%
日本名が多い	25.5%
ほとんど日本名	56.2%
回答なし	3.4%
計	100.0%

出典：榎井縁編『外国人問題理解のための資料集 2　外国人に関する統計と資料』（未来共生リーディングス volume 3）2014 年 3 月より転載。

22　神戸市立小中学校在籍外国籍児童生徒調査

外国籍児童生徒と国籍別本名使用数

		韓国・朝鮮	ベトナム
1996	児童生徒数	2082	145
	本名数	323	133
	本名率	15.5%	91.7%
2006	児童生徒数	950	183
	本名数	215	112
	本名率	22.6%	61.2%

出典：榎井縁編『外国人問題理解のための資料集 2　外国人に関する統計と資料』（未来共生リーディングス volume 3）2014 年 3 月より転載。

日本語を母語としない生徒のための高校入試措置一覧

外国人在住数上位 20 都道府県による外国籍生徒への高校入試特別措置・特別入学枠等について（2021 年度版）

（※）内は滞日年数制限　　　　　　　　○＝あり　×＝なし　△＝その他

在留外国人の多い順（右の○は 15 歳以下の多い順）			全日制高校入試		定時制高校入試	
			特別措置	特別入学枠	特別措置	特別入学枠
1	①	東京	【外国籍の受験者に対する特別措置】第一次募集・分割前期募集及び分割後期募集・第二次募集における学力検査の共通問題では、ひらがなのルビをふった検定問題（※入学日現在、入国後 6 年以内）第一次募集・分割前期募集及び分割後期募集・第二次募集における学力検査の共通問題では、ひらがなのルビをふった検定問題、辞書の持込み（電子辞書を除く）を一部認めるとともに、検査時間と会場について適切な措置をする。なお、在京外国人生徒対象（4 月入学生徒の選抜及び 9 月入学生徒の選抜）における検査問題でも本措置申請ができる（※入学日現在、入国後則 3 年以内、ただし、入国日が平成 30 年 3 月 1 日以降の者については、入国後の在日期間が入学日現在 3 年以内とみなす）	【在京外国人生徒対象 4 月（9 月）入学生徒の選抜】8 校 /170 校中　作文及び面接。言語についてはそれぞれの検査において日本語又は英語のとちらかを選択することができる。竹台高校、南葛飾高校、飛鳥高校、府中西高校、各 23 人（4 月 20 人 9 月 3 人）田柄高校 23 人（普通科 4 月 6 人、9 月 1 人、外国文化コース 4 月入学 14 人、9 月入学 2 人）杉並総合高校 15 人（4 月入学 15 人）、国際高校 35 人（国際学科 4 月入学 25 人、9 月入学 10 人：この 10 人には海外帰国生徒も含む）六郷工科 4 月入学 15 人（プロダクト工学科 3 人、オートモビル工学科 3 人、システム工学科 3 人、デザイン工学科 3 人、デュアルシステム科 3 人）計 180 人（※入国後 3 年以内、ただし、入国日が平成 30 年 3 月 1 日以降の者については、入国後の在日期間が入学日現在 3 年以内とみなす）	【外国籍の受験者に対する特別措置】第一次募集・分割前期募集及び分割後期募集・第二次募集における学力検査の共通問題では、ひらがなのルビをふった検定問題（※入学日現在、入国後 6 年以内）第一次募集・分割前期募集及び分割後期募集・第二次募集における学力検査の共通問題では、ひらがなのルビをふった検定問題、辞書の持込み（電子辞書を除く）を一部認めるとともに、検査時間と会場について適切な措置をする。なお、在京外国人生徒対象（4 月入学生徒の選抜及び 9 月入学生徒の選抜）における検査問題でも本措置申請ができる（※入学日現在、入国後則 3 年以内、ただし、入国日が平成 30 年 3 月 1 日以降の者については、入国後の在日期間が入学日現在 3 年以内とみなす）×	なし

資料

在留外国人の多い順（右の○は15歳以下の多い順）		全日制高校入試		定時制高校入試	
		特別措置	特別入学枠	特別措置	特別入学枠
2	② 愛知	×	なし	【外国人生徒及び中国帰国生徒等にかかわる入学者選抜】11校/145校1校舎 国語・数学・外国語（英語）の基礎的な学力検査及び個人面接。学力検査の問題にはルビをふる。 （名古屋南高校、小牧高校、東浦高校、衣台高校、安城南高校、豊橋西高校、豊田工業高校、豊川工業高校、中川商業高校、岩倉総合高校、知立高校）定員内5%程度まで。（※小4以上に編入、小3以下に編入し特別な事情があると認められる者、または入国後の在日期間が6年以内の者）	【外国人生徒等にかかわる受験上の配慮】 基礎学力検査（国語・数学・英語の3科目）の問題の漢字にルビをふる。面接は個人面接とする。	×	なし
3	⑤ 大阪	○	【大阪府公立高等学校入学者選抜における配慮事項】 学力検査の時間延長・辞書持込、学力検査問題へのルビ打ち、キーワードの外国語併記（※帰国または入国後、原則として小学校1年以上に編入）	【日本語指導が必要な帰国生徒・外国人生徒入学者選抜】7校/131校 数学、英語、作文（日本語以外も可能）門真なみはや高校、布施北高校、成美高校、福井高校、八尾北高校、長吉高校、東淀川高校　16人（東淀川）12人（長吉・布施北）14人（その他の4校）（※原則として中国等から帰国した者または外国籍を有する者で、小学校4年以上の学年に編入）	【大阪府公立高等学校入学者選抜における配慮事項】 学力検査の時間延長・辞書持込、学力検査問題へのルビ打ち、キーワードの外国語併記（※帰国または入国後、原則として小学校1年以上に編入）	×	なし
4	③ 神奈川	○	【海外からの移住者等を保護者とする志願者の受験方法】 時間延長(1.5倍まで)、問題文の漢字にふりがな、面接時にわかり易い言葉でゆっくり話す。（※来日6年以内、小学校就学後通算3年以内：外国籍を有するか、日本国籍取得3年以内の者を含む）	【在県外国人等特別募集】10校/132校 英・国・数・面接。 鶴見総合高校20人、横浜清陵高校13人、川崎高校12人、大師高校10人、相模原弥栄高校10人、橋本高校10人、座間総合高校10人、愛川高校10人、大和南高校10人、伊勢原高校10人　計115人 （※来日6年以内、小学校就学後通算3年以内：外国籍を有するか、日本国籍取得3年以内の者を含む）	【海外からの移住者等を保護者とする志願者の受験方法】 時間延長（1.5倍まで）、問題文の漢字にふりがな、面接時にわかり易い言葉でゆっくり話す。（※来日6年以内、小学校就学後通算3年以内：外国籍を有するか、日本国籍取得3年以内の者を含む）	○	【在県外国人等特別募集】1校/20校 英・国・数・面接。相模向陽館高校20人（午前部10人、午後部10人） （※来日6年以内、小学校就学後通算3年以内：外国籍を有するか、日本国籍取得3年以内の者を含む）

在留外国人の多い順（右の○は15歳以下の多い順）		全日制高校入試		定時制高校入試	
		特別措置	特別入学枠	特別措置	特別入学枠
5 ④ 埼玉	× なし	○	【外国人特別選抜】12校/144校 学力検査（数学・英語）と面接 岩槻高校、草加南高校、蕨高校、南稜高校、和光国際高校、深谷第一高校、川口東高校、川越西高校、栗橋北彩高校、妻沼高校、三郷北高校、新座柳瀬高校　前半6校は募集人数の10人以内。後半6校は5人以内。（※滞日通年して3年以内）	× なし	× なし
6 ⑥ 千葉	○ 【学力検査問題へのルビ振り】学力検査問題にルビを振るものを申請できるものとした（※入国後在日3年以内）	○	【外国人の特別入学者選抜】12校/126校 英語又は日本語による面接と作文。 幕張総合高校、松戸国際高校、柏井高校、成田国際高校、柏市立柏高校、京葉工業高校、市川昴高校、市原八幡高校、流山おおたかの森高校、富里高校、八千代東高校、松戸市立松戸高校 おおむね110人以内（※入国後在日3年以内）	○ 【学力検査問題へのルビ振り】学力検査問題にルビを振るものを申請できるものとした（※入国後在日3年以内）	○ 【外国人の特別入学者選抜】4校/17校 英語又は日本語による面接と作文。 市川工業高校、佐倉東高校、銚子商業高校、生浜高校 おおむね19人以内（※在日期間が3年以内）
7 ⑧ 兵庫	○ 【選抜要綱4115項及び4124項に係る特別措置】時間延長、漢字にルビ、問題用紙拡大コピー、別室受験など各校で実施。	○	【外国人生徒にかかわる特別枠選抜】5校/147校 国語（基礎的な日本語能力）・英語・数学と面接。 神戸甲北高校、蘆屋高校、香寺高校、伊丹北高校、加古川南高校各3人計15人。（※令和3年3月31日で、3年以内）	○ 【選抜要綱4115項及び4124項に係る特別措置】時間延長、漢字にルビ、問題用紙拡大コピー、別室受験など各校で実施。	× なし
8 ⑦ 静岡	× なし	○	【外国人選抜】9校/93校 面接、日本語基礎力検査（基礎的な学力を測る問題を含む） 裾野高校、富士宮東高校、駿河総合高校、小笠高校、横須賀高校、浜松江之島高校、浜松東高校、新居高校、それぞれ若干名。（※来日3年以内）	× なし	× なし

在留外国人の多い順（右の○は15歳以下の多い順）	全日制高校入試		定時制高校入試	
	特別措置	特別入学枠	特別措置	特別入学枠
9　⑬　福岡	○【一般学力検査の特例措置】時間延長（国語25分その他15分、一部は漢字振り仮名表を用意）（※原則小4以上に編入したもの、又は帰国時すでに学齢超過していた者で、平成26年1月1日以降帰国した者＝5年以内）	○【特別学力検査】19校/90校 特別学力検査を別日程で実施（国語・数学・外国語についての特別の学力検査）、作文、面接 青豊高校、小倉南高校、小倉商業高校、北筑高校、玄界高校、香住丘高校、太宰府高校、福岡農業高校、福岡工業高校、福岡講倫館高校、早良高校、朝倉東高校、久留米高校、福島高校、伝習館高校、ありあけ新世広告、東鷹高校、嘉穂東高校、直方高校（※原則小4以上に編入又は帰国時学齢超過していた者で、平成26年1月1日以降帰国した者＝5年以内）募集人数は各校の定員に含まれる	○【一般学力検査の特例措置】時間延長（国語25分その他15分、一部は漢字振り仮名表を用意）（※原則小4以上に編入したもの、又は帰国時すでに学齢超過していた者で、平成26年1月1日以降帰国した者＝5年以内）	○【特別学力検査】4校/20校 特別学力検査を別日程で実施（国語・数学・外国語についての特別の学力検査）、作文、面接 小倉南高校、福岡工業高校、福島高校、嘉穂東高校（※原則小4以上に編入又は帰国時学齢超過していた者で、平成25年1月1日以降帰国した者＝5年以内）募集人数は各校の定員に含まれる
10　⑫　茨城	○【外国人生徒の特例入学者選抜】科目減/国数英＋面接（※入国後3年以内）	○【外国人生徒の特例入学者選抜】全88校 科目減（国数英＋面接）全日制課程の全校に枠があり、一校につき全学科を合わせて2人以上（※入国後3年以内）	○【外国人生徒の特例入学者選抜】科目減/国数英＋面接（※入国後3年以内）	○【外国人生徒の特例入学者選抜】全12校 科目減（国数英＋面接）定時制課程の全校に枠があり、一校につき全学科を合わせて2人以上（※入国後3年以内）
11　⑱　京都	○【外国人生徒等の学力検査等受験上の特例措置】時間延長（上限10分）学力検査問題へ振り仮名を付す（※平成30年2月1日以降来日1年以上在住）	×	○【外国人生徒等の学力検査等受験上の特例措置】時間延長（上限10分）学力検査問題に振り仮名を付す（※平成30年2月1日以降来日1年以上在住）	×
12　⑨　群馬	○【海外帰国者等入学者選抜】後期選抜における科目減（国語、数学、英語）（※令和3年2月1日現在、入国後の在留期間が通算で3年以内）	×	○【海外帰国者等入学者選抜】フレックススクール校規選抜における学力検査等については、校長が定める（※令和3年2月1日現在、入国後の在留期間が通算で3年以内）	×

在留外国人の多い順（右の○は15歳以下の多い順）			全日制高校入試		定時制高校入試	
			特別措置	特別入学枠	特別措置	特別入学枠
13	⑪	岐阜	○【外国人生徒等に係る入学者の選抜】第一次選抜学力検査について5教科を国・数・英ならびに面接及び小論文にする。ただし、校長の定めるところにより、第一次選抜学力検査に代えて各学校で作成する外国人生徒等学力検査を実施することができる（※入国後3年以内）	○【外国人生徒等に係る入学者の選抜】63校/63校 第一次選抜学力検査について5教科を国・数・英ならびに面接及び小論文にする。ただし、校長の定めるところにより、第一次選抜学力検査に代えて各学校で作成する外国人生徒等学力検査を実施することができる。音楽科および美術科においては、さらに実技検査を実施する。入学定員とは別に各校3人程度（※入国後3年以内）	× なし	× なし
14	⑩	三重	○【海外帰国生徒・外国人生徒等に係る特別枠入学者選抜】後期選抜 学力検査の教科を減じる。校長の判断により、作文と面接の使用言語を母語（または英語）または日本語により実施できる（※入国後の在日期間が6年以内）	【海外帰国生徒・外国人生徒等に係る特別枠入学者選抜】16校/54校 前期選抜：面接又は「自己表現」、作文又は小論文、実技検査及び学力検査等のうち、高校が指定した項目。後期選抜：作文と面試（使用言語は母語自または英語）又は日本語により実施できるとし、学校長が決める 名張青峰高校、いなべ総合学園校、川越高校、飯野高校、津西高校、津東高校、久居高校、名張高校、松阪商業高校、飯南高校、昴学園高校（前期選抜のみ）、宇治山田商業高校、鳥羽高校、尾鷲高校、木本高校、紀南高校）定員5人以内ただし飯野高校は海外帰国生徒と合わせて10人以内（※来日6年以内）	○【海外帰国生徒・外国人生徒等に係る特別枠入学者選抜】後期選抜 学力検査の教科を減じる。校長の判断により、作文と面接の使用言語を母語（または英語）または日本語により実施できる（※入国後の在日期間が6年以内）	【海外帰国生徒・外国人生徒に係る特別枠入学選抜】2校/11 前期選抜：面接又は「自己表現」、作文又は小論文、実技検査及び学力検査等のうち、高校が指定した項目。後期選抜：作文と面試（使用言語は母語自または英語）又は日本語により実施できるとし、学校長が決める 北星高校、みえ夢学園高校 定員5人以内。（※来日6年以内）
15	⑭	広島	○【帰国生徒及び外国人生徒等の特別入学に関する選抜】5教科のうち、社会・理科を免除し、国語、数学、英語、作文、面接を実施。漢字にルビを振り拡大した学力検査用紙を使用（※原則として入国後の在日期間が6年以内の者）	○【帰国生徒及び外国人生徒等の特別入学に関する選抜】79校/79校 5教科のうち、社会・理科を免除し、国語、数学、英語、作文、面接を実施。漢字にルビを振り拡大した学力検査用紙を使用 各校2人以内（※原則として入国後の在日期間が6年以内の者）	○【入学者選抜に関する特別措置】漢字にルビを振り拡大した学力検査用紙を使用（原則として入国後の在日期間が6年以内の者）	× なし

資料

在留外国人の多い順（右の○は15歳以下の多い順）		全日制高校入試		定時制高校入試	
		特別措置	特別入学枠	特別措置	特別入学枠
16	⑮ 栃木	○ 【海外帰国者・外国人等の入学者の選抜に関する特別の措置】A 海外特別選抜：面接。加えて校長判断で独自検査と作文。B 海外特別措置：学力検査（国語、数学、英語）と作文と面接。（※原則定住2年以上、帰国後2年以内、外国人子女等は入国後3年以内は高等学校長判断によって志願資格を認定）	× なし	○ 【海外帰国者・外国人等の入学者の選抜に関する特別の措置】学力検査を行わず、面接をもってこれに代えるものとする。校長の判断によって、学校独自検査及び作文を行うことができる。	× なし
17	⑲ 北海道	△ 個々の状況に応じて協議している（※滞日制限なし）	× なし	△ 個々の状況に応じて協議している（※滞日制限なし）	× なし
18	⑱ 長野	○ 【特別配慮】時間延長、漢字にルビ、国・社を作文・面接に代替（※在日3年以内）	× なし	○ 【特別配慮】時間延長、漢字にルビ、国・社を作文・面接に代替（※在日3年以内）	× なし
19	⑯ 滋賀	○ 【滋賀県立高等学校入学者選抜における海外帰国生徒等に対する受験上の配慮について】試験問題にルビうちおよび時間の10分延長、英語以外の辞書を2冊までの持ち込み可（※渡日した日から6年以内）	× なし	○ 【滋賀県立高等学校入学者選抜における海外帰国生徒等に対する受験上の配慮について】試験問題にルビうちおよび時間の10分延長、英語以外の辞書を2冊までの持ち込み可（※渡日した日から6年以内）	× なし
20	㉑ 岡山	△ 日本語能力等の状況は希望する特別な配慮の内容を踏まえて個別対応	中国帰国生には海外帰国生徒の入学選抜を準用 4校（岡山一宮高校、岡山城東高校、西大寺高校、総社南高校）各校若干名。面接を実施、口頭試問（英会話を含むことがある学校によっては適正検査を実施）（※帰国後2年以内）	△ 日本語能力等の状況は希望する特別な配慮の内容を踏まえて個別対応	× なし

＊出典：「外国人生徒・中国帰国生徒等の高校入試を応援する有志の会」
＊注：△は回答自治体の判断によるもの

 条約、条例

■児童（子ども）の権利に関する条約（政府訳*）抜粋

1989年11月20日　国際連合採択
1990年 9 月 2 日　国際発効
1994年 5 月22日　国内発効

第1部
第1条（子どもの定義）

　この条約の適用上、児童とは、18歳未満のすべての者をいう。ただし、当該児童で、その者に適用される法律によりより早く成年に達したものを除く。

第2条（差別の禁止）

1　締約国は、その管轄の下にある児童に対し、児童又はその父母若しくは法定保護者の人種、皮膚の色、性、言語、宗教、政治的意見その他の意見、国民的、種族的若しくは社会的出身、財産、心身障害、出生又は他の地位にかかわらず、いかなる差別もなしにこの条約に定める権利を尊重し、及び確保する。

2　締約国は、児童がその父母、法定保護者又は家族の構成員の地位、活動、表明した意見又は信念によるあらゆる形態の差別又は処罰から保護されることを確保するためのすべての適当な措置をとる。

第3条（子どもの最善の利益）

1　児童に関するすべての措置をとるに当たっては、公的若しくは私的な社会福祉施設、裁判所、行政当局又は立法機関のいずれによって行われるものであっても、児童の最善の利益が主として考慮されるものとする。

2　締約国は、児童の父母、法定保護者又は児童について法的に責任を有する他の者の権利及び義務を考慮に入れて、児童の福祉に必要な保護及び養護を確保することを約束し、このため、すべての適当な立法上及び行政上の措置をとる。

3　締約国は、児童の養護又は保護のための施設、役務の提供及び設備が、特に安全及び健康の分野に関し並びにこれらの職員の数及び適格性並びに適正な監督に関し権限のある当局の設定した基準に適合することを確保する。

---

*政府訳では、child に「児童」の語が充てられている。しかし「児童」では、子どもを権利の主体としてその権利を総合的に保障している条約の趣旨を現せないし、国内法上「児童」の年齢が不統一なこともあり、「子ども」のほうが適切と考えられ、本書はこれに従っている。なお、各条文の見出しは編者がつけたものである。

第4条（締約国の実施義務）

　締約国は、この条約において認められる権利の実現のため、すべての適当な立法措置、行政措置その他の措置を講ずる。締約国は、経済的、社会的及び文化的権利に関しては、自国における利用可能な手段の最大限の範囲内で、また、必要な場合には国際協力の枠内で、これらの措置を講ずる。

第5条（親の指導の尊重）

　締約国は、児童がこの条約において認められる権利を行使するに当たり、父母若しくは場合により地方の慣習により定められている大家族若しくは共同体の構成員、法定保護者又は児童について法的に責任を有する他の者がその児童の発達しつつある能力に適合する方法で適当な指示及び指導を与える責任、権利及び義務を尊重する。

第6条（生命・生存・発達への権利）

1　締約国は、すべての児童が生命に対する固有の権利を有することを認める。

2　締約国は、児童の生存及び発達を可能な最大限の範囲において確保する。

第7条（名前・国籍への権利、親を知り養育される権利）

1　児童は、出生の後直ちに登録される。児童は、出生の時から氏名を有する権利及び国籍を取得する権利を有するものとし、また、できる限りその父母を知りかつその父母によって養育される権利を有する。

2　締約国は、特に児童が無国籍となる場合を含めて、国内法及びこの分野における関連する国際文書に基づく自国の義務に従い、1の権利の実現を確保する。

第8条（アイデンティティの保全）

1　締約国は、児童が法律によって認められた国籍、氏名及び家族関係を含むその身元関係事項について不法に干渉されることなく保持する権利を尊重することを約束する。

2　締約国は、児童がその身元関係事項の一部又は全部を不法に奪われた場合には、その身元関係事項を速やかに回復するため、適当な援助及び保護を与える。

第9条（親からの分離禁止事項）

1　締約国は、児童がその父母の意思に反してその父母から分離されないことを確保する。ただし、権限のある当局が司法の審査に従うことを条件として適用のある法律及び手続に従いその分離が児童の最善の利益のために必要であると決定する場合は、この限りでない。このような決定は、父母が児童を虐待し若しくは放置する場合又は父母が別居しており児童の居住地を決定しなければならない場合のような特定の場合において必要となることがある。

2　すべての関係当事者は、1の規定に基づくいかなる手続においても、その手続に参加しかつ自己の意見を述べる機会を有する。

3　締約国は、児童の最善の利益に反する場合を除くほか、父母の一方又は双方

から分離されている児童が定期的に父母のいずれとも人的な関係及び直接の接触を維持する権利を尊重する。

4 3の分離が、締約国がとった父母の一方若しくは双方又は児童の抑留、拘禁、追放、退去強制、死亡（その者が当該締約国により身体を拘束されている間に何らかの理由により生じた死亡を含む。）等のいずれかの措置に基づく場合には、当該締約国は、要請に応じ、父母、児童又は適当な場合には家族の他の構成員に対し、家族のうち不在となっている者の所在に関する重要な情報を提供する。ただし、その情報の提供が児童の福祉を害する場合は、この限りでない。締約国は、更に、その要請の提出自体が関係者に悪影響を及ぼさないことを確保する。

第10条（家族の再統合のための出入国）

1 前条1の規定に基づく締約国の義務に従い、家族の再統合を目的とする児童又はその父母による締約国への入国又は締約国からの出国の申請については、締約国が積極的、人道的かつ迅速な方法で取り扱う。締約国は、更に、その申請の提出が申請者及びその家族の構成員に悪影響を及ぼさないことを確保する。

2 父母と異なる国に居住する児童は、例外的な事情がある場合を除くほか定期的に父母との人的な関係及び直接の接触を維持する権利を有する。このため、前条1の規定に基づく締約国の義務に従い、締約国は、児童及びその父母がいずれの国（自国を含む。）からも出国し、かつ、自国に入国する権利を尊重する。出国す

る権利は、法律で定められ、国の安全、公の秩序、公衆の健康若しくは道徳又は他の者の権利及び自由を保護するために必要であり、かつ、この条約において認められる他の権利と両立する制限にのみ従う。

第11条（国外不法移送・不返還の防止）

1 締約国は、児童が不法に国外へ移送されることを防止し及び国外から帰還することができない事態を除去するための措置を講ずる。

2 このため、締約国は、二国間若しくは多数国間の協定の締結又は現行の協定への加入を促進する。

第12条（子どもの意見の尊重）

1 締約国は、自己の意見を形成する能力のある児童がその児童に影響を及ぼすすべての事項について自由に自己の意見を表明する権利を確保する。この場合において、児童の意見は、その児童の年齢及び成熟度に従って相応に考慮されるものとする。

2 このため、児童は、特に、自己に影響を及ぼすあらゆる司法上及び行政上の手続において、国内法の手続規則に合致する方法により直接に又は代理人若しくは適当な団体を通じて聴取される機会を与えられる。

第13条（表現・情報の自由）

1 児童は、表現の自由についての権利を有する。この権利には、口頭、手書き若しくは印刷、芸術の形態又は自ら選択する他の方法により、国境とのかかわり

なく、あらゆる種類の情報及び考えを求め、受け及び伝える自由を含む。

2　1の権利の行使については、一定の制限を課することができる。ただし、その制限は、法律によって定められ、かつ、次の目的のために必要とされるものに限る。

　(a) 他の者の権利又は信用の尊重

　(b) 国の安全、公の秩序又は公衆の健康若しくは道徳の保護

第14条（思想・良心・宗教の自由）

1　締約国は、思想、良心及び宗教の自由についての児童の権利を尊重する。

2　締約国は、児童が1の権利を行使するに当たり、父母及び場合により法定保護者が児童に対しその発達しつつある能力に適合する方法で指示を与える権利及び義務を尊重する。

3　宗教又は信念を表明する自由については、法律で定める制限であって公共の安全、公の秩序、公衆の健康若しくは道徳又は他の者の基本的な権利及び自由を保護するために必要なもののみを課することができる。

第15条（結社・集会の自由）

1　締約国は、結社の自由及び平和的な集会の自由についての児童の権利を認める。

2　1の権利の行使については、法律で定める制限であって国の安全若しくは公共の安全、公の秩序、公衆の健康若しくは道徳の保護又は他の者の権利及び自由の保護のため民主的社会において必要なもの以外のいかなる制限も課することができない。

第16条（プライバシー・通信・名誉の保護）

1　いかなる児童も、その私生活、家族、住居若しくは通信に対して恣意的に若しくは不法に干渉され又は名誉及び信用を不法に攻撃されない。

2　児童は、1の干渉又は攻撃に対する法律の保護を受ける権利を有する。

第17条（適切な情報へのアクセス）

　締約国は、大衆媒体（マス・メディア）の果たす重要な機能を認め、児童が国の内外の多様な情報源からの情報及び資料、特に児童の社会面、精神面及び道徳面の福祉並びに心身の健康の促進を目的とした情報及び資料を利用することができることを確保する。このため、締約国は、

　(a) 児童にとって社会面及び文化面において有益であり、かつ、第29条の精神に沿う情報及び資料を大衆媒体（マス・メディア）が普及させるよう奨励する。

　(b) 国の内外の多様な情報源（文化的にも多様な情報源を含む。）からの情報及び資料の作成、交換及び普及における国際協力を奨励する。

　(c) 児童用書籍の作成及び普及を奨励する。

　(d) 少数集団に属し又は原住民である児童の言語上の必要性について大衆媒体（マス・メディア）が特に考慮するよう奨励する。

　(e) 第13条及び次条の規定に留意して、児童の福祉に有害な情報及び資料から児

童を保護するための適当な指針を発展させることを奨励する。

第18条（親の第一義的養育責任と国の援助）

1　締約国は、児童の養育及び発達について父母が共同の責任を有するという原則についての認識を確保するために最善の努力を払う。父母又は場合により法定保護者は、児童の養育及び発達についての第一義的な責任を有する。児童の最善の利益は、これらの者の基本的な関心事項となるものとする。

2　締約国は、この条約に定める権利を保障し及び促進するため、父母及び法定保護者が児童の養育についての責任を遂行するに当たりこれらの者に対して適当な援助を与えるものとし、また、児童の養護のための施設、設備及び役務の提供の発展を確保する。

3　締約国は、父母が働いている児童が利用する資格を有する児童の養護のための役務の提供及び設備からその児童が便益を受ける権利を有することを確保するためのすべての適当な措置をとる。

第19条（虐待・放任・搾取からの保護）

1　締約国は、児童が父母、法定保護者又は児童を監護する他の者による監護を受けている間において、あらゆる形態の身体的若しくは精神的な暴力、傷害若しくは虐待、放置若しくは怠慢な取扱い、不当な取扱い又は搾取（性的虐待を含む。）からその児童を保護するためすべての適当な立法上、行政上、社会上及び教育上の措置をとる。

2　1の保護措置には、適当な場合には、児童及び児童を監護する者のために必要な援助を与える社会的計画の作成その他の形態による防止のための効果的な手続並びに1に定める児童の不当な取扱いの事件の発見、報告、付託、調査、処置及び事後措置並びに適当な場合には司法の関与に関する効果的な手続を含むものとする。

第20条（家庭環境を奪われた子どもの保護）

1　一時的若しくは恒久的にその家庭環境を奪われた児童又は児童自身の最善の利益にかんがみその家庭環境にとどまることが認められない児童は、国が与える特別の保護及び援助を受ける権利を有する。

2　締約国は、自国の国内法に従い、1の児童のための代替的な監護を確保する。

3　2の監護には、特に、里親委託、イスラム法のカファーラ、養子縁組又は必要な場合には児童の監護のための適当な施設への収容を含むことができる。解決策の検討に当たっては、児童の養育において継続性が望ましいこと並びに児童の種族的、宗教的、文化的及び言語的な背景について、十分な考慮を払うものとする。

第21条（養子縁組）

養子縁組の制度を認め又は許容している締約国は、児童の最善の利益について最大の考慮が払われることを確保するものとし、また、

（a）児童の養子縁組が権限のある当局によってのみ認められることを確保する。この場合において、当該権限のある当局は、適用のある法律及び手続に従い、かつ、信頼し得るすべての関連情報に基づき、養子縁組が父母、親族及び法定保護者に関する児童の状況にかんがみ許容されること並びに必要な場合には、関係者が所要のカウンセリングに基づき養子縁組について事情を知らされた上での同意を与えていることを認定する。

（b）児童がその出身国内において里親若しくは養家に託され又は適切な方法で監護を受けることができない場合には、これに代わる児童の監護の手段として国際的な養子縁組を考慮することができることを認める。

（c）国際的な養子縁組が行われる児童が国内における養子縁組の場合における保護及び基準と同等のものを享受することを確保する。

（d）国際的な養子縁組において当該養子縁組が関係者に不当な金銭上の利得をもたらすことがないことを確保するためのすべての適当な措置をとる。

（e）適当な場合には、二国間又は多数国間の取極又は協定を締結することによりこの条の目的を促進し、及びこの枠組みの範囲内で他国における児童の養子縁組が権限のある当局又は機関によって行われることを確保するよう努める。

第22条（難民の子どもの保護）

1　締約国は、難民の地位を求めている児童又は適用のある国際法及び国際的な手続若しくは国内法及び国内的な手続に基づき難民と認められている児童が、父母又は他の者に付き添われているかいないかを問わず、この条約及び自国が締約国となっている人権又は人道に関する他の国際文書に定める権利であって適用のあるものの享受に当たり、適当な保護及び人道的援助を受けることを確保するための適当な措置をとる。

2　このため、締約国は、適当と認める場合には、1の児童を保護し及び援助するため、並びに難民の児童の家族との再統合に必要な情報を得ることを目的としてその難民の児童の父母又は家族の他の構成員を捜すため、国際連合及びこれと協力する他の権限のある政府間機関又は関係非政府機関による努力に協力する。その難民の児童は、父母又は家族の他の構成員が発見されない場合には、何らかの理由により恒久的又は一時的にその家庭環境を奪われた他の児童と同様にこの条約に定める保護が与えられる。

第23条（障害のある子どもの権利）

1　締約国は、精神的又は身体的な障害を有する児童が、その尊厳を確保し、自立を促進し及び社会への積極的な参加を容易にする条件の下で十分かつ相応な生活を享受すべきであることを認める。

2　締約国は、障害を有する児童が特別の養護についての権利を有することを認めるものとし、利用可能な手段の下で、申込みに応じた、かつ、当該児童の状況及び父母又は当該児童を養護している他の者の事情に適した援助を、これを受け

る資格を有する児童及びこのような児童の養護について責任を有する者に与えることを奨励し、かつ、確保する。

3 障害を有する児童の特別な必要を認めて、2の規定に従って与えられる援助は、父母又は当該児童を養護している他の者の資力を考慮して可能な限り無償で与えられるものとし、かつ、障害を有する児童が可能な限り社会への統合及び個人の発達（文化的及び精神的な発達を含む。）を達成することに資する方法で当該児童が教育、訓練、保健サービス、リハビリテーション・サービス、雇用のための準備及びレクリエーションの機会を実質的に利用し及び享受することができるように行われるものとする。

4 締約国は、国際協力の精神により、予防的な保健並びに障害を有する児童の医学的、心理学的及び機能的治療の分野における適当な情報の交換（リハビリテーション、教育及び職業サービスの方法に関する情報の普及及び利用を含む。）であってこれらの分野における自国の能力及び技術を向上させ並びに自国の経験を広げることができるようにすることを目的とするものを促進する。これに関しては、特に、開発途上国の必要を考慮する。

第24条（健康・医療への権利）

1 締約国は、到達可能な最高水準の健康を享受すること並びに病気の治療及び健康の回復のための便宜を与えられることについての児童の権利を認める。締約国は、いかなる児童もこのような保健サービスを利用する権利が奪われないこ

とを確保するために努力する。

2 締約国は、1の権利の完全な実現を追求するものとし、特に、次のことのための適当な措置をとる。

(a) 幼児及び児童の死亡率を低下させること。

(b) 基礎的な保健の発展に重点を置いて必要な医療及び保健をすべての児童に提供することを確保すること。

(c) 環境汚染の危険を考慮に入れて、基礎的な保健の枠組みの範囲内で行われることを含めて、特に容易に利用可能な技術の適用により並びに十分に栄養のある食物及び清潔な飲料水の供給を通じて、疾病及び栄養不良と闘うこと。

(d) 母親のための産前産後の適当な保健を確保すること。

(e) 社会のすべての構成員特に父母及び児童が、児童の健康及び栄養、母乳による育児の利点、衛生（環境衛生を含む。）並びに事故の防止についての基礎的な知識に関して、情報を提供され、教育を受ける機会を有し及びその知識の使用について支援されることを確保すること。

(f) 予防的な保健、父母のための指導並びに家族計画に関する教育及びサービスを発展させること。

3 締約国は、児童の健康を害するような伝統的な慣行を廃止するため、効果的かつ適当なすべての措置をとる。

4 締約国は、この条において認められる権利の完全な実現を漸進的に達成するため、国際協力を促進し及び奨励することを約束する。これに関しては、特に、

開発途上国の必要を考慮する。

第25条（措置の定期的審査）

締約国は、児童の身体又は精神の養護、保護又は治療を目的として権限のある当局によって収容された児童に対する処遇及びその収容に関連する他のすべての状況に関する定期的な審査が行われることについての児童の権利を認める。

第26条（社会保障への権利）

1　締約国は、すべての児童が社会保険その他の社会保障からの給付を受ける権利を認めるものとし、自国の国内法に従い、この権利の完全な実現を達成するための必要な措置をとる。

2　1の給付は、適当な場合には、児童及びその扶養について責任を有する者の資力及び事情並びに児童によって又は児童に代わって行われる給付の申請に関する他のすべての事項を考慮して、与えられるものとする。

第27条（生活水準への権利）

1　締約国は、児童の身体的、精神的、道徳的及び社会的な発達のための相当な生活水準についてのすべての児童の権利を認める。

2　父母又は児童について責任を有する他の者は、自己の能力及び資力の範囲内で、児童の発達に必要な生活条件を確保することについての第一義的な責任を有する。

3　締約国は、国内事情に従い、かつ、その能力の範囲内で、1の権利の実現の

ため、父母及び児童について責任を有する他の者を援助するための適当な措置をとるものとし、また、必要な場合には、特に栄養、衣類及び住居に関して、物的援助及び支援計画を提供する。

4　締約国は、父母又は児童について金銭上の責任を有する他の者から、児童の扶養料を自国内で及び外国から、回収することを確保するためのすべての適当な措置をとる。特に、児童について金銭上の責任を有する者が児童と異なる国に居住している場合には、締約国は、国際協定への加入又は国際協定の締結及び他の適当な取決めの作成を促進する。

第28条（教育への権利）

1　締約国は、教育についての児童の権利を認めるものとし、この権利を漸進的にかつ機会の平等を基礎として達成するため、特に、

（a）初等教育を義務的なものとし、すべての者に対して無償のものとする。

（b）種々の形態の中等教育（一般教育及び職業教育を含む。）の発展を奨励し、すべての児童に対し、これらの中等教育が利用可能であり、かつ、これらを利用する機会が与えられるものとし、例えば、無償教育の導入、必要な場合における財政的援助の提供のような適当な措置をとる。

（c）すべての適当な方法により、能力に応じ、すべての者に対して高等教育を利用する機会が与えられるものとする。

（d）すべての児童に対し、教育及び職業に関する情報及び指導が利用可能であ

り、かつ、これらを利用する機会が与え
られるものとする。
　(e) 定期的な登校及び中途退学率の減
少を奨励するための措置をとる。
2　締約国は、学校の規律が児童の人間
の尊厳に適合する方法で及びこの条約に
従って運用されることを確保するための
すべての適当な措置をとる。
3　締約国は、特に全世界における無知
及び非識字の廃絶に寄与し並びに科学上
及び技術上の知識並びに最新の教育方法
の利用を容易にするため、教育に関する
事項についての国際協力を促進し、及び
奨励する。これに関しては、特に、開発
途上国の必要を考慮する。

第29条（教育の目的）
1　締約国は、児童の教育が次のことを
指向すべきことに同意する。
　(a) 児童の人格、才能並びに精神的及
び身体的な能力をその可能な最大限度ま
で発達させること。
　(b) 人権及び基本的自由並びに国際連合
憲章にうたう原則の尊重を育成すること。
　(c) 児童の父母、児童の文化的同一性、
言語及び価値観、児童の居住国及び出身
国の国民的価値観並びに自己の文明と異
なる文明に対する尊重を育成すること。
　(d) すべての人民の間の、種族的、国
民的及び宗教的集団の間の並びに原住民
である者の理解、平和、寛容、両性の平
等及び友好の精神に従い、自由な社会に
おける責任ある生活のために児童に準備
させること。
　(e) 自然環境の尊重を育成すること。

2　この条又は前条のいかなる規定も、
個人及び団体が教育機関を設置し及び管
理する自由を妨げるものと解してはなら
ない。ただし、常に、1に定める原則が
遵守されること及び当該教育機関におい
て行われる教育が国によって定められる
最低限度の基準に適合することを条件と
する。

第30条（マイノリティ・先住民の子ど
もの権利）
　種族的、宗教的若しくは言語的少数民
族又は先住民である者が存在する国にお
いて、当該少数民族に属し又は先住民で
ある児童は、その集団の他の構成員とと
もに自己の文化を享有し、自己の宗教を
信仰しかつ実践し又は自己の言語を使用
する権利を否定されない。

第31条（休息・余暇、遊び、文化的・
芸術的生活への参加の権利）
1　締約国は、休息及び余暇についての
児童の権利並びに児童がその年齢に適し
た遊び及びレクリエーションの活動を行
い並びに文化的な生活及び芸術に自由に
参加する権利を認める。
2　締約国は、児童が文化的及び芸術的
な生活に十分に参加する権利を尊重しか
つ促進するものとし、文化的及び芸術的
な活動並びにレクリエーション及び余暇
の活動のための適当かつ平等な機会の提
供を奨励する。

第32条（経済的搾取・有害労働からの
保護）

1 締約国は、児童が経済的な搾取から保護され及び危険となり若しくは児童の教育の妨げとなり又は児童の健康若しくは身体的、精神的、道徳的若しくは社会的な発達に有害となるおそれのある労働への従事から保護される権利を認める。

2 締約国は、この条の規定の実施を確保するための立法上、行政上、社会上及び教育上の措置をとる。このため、締約国は、他の国際文書の関連規定を考慮して、特に、

（a）雇用が認められるための1又は2以上の最低年齢を定める。

（b）労働時間及び労働条件についての適当な規則を定める。

（c）この条の規定の効果的な実施を確保するための適当な罰則その他の制裁を定める。

第33条（麻薬・向精神薬からの保護）

締約国は、関連する国際条約に定義された麻薬及び向精神薬の不正な使用から児童を保護し並びにこれらの物質の不正な生産及び取引における児童の使用を防止するための立法上、行政上、社会上及び教育上の措置を含むすべての適当な措置をとる。

第34条（性的搾取・虐待からの保護）

締約国は、あらゆる形態の性的搾取及び性的虐待から児童を保護することを約束する。このため、締約国は、特に、次のことを防止するためのすべての適当な国内、二国間及び多数国間の措置をとる。

（a）不法な性的な行為を行うことを児童に対して勧誘し又は強制すること。

（b）売春又は他の不法な性的な業務において児童を搾取的に使用すること。

（c）わいせつな演技及び物において児童を搾取的に使用すること。

第35条（誘拐・売買・取引の防止）

締約国は、あらゆる目的のための又はあらゆる形態の児童の誘拐、売買又は取引を防止するためのすべての適当な国内、二国間及び多数国間の措置をとる。

第36条（他のあらゆる形態の搾取からの保護）

締約国は、いずれかの面において児童の福祉を害する他のすべての形態の搾取から児童を保護する。

第37条（死刑・拷問等の禁止、自由を奪われた子どもの適切な取扱い）

締約国は、次のことを確保する。

（a）いかなる児童も、拷問又は他の残虐な、非人道的な若しくは品位を傷つける取扱い若しくは刑罰を受けないこと。死刑又は釈放の可能性がない終身刑は、十八歳未満の者が行った犯罪について科さないこと。

（b）いかなる児童も、不法に又は恣意的にその自由を奪われないこと。児童の逮捕、抑留又は拘禁は、法律に従って行うものとし、最後の解決手段として最も短い適当な期間のみ用いること。

（c）自由を奪われたすべての児童は、人道的に、人間の固有の尊厳を尊重して、かつ、その年齢の者の必要を考慮した方

法で取り扱われること。特に、自由を奪われたすべての児童は、成人とは分離されないことがその最善の利益であると認められない限り成人とは分離されるものとし、例外的な事情がある場合を除くほか、通信及び訪問を通じてその家族との接触を維持する権利を有すること。

（d）自由を奪われたすべての児童は、弁護人その他適当な援助を行う者と速やかに接触する権利を有し、裁判所その他の権限のある、独立の、かつ、公平な当局においてその自由の剥奪の合法性を争い並びにこれについての決定を速やかに受ける権利を有すること。

第38条（武力紛争における子どもの保護）
1　締約国は、武力紛争において自国に適用される国際人道法の規定で児童に関係を有するものを尊重し及びこれらの規定の尊重を確保することを約束する。
2　締約国は、15歳未満の者が敵対行為に直接参加しないことを確保するためのすべての実行可能な措置をとる。
3　締約国は、15歳未満の者を自国の軍隊に採用することを差し控えるものとし、また、15歳以上18歳未満の者の中から採用するに当たっては、最年長者を優先させるよう努める。
4　締約国は、武力紛争において文民を保護するための国際人道法に基づく自国の義務に従い、武力紛争の影響を受ける児童の保護及び養護を確保するためのすべての実行可能な措置をとる。

第39条（犠牲になった子どもの心身の

回復と社会復帰）
　締約国は、あらゆる形態の放置、搾取若しくは虐待、拷問若しくは他のあらゆる形態の残虐な、非人道的な若しくは品位を傷つける取扱い若しくは刑罰又は武力紛争による被害者である児童の身体的及び心理的な回復及び社会復帰を促進するためのすべての適当な措置をとる。このような回復及び復帰は、児童の健康、自尊心及び尊厳を育成する環境において行われる。

第40条（少年司法）
1　締約国は、刑法を犯したと申し立てられ、訴追され又は認定されたすべての児童が尊厳及び価値についての当該児童の意識を促進させるような方法であって、当該児童が他の者の人権及び基本的自由を尊重することを強化し、かつ、当該児童の年齢を考慮し、更に、当該児童が社会に復帰し及び社会において建設的な役割を担うことがなるべく促進されることを配慮した方法により取り扱われる権利を認める。
2　このため、締約国は、国際文書の関連する規定を考慮して、特に次のことを確保する。

（a）いかなる児童も、実行の時に国内法又は国際法により禁じられていなかった作為又は不作為を理由として刑法を犯したと申し立てられ、訴追され又は認定されないこと。

（b）刑法を犯したと申し立てられ又は訴追されたすべての児童は、少なくとも次の保障を受けること。

(ⅰ) 法律に基づいて有罪とされるまでは無罪と推定されること。

(ⅱ) 速やかにかつ直接に、また、適当な場合には当該児童の父母又は法定保護者を通じてその罪を告げられること並びに防御の準備及び申立てにおいて弁護人その他適当な援助を行う者を持つこと。

(ⅲ) 事案が権限のある、独立の、かつ、公平な当局又は司法機関により法律に基づく公正な審理において、弁護人その他適当な援助を行う者の立会い及び、特に当該児童の年齢又は境遇を考慮して児童の最善の利益にならないと認められる場合を除くほか、当該児童の父母又は法定保護者の立会いの下に遅滞なく決定されること。

(ⅳ) 供述又は有罪の自白を強要されないこと。不利な証人を尋問し又はこれに対し尋問させること並びに対等の条件で自己のための証人の出席及びこれに対する尋問を求めること。

(ⅴ) 刑法を犯したと認められた場合には、その認定及びその結果科せられた措置について、法律に基づき、上級の、権限のある、独立の、かつ、公平な当局又は司法機関によって再審理されること。

(ⅵ) 使用される言語を理解すること又は話すことができない場合には、無料で通訳の援助を受けること。

(ⅶ) 手続のすべての段階において当該児童の私生活が十分に尊重されること。

3　締約国は、刑法を犯したと申し立てられ、訴追され又は認定された児童に特別に適用される法律及び手続の制定並びに当局及び施設の設置を促進するよう努めるものとし、特に、次のことを行う。

(a) その年齢未満の児童は刑法を犯す能力を有しないと推定される最低年齢を設定すること。

(b) 適当なかつ望ましい場合には、人権及び法的保護が十分に尊重されていることを条件として、司法上の手続に訴えることなく当該児童を取り扱う措置をとること。

4　児童がその福祉に適合し、かつ、その事情及び犯罪の双方に応じた方法で取り扱われることを確保するため、保護、指導及び監督命令、カウンセリング、保護観察、里親委託、教育及び職業訓練計画、施設における養護に代わる他の措置等の種々の処置が利用し得るものとする。

第41条（既存の権利の確保）

この条約のいかなる規定も、次のものに含まれる規定であって児童の権利の実現に一層貢献するものに影響を及ぼすものではない。

(a) 締約国の法律

(b) 締約国について効力を有する国際法

第2部
第42条（条約の広報義務）

締約国は、適当かつ積極的な方法でこの条約の原則及び規定を成人及び児童のいずれにも広く知らせることを約束する。

　　　　　　　　　　　　（以下省略）

■川崎市子どもの権利に関する条例（抄*）

2000年（平成12年）12月21日
川崎市条例第72号
最近改正
2005年（平成17年）3月24日

前文

　子どもは，それぞれが一人の人間である。子どもは，かけがえのない価値と尊厳を持っており，個性や他の者との違いが認められ，自分が自分であることを大切にされたいと願っている。

　子どもは，権利の全面的な主体である。子どもは，子どもの最善の利益の確保，差別の禁止，子どもの意見の尊重などの国際的な原則の下で，その権利を総合的に，かつ，現実に保障される。子どもにとって権利は，人間としての尊厳をもって，自分を自分として実現し，自分らしく生きていく上で不可欠なものである。

　子どもは，その権利が保障される中で，豊かな子ども時代を過ごすことができる。子どもの権利について学習することや実際に行使することなどを通して，子どもは，権利の認識を深め，権利を実現する力，他の者の権利を尊重する力や責任などを身に付けることができる。また，自分の権利が尊重され，保障されるためには，同じように他の者の権利が尊重され，保障されなければならず，それぞれの権利が相互に尊重されることが不可欠である。

　子どもは，大人とともに社会を構成するパートナーである。子どもは，現在の社会の一員として，また，未来の社会の担い手として，社会の在り方や形成にかかわる固有の役割があるとともに，そこに参加する権利がある。そのためにも社会は，子どもに開かれる。

　子どもは，同時代を生きる地球市民として国内外の子どもと相互の理解と交流を深め，共生と平和を願い，自然を守り，都市のより良い環境を創造することに欠かせない役割を持っている。

　市における子どもの権利を保障する取組は，市に生活するすべての人々の共生を進め，その権利の保障につながる。私たちは，子ども最優先などの国際的な原則も踏まえ，それぞれの子どもが一人の人間として生きていく上で必要な権利が保障されるよう努める。

　私たちは，こうした考えの下，平成元年11月20日に国際連合総会で採択された「児童の権利に関する条約」の理念に基づき，子どもの権利の保障を進めることを宣言し，この条例を制定する。

第1章　総則

（目的）

第1条　この条例は，子どもの権利に係る市等の責務，人間としての大切な子ど

もの権利，家庭，育ち・学ぶ施設及び地域における子どもの権利の保障等について定めることにより，子どもの権利の保障を図ることを目的とする。

（定義）
第2条　この条例において，次の各号に掲げる用語の意義は，それぞれ当該各号に定めるところによる。
　(1)　子ども　市民をはじめとする市に関係のある18歳未満の者その他これらの者と等しく権利を認めることが適当と認められる者
　(2)　育ち・学ぶ施設　児童福祉法（昭和22年法律第164号）に規定する児童福祉施設，学校教育法（昭和22年法律第26号）に規定する学校，専修学校，各種学校その他の施設のうち，子どもが育ち，学ぶために入所し，通所し，又は通学する施設
　(3)　親に代わる保護者　児童福祉法に規定する里親その他の親に代わり子どもを養育する者

（かわさき子どもの権利の日）
第5条　市民の間に広く子どもの権利についての関心と理解を深めるため，かわさき子どもの権利の日を設ける。
2　かわさき子どもの権利の日は，11月20日とする。
3　市は，かわさき子どもの権利の日の趣旨にふさわしい事業を実施し，広く市民の参加を求めるものとする。

（広報）

第6条　市は，子どもの権利に対する市民の理解を深めるため，その広報に努めるものとする。

（学習等への支援等）
第7条　市は，家庭教育，学校教育及び社会教育の中で，子どもの権利についての学習等が推進されるよう必要な条件の整備に努めるものとする。
2　市は，施設関係者及び医師，保健師等の子どもの権利の保障に職務上関係のある者に対し，子どもの権利についての理解がより深まるよう研修の機会を提供するものとする。
3　市は，子どもによる子どもの権利についての自主的な学習等の取組に対し，必要な支援に努めるものとする。

（市民活動への支援）
第8条　市は，子どもの権利の保障に努める市民の活動に対し，その支援に努めるとともに，子どもの権利の保障に努める活動を行うものとの連携を図るものとする。

第2章　人間としての大切な子どもの権利
（子どもの大切な権利）
第9条　この章に規定する権利は，子どもにとって，人間として育ち，学び，生活をしていく上でとりわけ大切なものとして保障されなければならない。

（安心して生きる権利）
第10条　子どもは，安心して生きるこ

とができる。そのためには，主として次に掲げる権利が保障されなければならない。

（1）命が守られ，尊重されること。

（2）愛情と理解をもって育くまれること。

（3）あらゆる形態の差別を受けないこと。

（4）あらゆる形の暴力を受けず，又は放置されないこと。

（5）健康に配慮がなされ，適切な医療が提供され，及び成長にふさわしい生活ができること。

（6）平和と安全な環境の下で生活ができること。

（ありのままの自分でいる権利）
第11条　子どもは，ありのままの自分でいることができる。そのためには，主として次に掲げる権利が保障されなければならない。

（1）個性や他の者との違いが認められ，人格が尊重されること。

（2）自分の考えや信仰を持つこと。

（3）秘密が侵されないこと。

（4）自分に関する情報が不当に収集され，又は利用されないこと。

（5）子どもであることをもって不当な取扱いを受けないこと。

（6）安心できる場所で自分を休ませ，及び余暇を持つこと。

（自分を守り，守られる権利）
第12条　子どもは，自分を守り，又は自分が守られることができる。そのため

には，主として次に掲げる権利が保障されなければならない。

（1）あらゆる権利の侵害から逃れられること。

（2）自分が育つことを妨げる状況から保護されること。

（3）状況に応じた適切な相談の機会が，相談にふさわしい雰囲気の中で確保されること。

（4）自分の将来に影響を及ぼすことについて他の者が決めるときに，自分の意見を述べるのにふさわしい雰囲気の中で表明し，その意見が尊重されること。

（5）自分を回復するに当たり，その回復に適切でふさわしい雰囲気の場が与えられること。

（自分を豊かにし，力づけられる権利）
第13条　子どもは，その育ちに応じて自分を豊かにし，力づけられることができる。そのためには，主として次に掲げる権利が保障されなければならない。

（1）遊ぶこと。

（2）学ぶこと。

（3）文化芸術活動に参加すること。

（4）役立つ情報を得ること。

（5）幸福を追求すること。

（自分で決める権利）
第14条　子どもは，自分に関することを自分で決めることができる。そのためには，主として次に掲げる権利が保障されなければならない。

（1）自分に関することを年齢と成熟に応じて決めること。

（2）自分に関することを決めるときに，適切な支援及び助言が受けられること。

（3）自分に関することを決めるために必要な情報が得られること。

（参加する権利）
第15条　子どもは，参加することができる。そのためには，主として次に掲げる権利が保障されなければならない。

（1）自分を表現すること。

（2）自分の意見を表明し，その意見が尊重されること。

（3）仲間をつくり，仲間と集うこと。

（4）参加に際し，適切な支援が受けられること。

（個別の必要に応じて支援を受ける権利）
第16条　子どもは，その置かれた状況に応じ，子どもにとって必要な支援を受けることができる。そのためには，主として次に掲げる権利が保障されなければならない。

（1）子ども又はその家族の国籍，民族，性別，言語，宗教，出身，財産，障害その他の置かれている状況を原因又は理由とした差別及び不利益を受けないこと。

（2）前号の置かれている状況の違いが認められ，尊重される中で共生できること。

（3）障害のある子どもが，尊厳を持ち，自立し，かつ，社会への積極的な参加が図られること。

（4）国籍，民族，言語等において少数の立場の子どもが，自分の文化等を享受し，学習し，又は表現することが尊重されること。

（5）子どもが置かれている状況に応じ，子どもに必要な情報の入手の方法，意見の表明の方法，参加の手法等に工夫及び配慮がなされること。

第3章　家庭，育ち・学ぶ施設及び地域における子どもの権利の保障

第1節　家庭における子どもの権利の保障

（親等による子どもの権利の保障）
第17条　親又は親に代わる保護者（以下「親等」という。）は，その養育する子どもの権利の保障に努めるべき第一義的な責任者である。

2　親等は，その養育する子どもが権利を行使する際に子どもの最善の利益を確保するため，子どもの年齢と成熟に応じた支援に努めなければならない。

3　親等は，子どもの最善の利益と一致する限りにおいて，その養育する子どもに代わり，その権利を行使するよう努めなければならない。

4　親等は，育ち・学ぶ施設及び保健，医療，児童福祉等の関係機関からその子どもの養育に必要な説明を受けることができる。この場合において，子ども本人の情報を得ようとするときは，子どもの最善の利益を損なわない限りにおいて行うよう努めなければならない。

（養育の支援）
第18条　親等は，その子どもの養育に当たって市から支援を受けることができる。

2　市は，親等がその子どもの養育に困難な状況にある場合は，その状況について特に配慮した支援に努めるものとする。

3　事業者は，雇用される市民が安心してその子どもを養育できるよう配慮しなければならない。

（虐待及び体罰の禁止）
第19条　親等は，その養育する子どもに対して，虐待及び体罰を行ってはならない。

（育ち・学ぶ環境の整備等）
第21条　育ち・学ぶ施設の設置者及び管理者（以下「施設設置管理者」という。）は，その子どもの権利の保障が図られるよう育ち・学ぶ施設において子どもが自ら育ち，学べる環境の整備に努めなければならない。

2　前項の環境の整備に当たっては，その子どもの親等その他地域の住民との連携を図るとともに，育ち・学ぶ施設の職員の主体的な取組を通して行われるよう努めなければならない。

（いじめの防止等）
第24条　施設関係者は，いじめの防止に努めなければならない。

2　施設関係者は，いじめの防止を図るため，その子どもに対し，子どもの権利が理解されるよう啓発に努めなければ

らない。

3　施設設置管理者は，その職員に対し，いじめの防止に関する研修等の実施に努めなければならない。

4　施設設置管理者は，いじめに関する相談をその子どもが安心して行うことができる育ち・学ぶ施設における仕組みを整えるよう努めなければならない。

5　施設関係者は，いじめに関する子どもの相談を受けたときは，子どもの最善の利益を考慮し，その相談の解決に必要な者，関係機関等と連携し，子どもの救済及びその回復に努めなければならない。この場合において，施設関係者は，いじめを行った子どもに対しても必要な配慮を行った上で適切な対応を行うよう努めなければならない。

（子どもの居場所）
第27条　子どもには，ありのままの自分でいること，休息して自分を取り戻すこと，自由に遊び，若しくは活動すること又は安心して人間関係をつくり合うことができる場所（以下「居場所」という。）が大切であることを考慮し，市は，居場所についての考え方の普及並びに居場所の確保及びその存続に努めるものとする。

2　市は，子どもに対する居場所の提供等の自主的な活動を行う市民及び関係団体との連携を図り，その支援に努めるものとする。

第4章　子どもの参加

（子どもの参加の促進）

第29条　市は，子どもが市政等について市民として意見を表明する機会，育ち・学ぶ施設その他活動の拠点となる場でその運営等について構成員として意見を表明する機会又は地域における文化・スポーツ活動に参加する機会を諸施策において保障することが大切であることを考慮して，子どもの参加を促進し，又はその方策の普及に努めるものとする。

（子ども会議）

第30条　市長は，市政について，子どもの意見を求めるため，川崎市子ども会議（以下「子ども会議」という。）を開催する。

2　子ども会議は，子どもの自主的及び自発的な取組により運営されるものとする。

3　子ども会議は，その主体である子どもが定める方法により，子どもの総意としての意見等をまとめ，市長に提出することができる。

4　市長その他の執行機関は，前項の規定により提出された意見等を尊重するものとする。

5　市長その他の執行機関は，子ども会議にあらゆる子どもの参加が促進され，その会議が円滑に運営されるよう必要な支援を行うものとする。

（参加活動の拠点づくり）

第31条　市は，子どもの自主的及び自発的な参加活動を支援するため，子どもが子どもだけで自由に安心して集うことができる拠点づくりに努めるものとする。

（自治的活動の奨励）

第32条　施設設置管理者は，その構成員としての子どもの自治的な活動を奨励し，支援するよう努めなければならない。

2　前項の自治的な活動による子どもの意見等については，育ち・学ぶ施設の運営について配慮されるよう努めなければならない。

（より開かれた育ち・学ぶ施設）

第33条　施設設置管理者は，子ども，その親等その他地域の住民にとってより開かれた育ち・学ぶ施設を目指すため，それらの者に育ち・学ぶ施設における運営等の説明等を行い，それらの者及び育ち・学ぶ施設の職員とともに育ち・学ぶ施設を支え合うため，定期的に話し合う場を設けるよう努めなければならない。

（市の施設の設置及び運営に関する子どもの意見）

第34条　市は，子どもの利用を目的とした市の施設の設置及び運営に関し，子どもの参加の方法等について配慮し，子どもの意見を聴くよう努めるものとする。

第5章　相談及び救済

（相談及び救済）

第35条　子どもは，川崎市人権オンブズパーソンに対し，権利の侵害について相談し，又は権利の侵害からの救済を求めることができる。

2 市は，川崎市人権オンブズパーソンによるもののほか，子どもの権利の侵害に関する相談又は救済については，関係機関，関係団体等との連携を図るとともに子ども及びその権利の侵害の特性に配慮した対応に努めるものとする。

第6章 子どもの権利に関する行動計画

（行動計画）
第36条 市は，子どもに関する施策の推進に際し子どもの権利の保障が総合的かつ計画的に図られるための川崎市子どもの権利に関する行動計画（以下「行動計画」という。）を策定するものとする。
2 市長その他の執行機関は，行動計画を策定するに当たっては，市民及び第38条に規定する川崎市子どもの権利委員会の意見を聴くものとする。

第7章 子どもの権利の保障状況の検証

（権利委員会）
第38条 子どもに関する施策の充実を図り，子どもの権利の保障を推進するため，川崎市子どもの権利委員会（以下「権利委員会」という。）を置く。
2 権利委員会は，第36条第2項に定め

るもののほか，市長その他の執行機関の諮問に応じて，子どもに関する施策における子どもの権利の保障の状況について調査審議する。
3 権利委員会は，委員10人以内で組織する。
4 委員は，人権，教育，福祉等の子どもの権利にかかわる分野において学識経験のある者及び市民のうちから，市長が委嘱する。
5 委員の任期は，3年とする。ただし，補欠の委員の任期は，前任者の残任期間とする。
6 委員は，再任されることができる。
7 第4項の委員のほか，特別の事項を調査審議させるため必要があるときは，権利委員会に臨時委員を置くことができる。
8 委員及び臨時委員は，職務上知ることができた秘密を漏らしてはならない。その職を退いた後も同様とする。
9 前各項に定めるもののほか，権利委員会の組織及び運営に関し必要な事項は，市長が定める。

＊なお本条例の全文はhttp://www.city. kawasaki. jp/450/page/0000004891. htmlで参照することができる。

子どもの権利条約総合研究所作成（1／2）
（2021 年 4 月現在。50 自治体）

子どもの権利に関する総合条例一覧

制定自治体	公布日	施行日	名称
神奈川県川崎市	2000 年 12 月 21 日	2001 年 4 月 1 日	川崎市子どもの権利に関する条例
北海道奈井江町	2002 年 3 月 26 日	2002 年 4 月 1 日	子どもの権利に関する条例
岐阜県多治見市	2003 年 9 月 25 日	2004 年 1 月 1 日	多治見市子どもの権利に関する条例
東京都目黒区	2005 年 12 月 1 日	2005 年 12 月 1 日	目黒区子ども条例
北海道芽室町	2006 年 3 月 6 日	2006 年 4 月 1 日	芽室町子どもの権利に関する条例
三重県名張市	2006 年 3 月 16 日	2007 年 1 月 1 日	名張市子ども条例
富山県魚津市	2006 年 3 月 20 日	2006 年 4 月 1 日	魚津市子どもの権利条例
岐阜県岐阜市	2006 年 3 月 27 日	2006 年 4 月 1 日	岐阜市子どもの権利に関する条例
東京都豊島区	2006 年 3 月 29 日	2006 年 4 月 1 日	豊島区子どもの権利に関する条例
福岡県志免町	2006 年 12 月 20 日	2007 年 4 月 1 日	志免町子どもの権利条例
石川県白山市	2006 年 12 月 21 日	2007 年 4 月 1 日	白山市子どもの権利に関する条例
富山県射水市	2007 年 6 月 20 日	2007 年 6 月 20 日	射水市子ども条例
愛知県豊田市	2007 年 10 月 9 日	2007 年 10 月 9 日	豊田市子ども条例
愛知県名古屋市	2008 年 3 月 27 日	2008 年 4 月 1 日	なごや子ども条例
	2020 年 3 月 27 日改正	2020 年 4 月 1 日	なごや子どもの権利条例
新潟県上越市	2008 年 3 月 28 日	2008 年 4 月 1 日	上越市子どもの権利に関する条例
北海道札幌市	2008 年 11 月 7 日	2009 年 4 月 1 日	札幌市子どもの最善の利益を実現するための権利条例
福岡県筑前町	2008 年 12 月 15 日	2009 年 4 月 1 日	筑前町子どもの権利に関する条例
愛知県岩倉市	2008 年 12 月 18 日	2009 年 1 月 1 日	岩倉市子ども条例
東京都小金井市	2009 年 3 月 12 日	2009 年 3 月 12 日	小金井市子どもの権利に関する条例
岩手県遠野市	2009 年 3 月 23 日	2009 年 4 月 1 日	遠野市わらすっこ条例
宮城県石巻市	2009 年 3 月 26 日	2009 年 4 月 1 日	石巻市子どもの権利に関する条例
愛知県日進市	2009 年 9 月 29 日	2010 年 4 月 1 日	日進市未来をつくる子ども条例
福岡県筑紫野市	2010 年 3 月 30 日	2011 年 4 月 1 日	筑紫野市子ども条例
北海道幕別町	2010 年 4 月 1 日	2010 年 7 月 1 日	幕別町子どもの権利に関する条例
愛知県幸田町	2010 年 12 月 22 日	2011 年 4 月 1 日	幸田町子どもの権利に関する条例
石川県内灘町	2011 年 12 月 26 日	2012 年 1 月 1 日	内灘町子どもの権利条例
岩手県奥州市	2012 年 1 月 6 日	2012 年 4 月 1 日	奥州市子どもの権利に関する条例

子どもの権利条約総合研究所作成（2／2）
（2021 年 4 月現在。50 自治体）

福岡県宗像市	2012 年 3 月 31 日	2012 年 4 月 1 日	宗像市子ども基本条例
北海道北広島市	2012 年 6 月 28 日	2012 年 12 月 1 日	北広島市子どもの権利条例
愛知県知立市	2012 年 9 月 28 日	2012 年 10 月 1 日	知立市子ども条例
大阪府泉南市	2012 年 10 月 1 日	2012 年 10 月 1 日	泉南市子どもの権利に関する条例
東京都世田谷区	2001 年 12 月 10 日	2002 年 4 月 1 日	世田谷区子ども条例
	2012 年 12 月 6 日改正	2013 年 4 月 1 日	
青森県青森市	2012 年 12 月 25 日	2012 年 12 月 25 日	青森市子どもの権利条例
北海道士別市	2013 年 2 月 22 日	2013 年 4 月 1 日	士別市子どもの権利に関する条例
栃木県日光市	2013 年 3 月 6 日	2013 年 4 月 1 日	日光市子どもの権利に関する条例
長野県松本市	2013 年 3 月 15 日	2013 年 4 月 1 日	松本市子どもの権利に関する条例
栃木県市貝町	2013 年 12 月 26 日	2014 年 4 月 1 日	市貝町こども権利条例
愛知県知多市	2014 年 3 月 26 日	2014 年 4 月 1 日	知多市子ども条例
栃木県那須塩原市	2014 年 3 月 26 日	2014 年 4 月 1 日	那須塩原市子どもの権利条例
愛知県東郷町	2014 年 4 月 30 日	2014 年 7 月 1 日	東郷町子ども条例
長野県	2014 年 7 月 10 日	2014 年 7 月 10 日	長野県の未来を担う子どもの支援に関する条例
奈良県奈良市	2014 年 12 月 25 日	2015 年 4 月 1 日	奈良市子どもにやさしいまちづくり条例
神奈川県相模原市	2015 年 3 月 20 日	2015 年 4 月 1 日	相模原市子どもの権利条例
三重県東員町	2015 年 6 月 19 日	2015 年 6 月 19 日	みんなと一歩ずつ未来に向かっていく東員町子どもの権利条例
愛知県津島市	2016 年 3 月 30 日	2016 年 4 月 1 日	津島市子ども条例
福岡県川崎町	2017 年 12 月 14 日	2018 年 4 月 1 日	川崎町子どもの権利条例
東京都西東京市	2018 年 9 月 19 日	2018 年 10 月 1 日	西東京市子ども条例
京都府亀岡市	2018 年 12 月 15 日	2019 年 4 月 1 日	亀岡市子どもの権利条例
山梨県甲府市	2020 年 3 月 30 日	2020 年 3 月 30 日	甲府市子ども未来応援条例
福岡県那珂川市	2021 年 3 月 1 日	2021 年 4 月 1 日	那珂川市子どもの権利条例

＊子どもの権利条約総合研究所ウェブサイト（http://npocrc.org）より

V 在日外国人の教育基本方針指針等

■大阪府教育委員会　在日韓国・朝鮮人問題に関する指導の指針

(昭和63年策定、平成10年一部改正)

大阪府の教育は、憲法及び教育基本法をはじめとする教育関係諸法令に基づき、人格の完成を目指し平和的な国家・社会の形成者として、心身ともに健康な国民の育成を期して行われてきた。

人権尊重の教育の推進については、かねてから「市町村教育委員会に対する要望事項」、「府立高等学校に対する指示事項」、「府立養護教育諸学校に対する指示事項」に府教育委員会としての基本的な考え方を示しているように、世界人権宣言や国際人権規約及び女子差別撤廃条約等に示されている人権保障の国際的な趨勢についての理解を深め、同和問題、在日外国人問題、障害者問題、男女平等の問題等に関する教育を充実させ、差別をしない、差別を許さない実践力を身につけた児童・生徒の育成が図られるよう努めてきた。

しかしながら、在日韓国・朝鮮人問題については、日本と韓国・朝鮮をめぐる近代以降の歴史的経緯や社会的背景のもとで生み出されてきた偏見や差別が、日本人の児童・生徒の在日韓国・朝鮮人に対する意識形成や行動様式に影響を与えるとともに、在日韓国・朝鮮人児童・生徒にとっても自らの誇りや自覚を身につけることが困難な状況を生み出してきたと考えられる。

これらの問題を解決するためには、日本人児童・生徒に在日韓国・朝鮮人問題を正しく理解させ、差別や偏見をなくすよう努めるとともに、在日韓国・朝鮮人児童・生徒が強く生きぬこうとする態度を育てることが大切である。

そのため、府下の各学校において、下記の諸点に留意しながら教職員が人権尊重の精神に徹し、在日韓国・朝鮮人問題に関する指導内容、指導方法について共通理解を深め、すべての児童・生徒に対し一層適切な教育を推進する必要がある。

なお、指導に当たっては、教育の主体性を保ち、保護者・地域住民にも十分理解を得るよう配慮することが大切である。

記

1　すべての児童・生徒に対し、在日韓国・朝鮮人児童・生徒が在籍している歴史的経緯や社会的背景を正しく認識させるとともに、朝鮮半島の文化や歴史についての理解を深めさせ

るよう努めること。

2　在日韓国・朝鮮人児童・生徒が本名を使用することは、本人のアイデンティティの確立にかかわることがらである。

学校においては、すべての人間が互いに違いを認めあい、ともに生きる社会を築くことを目標として、在日韓国・朝鮮人児童・生徒の実態把握に

努め、これらの児童・生徒が自らの誇りと自覚を高め、本名を使用できるよう指導に努めること。

3　在日韓国・朝鮮人児童・生徒が将来の進路を自ら選択し、自己を実現し得るよう、進路指導の充実を図るとともに、関係諸機関との連携を密にし適切な指導に努めること。

■相模原市外国人児童・生徒等にかかわる教育指針

1　はじめに

2007年（平成19年）2月
相模原市 教育委員会

相模原市には、在日韓国・朝鮮人をはじめ、近年新たに日本に住居を設けた多くの在日外国人が生活しています。国際化が進む今、すべての児童・生徒に自らにかかわる民族や国に対する自覚と誇りを高め、国際的な広い視野のもとに、他の民族や国の人々との共生をめざす国際性豊かな人の育成が求められています。

相模原市では、2002年（平成14年）3月に「相模原市人権施策推進指針」を策定し、「人権社会の構築と人権文化のまちづくり」に向けた総合的な人権施策の推進に取り組んでいます。また、相模原市教育委員会では、外国人児童・生徒等について、「国際人権規約」や「児童の権利に関する条約」の趣旨を踏まえ、国籍のいかんを問わず、教育を受けることができることとしています。

2005年（平成17年）3月に教育委員会が実施した小・中学校における外国人児童・生徒等の実態調査によると学校生活や卒業後の進路において不安を感じている場合が見られました。

このことから、相模原市では外国人児童・生徒等の実態を把握した上で、様々な教育課題に取り組むことが本市学校教育の重要な課題と考えます。

そこで、多文化共生の視点に立ち、外国人児童・生徒等の自己実現を図ることを支援するとともに、すべての児童・生徒がお互いに尊重しあい、差別やいじめのな

い、豊かに共生する学校や地域社会をつくることをめざして「外国人児童・生徒等にかかわる教育指針」を策定します。

2　教育指針

(1) 外国人児童・生徒等の教育を受ける権利を保障します。

(2) 外国人児童・生徒等が日本語を習得できるように支援するとともに、母語や母文化が保持される取り組みに努めます。

(3) 多様な文化・習慣・価値観等を持つ児童・生徒が、自己のあり方に自信を持ち、アイデンティティを確立できるように支援します。

(4) 外国人児童・生徒等が自己実現を図ることができるように進路に対する取り組みを支援します。

(5) すべての児童・生徒が学校や地域社会の中で、国籍や文化の違いをこえて、お互いに認め合い、安心して生活し共に成長できる環境づくりに努めます。

(6) 教育関係者及び支援者が外国人児童・生徒等の教育について理解・認識を深めるように努めます。

(7) 教育関係者は、保護者・地域・ボランティア等と連携して外国人児童・生徒等の教育を支援するように努めます。

■松阪市外国人児童生徒の人権にかかわる教育指針

2013年4月改定
松阪市教育委員会

1．はじめに

（1）外国人住民の現状

　出入国管理法及び難民認定法の一部改正（1990年6月1日施行）^{注1}に伴い、本市における外国人住民数は増加しました。2008年12月末日には外国人登録者数は3,909人で過去最大数となりました

が、2010年2月末日には3,481人までに減少しました。その理由は、2008年に起きた未曾有の経済危機により外国人住民の雇用状況は大きく変動し、特にブラジル人は真っ先に職を失ったため、帰国を余儀なくされたからです。その結果、ブラジル国籍者の急激な減少に伴って外国人登録者の総数は減少しましたが、近年はフィリピン国籍者の増加が著しく、その数は三重県の市町で最多です。2012

年6月末日現在の本市における外国人登録者数は3,723人（総人口の2.2%）で、そのうち最も多いのがフィリピン国籍者の2,019人（54%）で、次いで中国国籍者の644人（17%）、ブラジル国籍者の432人（12%）です。

外国人労働者の受入がはじまってから20年以上経過してきているにもかかわらず、根強い差別意識や偏見が存在しています。2011年に本市内にあるスーパーにおいて起きた外国人に対する差別事象に象徴されるように、差別が厳しい社会状況のなかで、在日韓国・朝鮮人をはじめとする外国人住民は、本名や国籍を明らかにできず、アイデンティティの確立[注2]が困難な状況は依然として変わりません。また、国籍を問わず、すべての児童生徒の教育を受ける権利を保障している国際人権規約、あらゆる形態の人種差別の撤廃に関する国際条約（人種差別撤廃条約）、児童の権利に関する条約（子どもの権利条約）を日本は批准していますが、日本国憲法および教育基本法では、日本国籍を有しない外国人に対して、教育を受ける権利について一切言及してい

ません。

2．基本方針

（1）外国人児童生徒の教育を受ける権利を保障します。

（2）外国人児童生徒の日本語習得を支援するとともに、母語の保障にも努めます。

（3）外国人児童生徒が自己のあり方に自信をもち、アイデンティティの確立を図ります。

（4）外国人児童生徒が将来への展望をもち、自ら進路を切り拓いていける力を育みます。

（5）多文化共生の視点から、すべての児童生徒がちがいをちがいとして認め、人権を尊重しあいながら共に生きようとする態度を育みます。

（6）教育関係者が外国人児童生徒教育についての理解・認識を深め、すべての学校において外国人児童生徒教育を推進します。

（7）NPOや市民組織と協働し、保護者・地域への啓発と連携の充実に努め、人権のまちづくりの推進を図っていきます。

注1
いわゆる「単純労働者」は受け入れないとしつつも、日本のバブル景気による労働力不足がこの流れを助長し、在留資格が整備・拡充された。日系二、三世およびその配偶者が活動制限のない在留資格を取得できることになった結果、1990年代に日系南米出身者、特にブラジル国籍者の来日が急増した。
注2
現在自分が何者であるか、将来何でありたいかを自覚すること。

索　引

あとがき

　この白書が2017年という時期に発刊されたのはもちろん偶然だが、もし必然的な要因があるとしたら前年に児童福祉法の理念が戦後初めて改正され、子どもの権利が前面に打ち出されたことかもしれない。外国人の子どもはその権利性が最も排除されやすい存在のひとつであり、状況改善の後押しになる可能性がある。一方で、世界的に見ればトランプ現象が映し出すように子どもも含めた外国人への排斥は目立ってきている。そうしたタイミングの出版がどのような影響をこの白書に与えるかは未知数だが、ひとつだけ言えるのは白書のなかで示された子どもが抱えるさまざまな不利やその克服に対する議論や支援、さらには社会運動は継続していかなければならないということだ。その長い道のりの一歩に本書がなれば幸いである。

　出版にあたっては、多くの方にお世話になった。まず、明石書店の深澤孝之さんには企画の段階から連絡調整を含め労を執っていただいた。閏月社の徳宮峻さんには編集・校正でご協力いただいた。また、巻末の資料は西口里紗さんにていねいにまとめていただいた。貴重なデータ集になっており活用が期待できる。そして、私たち編者の無理なお願いを聞き入れ短期間に原稿を仕上げていただいた74名の執筆者の方に謝辞を申し上げたい。

　改版も多くの方のご協力があって成し遂げることができた。特に、執筆者のみなさん（一人増え75名）の協働作業があっての成果である。

　改版の作業は、コロナ禍の中、進められた。新型コロナウイルスの感染拡大は、社会的に不利な人により重い犠牲を強いている。特に、海外にルーツをもつ子どもや外国人労働者、難民などはその典型である。今、彼らはどのような困難に直面し、どのような支援が求められているのか。さらに、コロナ禍の中、またコロナ後、どんなルーツをもつ人も、安心して暮らせる社会であるために、何をするべきか考えていかなければならないと強く思う。

編者を代表して　山野良一

編集後記

＊マイノリティの視点から物事や社会を見ると、その本質が見えてきます。日本国憲法の下ですら、外国人は長く同化か排除の対象とされました。加えて、子どもはもっぱら保護の対象にされていました。そのようななか、外国人の子どもの尊厳と権利を総合的に保障するための現状と課題を明らかにする本書の意義は大きいでしょう。

荒牧重人

＊外国にルーツをもつ子どもたちに関わって四半世紀が経ちました。多くの子どもたちがいまだ日本社会がつくっている壁に苦しんでいることに対して、今日もその責任を重く受けとめています。この白書は、そのような現状をさまざまな角度から明らかにすることにより、共に生きる社会への変革を求める未来への発信となればと願っています。

榎井縁

＊外国人の子どもの現状と彼らが直面する多様な問題を提示している本書の編集を通じ、この課題の重さをあらためて噛みしめています。また、外から見えにくい育児という生活の場での課題に注意を払う大切さを感じました。家庭でのコミュニケーションと社会生活のために重要な複数の言語習得については、より一層の注目とさらなる知恵が必要でしょう。

江原裕美

＊この本の編集を通じて、私が生まれ育った国や社会が、外国人の子どもたちにさまざまな苦難をもたらしていることを再認識しました。そして、やり場のない気持ちになりました。外国人の子どもたちが夢を叶えることができる社会が当たり前になるように、これからもできる限りの活動を続けていきます。

小島祥美

＊私が「ニューカマーの子どもたちの教育支援」をテーマにした調査研究に着手したのは、1996～97年にかけての時期であった。それから早くも、20年ほどが経過したことになる。「彼らのために」と思って始めた研究だったが、今は「私たち自身の問題」だと感じる。「私たちがどのように変われるのか」「私たちの社会がいかにバージョンアップできるか」、模索のプロセスは続いていく。

志水宏吉

＊ときに多様な人々との共生に消極的にも見える近年の社会のひずみは、日本に暮らす外国人の子どもたちにも及んでいます。一方で、本書で紹介された、コミュニティでさまざまな支援や調査を実践してきた人々による貴重な報告・提言が、私たちが福祉社会の実現に向けてなし得ることについて、手がかりを与えていると信じています。

南野奈津子

＊「高校に行きたい」と語るL。来日8年、澱（よど）みない日本語が返ってくるが、親が日本の学校制度をほとんど知らず、時折「帰国」のことを口にするのが不安だという。外国人のための県立高特別入試の出願資格は、来日3年以内だから、なし。授業で分からないことが多いが、家で聞ける人はいない。せめて、分からないことを尋ねられるよい日本人の友達をもちたいとLは願っている。本当に支援が必要だと思いながら、かれの言葉を聞く。

宮島喬

執筆者一覧

石井小夜子＊弁護士

井村美穂＊NPO法人子どもの国理事

大川昭博＊移住者と連帯する全国ネットワーク理事

大田祈子＊元川崎市こども未来局青少年支援室子どもの権利担当

大谷千晴＊神奈川県立高等学校教員

大谷美紀子＊弁護士

岡崎秋香＊川崎市こども未来局北部児童相談所児童福祉司

小ヶ谷千穂＊フェリス女学院大学文学部教授

小貫大輔＊東海大学教養学部教授

鍛治致＊大阪成蹊大学マネジメント学部准教授

加藤佳代＊神奈川県立地球市民かながわプラザ（あーすぷらざ）外国人教育相談コーディネーター

甲斐田万智子＊文京学院大学外国語学部教授

川上郁雄＊早稲田大学大学院日本語教育研究科教授

姜恩和＊目白大学人間学部准教授

金光敏＊常磐会短期大学非常勤講師

黒田恵裕＊奈良県立高取国際高校教員

小林米幸＊医療法人社団小林国際クリニック院長

小池未来＊関西学院大学法学部専任講師

斎藤一久＊東京学芸大学教育学部准教授

齋藤ひろみ＊東京学芸大学教育学部教授

佐藤郡衛＊明治大学国際日本学部特任教授

品川ひろみ＊札幌国際大学短期大学部教授

芝真里＊成城大学非常勤講師

鈴木江理子＊国士舘大学文学部教授

宋宇蘭＊会社員

空野佳弘＊弁護士

髙橋脩＊豊田市福祉事業団理事長

高橋靖明＊川崎協同病院患者サポートセンター相談課ソーシャルワーカー

髙谷幸＊東京大学大学院人文社会系研究科准教授

田中宏＊一橋大学名誉教授

田中宝紀＊NPO法人青少年自立援助センター定住外国人子弟支援事業部責任者

崔江以子＊川崎市ふれあい館職員

チューブ サラーン＊日本大学大学院人文科学研究所研究員

陳天璽＊早稲田大学国際教養学部教授

築樋博子＊豊橋市教育委員会外国人児童生徒教育相談員

鶴木由美子＊認定NPO法人難民支援協会（JAR）定住支援部チームリーダー

中島智子＊プール学院大学名誉教授

南雲勇多＊東日本国際大学経済経営学部准教授

二井紀美子＊愛知教育大学教育学部准教授

西口里紗＊フェリス女学院大学非常勤講師

丹羽雅雄＊弁護士

野入直美＊琉球大学人文社会学部准教授

野崎志帆＊甲南女子大学国際学部教授

枦木典子＊NPO法人多文化共生センター東京代表理事

幡野リリアン光美＊元近畿大学教員

花崎みさを＊母子生活支援施設FAHこすもす統括施設長

半田勝久＊日本体育大学体育学部准教授

菱木順一＊久里浜少年院統括専門官

平野裕二＊子どもの人権連代表委員

藤田哲也＊岐阜聖徳学園大学短期大学部専任講師

文公輝＊NPO法人多民族共生人権教育センター理事

裵明玉＊弁護士

松本一子＊名古屋柳城女子大学准教授

丸山由紀＊弁護士

村上桂太郎＊ワールドキッズコミュニティ事務局長

山岸素子＊カラカサン～移住女性のためのエンパワメントセンター共同代表

山田文乃＊立命館大学産業社会学部講師

山田由紀子＊弁護士

山野上麻衣＊一橋大学大学院社会学研究科博士後期課程在籍

山本晃輔＊関西国際大学社会学部講師

雪田樹理＊弁護士

米谷修＊大阪府立学校在日外国人教育研究会事務局長

ラボルテ雅樹＊ユニオンぼちぼち、とよなか国際交流協会

李節子＊長崎県立大学大学院教授

若林秀樹＊宇都宮大学国際学部客員准教授

渡辺マルセロ＊マルセロ行政書士事務所所長

編者一覧

荒牧重人（あらまき・しげと）
山梨学院大学法学部教授。憲法・子ども法専攻。子どもの権利条約総合研究所代表、地方自治と子ども施策全国自治体シンポジウム実行委員長ほか。主な著書は『子どもにやさしいまちづくり』（日本評論社、2013）、『子どもの相談・救済と子ども支援』（同、2016）など。

榎井縁（えのい・ゆかり）
大阪大学大学院人間科学研究科特任教授。公益財団法人とよなか国際交流協会理事。専門は教育社会学、多文化教育。主な著書は『日本の外国人学校』（明石書店、2015）、『外国にルーツをもつ子どもたち〜思い・制度・展望』（現代人文社、2011）など。

江原裕美（えはら・ひろみ）
帝京大学外国語学部外国語学科教授。専門は比較国際教育学、ラテンアメリカ地域研究。主な著書は『グローバル時代の市民形成』（岩波書店、2016）、『国際移動と教育』（明石書店、2011）、『揺れる世界の学力マップ』（同、2009）など。

小島祥美（こじま・よしみ）
東京外国語大学多言語多文化共生センター長、准教授。主な研究テーマは外国につながる子どもと教育、ボランティア。小学校教員、NGO職員を経て、日本で初めて全外国籍の子どもの就学実態を明らかにした研究成果により可児市教育委員会の初代コーディネーターに抜擢。主な著書は『Q&Aでわかる外国につながる子どもの就学支援』（明石書店、2021）、『外国人の就学と不就学』（大阪大学出版会、2016）など。

志水宏吉（しみず・こうきち）
大阪大学大学院人間科学研究科教授。専門は教育社会学、学校臨床学。日本学術会議会員。主な著書は『マインド・ザ・ギャップ』（大阪大学出版会、2016）、『日本の外国人学校』（明石書店、2015）、『学校にできること』（角川選書、2010）など。

南野奈津子（みなみの・なつこ）
東洋大学ライフデザイン学部生活支援学科子ども支援学専攻教授。専門は子ども家庭福祉、多文化ソーシャルワーク。社会福祉士。主な著書は『いっしょに考える外国人支援』（明石書店、2020）、『滞日外国人支援の実践事例から学ぶ多文化ソーシャルワーク』（中央法規、2011）など。

宮島喬（みやじま・たかし）
お茶の水女子大学名誉教授。専攻は国際社会学（移民、エスニックマイノリティの研究）。主な著書は『現代ヨーロッパと移民問題の原点』（明石書店、2016）、『外国人の子どもの教育』（東京大学出版会、2014）、『文化と不平等』（有斐閣、1999）、『文化的再生産の社会学』（藤原書店、1994）など。

山野良一（やまの・りょういち）
沖縄大学人文学部教授。専門は子ども家庭福祉。主な研究テーマは、子どもの貧困、子ども虐待、保育政策、外国人の子ども。「なくそう! 子どもの貧困」全国ネットワーク世話人。主な著書は『子どもに貧困を押しつける国・日本』（光文社新書、2014）、『子ども虐待と貧困』（明石書店、2010）など。

外国人の子ども白書【第2版】
―― 権利・貧困・教育・文化・国籍と共生の視点から

2017年4月10日　初　版第1刷発行
2022年2月25日　第2版第1刷発行

編　者	荒　牧　重　人
	榎　井　　　縁
	江　原　裕　美
	小　島　祥　美
	志　水　宏　吉
	南　野　奈　津　子
	宮　島　　　喬
	山　野　良　一
発行者	大　江　道　雅
発行所	株式会社　明石書店

〒101-0021　東京都千代田区外神田6-9-5
電　話　03 (5818) 1171
ＦＡＸ　03 (5818) 1174
振　替　00100-7-24505
https://www.akashi.co.jp

装丁	清水　肇
編集・組版	有限会社閏月社
印刷・製本	モリモト印刷株式会社

（定価はカバーに表示してあります）
ISBN978-4-7503-5332-6

〈価格は本体価格です〉